多年冻土区公路路基
尺度效应理论与方法

汪双杰 著

科学出版社

北 京

内 容 简 介

本书针对多年冻土区高速公路大尺度路基的尺度效应理论与技术问题，应用理论分析、数值计算、室内模型试验、实体工程试验等方法，系统介绍冻土路基上边界条件、尺度效应研究的理论模型和方法、冻土路基的空间效应、冻土路基的时间效应、冻土路基的结构效应、冻土路基能量平衡设计方法、新型大尺度路基稳定技术等内容，最终形成涵盖公路冻土工程理论、设计方法和稳定技术的理论与实践体系。

本书可供公路工程、铁路工程、冻土工程、岩土力学与工程等领域从事勘察、设计、科研等工作的科技人员，以及高等院校相关专业的教师和研究生学习参考。

图书在版编目（CIP）数据

多年冻土区公路路基尺度效应理论与方法/汪双杰著. —北京：科学出版社，2020.1
ISBN 978-7-03-055020-0

Ⅰ.①多… Ⅱ.①汪… Ⅲ.①冻土区-公路路基-尺度效应 Ⅳ.①U416.1

中国版本图书馆 CIP 数据核字（2017）第 264090 号

责任编辑：王　钰 / 责任校对：王万红
责任印制：吕春珉 / 封面设计：东方人华平面设计部

科学出版社 出版
北京东黄城根北街 16 号
邮政编码：100717
http://www.sciencep.com

北京中科印刷有限公司 印刷
科学出版社发行　　各地新华书店经销
＊

2020 年 1 月第 一 版　　开本：787×1092　1/16
2020 年 1 月第一次印刷　　印张：13 3/4　插页：5
字数：263 000

定价：128.00 元
（如有印装质量问题，我社负责调换〈中科〉）
销售部电话 010-62136230　　编辑部电话 010-62137026

作 者 简 介

汪双杰　1962年4月出生，全国工程勘察设计大师，工学博士，博士研究生导师，陕西省有突出贡献专家，享受国务院特殊贡献津贴。现任中国交通建设股份有限公司副总工程师，中交第一公路勘察设计研究院有限公司副总经理，国家高寒高海拔地区道路工程安全与健康国家重点实验室主任，多年冻土区公路建设与养护技术交通行业重点实验室主任，中国公路学会工程地质和岩土分会理事长，中华人民共和国交通运输部专家委员会委员。
先后获得国家级"新世纪百千万人才"、"全国优秀科技工作者"、"全国勘察设计行业科技创新带头人"、"交通运输青年科技英才"和交通运输部"十百千人才"称号，获首届"全国创新争先奖"和"何梁何利基金科学与技术进步奖"。从事公路冻土工程科研和实践30多年，主持国家重大科研项目和工程项目30余项。先后获得国家科技进步奖一等奖1项，省部级特等奖4项、一等奖8项，国家优秀设计奖金、银奖共3项。主编行业标准6项，出版专著8部，发表论文100余篇，授权发明专利10项。

序

我国是世界上第三冻土大国，多年冻土面积约占陆地国土总面积的21.5%，主要分布在大小兴安岭、松辽平原、青藏高原和西部高山等区域。其中青藏高原分布着中低纬度地带海拔最高、面积最广、厚度最大、温度较高的多年冻土，这些特征决定了在青藏高原修建公路面临着高原与冻土的双重挑战。在多年冻土区修筑黑色宽幅公路路基不仅会扰动下伏多年冻土原有的热力平衡状态，而且会改变地表与周围环境的水热边界条件，导致路基下多年冻土的温度升高，进而影响以冻土作为载体的路基结构的稳定性，最终威胁到交通线路的安全运营。

2010年4月14日，青海省玉树藏族自治州玉树市发生7.1级大地震。国家启动了玉树震后生命通道——共和至玉树（结古）高速公路的建设。穿越250km多年冻土的共和至玉树（结古）高速公路一期工程于2011年开工，经过六年多的艰辛建设，于2017年8月正式通车。这是全球第一条穿越多年冻土区的高速公路，是我国寒区工程建设领域取得的又一项令世界瞩目的巨大成就。但就多年冻土区高速公路建设来说，共和至玉树（结古）高速公路所做的探索和实践，对国家规划建设的青藏高速公路而言，还有新的科学与技术难题需要破解。建设青藏高速公路，结束西藏无高速公路通达内地的历史，是西藏人民的期盼，更是国家建设的迫切需求，而青藏高速公路将穿越里程更长、条件更为复杂的多年冻土区。以此为背景，近年来我国冻土工程研究开启了一个全新的领域——高寒高海拔多年冻土区高速公路的工程理论、设计方法和修建技术研究。

以我国公路冻土工程首席专家、全国工程勘察设计大师汪双杰为首的中交第一公路勘察设计研究院有限公司科研团队，针对高寒高海拔多年冻土区高速公路相关的理论和技术问题展开了大量卓有成效的研究，取得了一系列国际领先的研究成果。《多年冻土区公路路基尺度效应理论与方法》一书正是汪双杰团队最新研究成果的再次升华和凝练。该书中指出了多年冻土区高速公路"聚热""吸热""储热"特有的"宽厚黑"显著热学特征；在冻土领域中首次界定并深入阐述了公路冻土路基的尺度效应理论；提出了冻土路基能量平衡设计理念和方法；提出了若干新型大尺度冻土路基稳定技术。该书代表着我国高寒高海拔地区高速公路工程理论与技术研究领域的最新成果，开启了国内外冻土工程尺度效应研究的先河。

目前，青藏高速公路建设的前期工作已经逐步展开。同时，"一带一路"倡议的实施也将对高寒高海拔地区公路工程建设提出更高的技术需求。因此，该书的出版，将帮助相关领域科研和技术人员对多年冻土区高速公路的建设问题形成正确的认识，也将引领更多的研究人员参与到这一全新的研究领域中来，进一步丰富冻土路基尺度效应理论，推进多年冻土区高速公路设计方法、稳定技术和施工技术等新兴课题的研究。

中国科学院院士

赖远明

2018 年 9 月 20 日

前　言

　　高寒高海拔地区具有气候严寒、低压缺氧、冰冻期长等独特的气候特点。青藏高原是我国高寒高海拔地区的主体，由于地理位置特殊，自然条件极其恶劣。青藏高原现代交通运输肇始于 20 世纪 50 年代初期，目前形成了以公路交通运输为主体，公路、铁路、民航与管道四种运输方式并存的局面，但总体上仍表现出交通规模和路网结构比较落后的状况。青藏高原已经建设完成了包括青藏线 G109，青海西宁至西藏昌都段 G214 线，川藏线 G318、G317，滇藏线 G214（云南昆明至西藏芒康段）及新藏线 G219 等五大主要进藏通道。

　　目前青海格尔木至拉萨的青藏通道是西藏自治区首府拉萨通向首都北京及西北地区、华北地区、中原地区最为便捷的陆上通道，同时具有公路、铁路和管道等运输方式，是五个进藏通道中唯一的综合运输通道，被誉为西藏的"生命线"。青海西宁至西藏昌都段 G214 线是青海的主要干线公路，在青海省社会经济发展中具有举足轻重的地位，虽然其在 2010 年玉树地震中遭到严重破坏，但是目前青海境内西宁至玉树段公路已完成升级改造，实现了青藏通道与川藏通道的连接。

　　高寒高海拔地区广泛发育的多年冻土成为任何一项人类工程活动都无法回避的"拦路虎"。尤其在全球气候升温背景下多年冻土退化加剧，在高寒高海拔的多年冻土区建设高速公路更是面临着一系列科学与技术难题。现有的大多数多年冻土区道路工程的理论、技术、方法和经验是基于吸热较小的铁路路基或者尺度比较小的二级公路路基，而在多年冻土区建设高速公路的首要问题是冻土公路路基的尺度效应问题。本书介绍作者多年来在冻土地区工程理论和技术方面的研究成果。本书提出公路冻土路基尺度效应问题，指出其实际表现，系统论述公路冻土路基尺度效应的理论体系及其研究方法；论述冻土路基地-气耦合换热过程，介绍基于地-气耦合的冻土路基能量交换计算方法，给出其主要参数的获取方法；介绍以数值仿真平台和三位一体试验平台为主要内容的冻土路基水-热-变形效应研究平台；从高度效应、宽度效应、坡度效应和分幅效应四个方面论述公路冻土路基的空间效应；分析冻土路基时间效应的成因，并分别论述填土路基和特殊结构路基的时间效应，阐述冻土路基的"二次建设"原则；分别论述通风管路基、片块石路基和热棒路基的结构效应；阐述冻土路基能量平衡设计理论与方法，并给出设计流程和实际算例；介绍冻土路基稳定技术的发展历程，对已有的稳定技术做综合评价，介绍大尺度路基条件下的改进方法及新型大尺度冻土路基稳定技术。

　　全书是以国家科技支撑计划项目"大尺度冻土路基变形控制与稳定技术研究"成果为依托，在充分吸纳了青藏公路、共和至玉树高速公路、花石峡至大武高速公路等青藏高原道路工程建设经验的基础上撰写而成。感谢陈建兵、金龙、董元宏、朱东鹏、刘戈、崔福庆等，他们的工作为本书有关章节提供了宝贵的材料。

　　本书的撰写得到了诸多研究人员和现场技术人员的支持和帮助，在此对他们的辛勤劳动表示感谢。

2018 年 9 月

目　　录

第1章 绪　论

1.1　多年冻土在全球和我国的分布

1.1.1　多年冻土的定义

冻土，一般指温度在 0℃ 或 0℃ 以下，并含有冰的各种岩类和土壤。通常按土处于冻结状态的持续时间来划分冻土。冻结状态的持续时间从几小时到几昼夜者为短期冻土；不到一年者为季节冻土；两年及以上者为多年冻土。冻土是由各种成分组成的非常复杂的天然多相地层，含有矿物颗粒和固、液态水及气体等。

1.1.2　全球多年冻土的分布

地球上多年冻土的分布面积约占陆地面积的 23%，主要分布在俄罗斯、加拿大、中国和美国的阿拉斯加等地，其中我国的多年冻土分布面积约 215 万 km^2，仅次于俄罗斯（1000 万 km^2）和加拿大（390 万～490 万 km^2），约为美国多年冻土面积（140 万 km^2）的 1.5 倍。由此可见，我国是世界上第三冻土大国，多年冻土分布面积约占世界多年冻土分布面积的 10%，占我国陆地国土面积的 22.4%左右，主要分布在东北大小兴安岭、西部高山和青藏高原等地。我国东北的多年冻土位于欧亚大陆高纬度多年冻土区的南缘，最南端达北纬 46.5°；青藏高原的多年冻土位于高纬度多年冻土南界以北，属高海拔多年冻土，是世界上中、低纬度地带海拔最高、面积最大的多年冻土区，面积约 149 万 km^2，占我国多年冻土总面积近 70%。

1.1.3　我国多年冻土的分布

我国位于欧亚大陆的东南部，就陆地（包括海南岛，不包括其他岛屿）而言，从北向南大致穿越了 35 个纬度（北纬 53°～18°），东西相隔 61 个经度（东经 135°～74°）。我国的地势西部高、东部低，辽阔的疆域和复杂的地形，使我国的冻土独具特色。

1. 东北多年冻土

东北高纬度带多年冻土主要分布在大小兴安岭和松嫩平原北部，面积约 39 万 km^2，介于北纬 46°30′～53°30′，海拔几百米至 1000m 左右。涵盖大兴安岭北部和中部的针叶林区，小兴安岭的针阔混交林区，松嫩平原森林草原区北部及蒙古高原（呼伦贝尔至锡林郭勒高原）干草原、荒漠草原区北部。气候上属我国最寒冷的寒温带和中温带的北部。太阳辐射和辐射平衡值的分布趋势与纬度大致呈反比，纬度越高，太阳辐射强度越小。降水由沿海向内陆递减。

自南向北或由东南至西北,高纬度多年冻土分布及其特征具有明显的纬度地带性规律。依上述方向,多年冻土面积由 5%~20%增加到 70%~80%;冻土温度由-1.0~0℃下降到-2.0~-1.0℃,最低为-4.2℃;冻土厚度由 5~20m 增加到 60~80m,乃至超过100m;多年冻土类型由零星多年冻土过渡为岛状多年冻土、连续多年冻土。由于地貌、冬季逆温、植被、松散层厚度差异等自然因素的影响,多年冻土分布、形成、发育的纬度地带性规律受到一定干扰,在纬度地带性背景上又展现出区域性或地段性差异。

在大块连续多年冻土地区,虽然多年冻土在水平及垂直方向上大体是连续的,但在不同地貌部位冻土分布及发育状况差异很大。在苔藓发育、松散层较厚的山间谷底、沼泽洼地、低级阶地,多年冻土发育较好,冻土厚度可达 60~80m,个别地段大于100m;相反,在树木稀少、松散层较薄的阳坡及半阳坡,冻土发育较差或者存在融区,冻土厚度一般小于 20m;阴坡及半阴坡冻土发育状况介于上述二者之间。

在岛状多年冻土分布区,区域自然条件不同,冻土分布及特征也有差别。在呼伦贝尔高平原上,冻土岛多存在于湖沼湿地边缘,冻土面积不超过总面积的 10%,冻土厚度为 3~5m 至 10~15m;在大兴安岭南部的东、西丘陵地带,冻土岛仅沿河漫滩、低级阶地呈断续条带状分布,冻土岛大小自南向北增大,冻土面积占总面积的比例由 10%增加到 30%左右;在小兴安岭山地,冻土岛只分布于植被茂密及沼泽地的山间谷底或河漫滩,其面积为总面积的 20%左右。

尽管不同地貌部位冻土分布及发育状况差别很大,但是不论是北部或是南部,冻土分布及发育都有一个共同特点,即低处冻土厚度较大、温度较低。这一特点对冻土退化过程也有制约作用。冻土退化程序是:先阳坡,后阴坡;先高处,后低处;先山上,后谷底。东北多年冻土的分布情况如表 1-1 所示。

表 1-1　东北多年冻土的分布情况

多年冻土区分布	年平均气温/℃	年平均地温/℃	多年冻土所占面积比例/%	多年冻土厚度/m
连续分布	<-5	-4~0	60~70	50~100
连续-岛状分布	-5~-3	-2~-1.5	30~70	20~50
岛状-零星分布	-3~0	-3~-1	5~30	—

2. 高山多年冻土

高山多年冻土主要分布在西部内陆,如阿尔泰山、天山、祁连山等山系一定的海拔以上位置,岛状冻土出现的最低海拔的连线即为多年冻土分布下界。由于下界随海拔上升,冻土分布的连续性增大,由岛状向大片连续分布过渡,冻土温度随之降低、厚度随之增大,具有明显的垂直分布性。各山系气候、地理、地质条件不同,多年冻土分布的下界也不相同。

阿尔泰山横亘于中、俄、蒙三国边境。我国阿尔泰山属该山脉的中段和西段,山脊从东南向西北升高,海拔一般为 1000~3500m,最高峰友谊峰 4374m。山麓地带冬季负温期 5~6 个月,中、高山地带长达 7~8 个月。绝对最低气温可达-50℃。由于受北冰洋气团的影响,降水丰富,并随高度升高降水量增大,低山区 300~400mm,中山带 500~

600mm，高山带 800～900mm。冬季降雪时，低山带、中山带、高山带积雪厚度超过 2m，稳定积雪期一般为 6～7 个月。阿尔泰山多年冻土区位于高纬度欧亚大陆多年冻土南界附近，因受海拔的影响，南界一直伸延到北纬 46° 以南，属高纬度山地多年冻土，分布面积约 1.1 万 km²。其下界海拔 2200m，2200～2800m 是岛状多年冻土带，年平均气温为-6.7～-5.4℃。2800m 以上是大片连续多年冻土带，年平均气温为-11.5～-9.4℃，多年冻土厚度由数米增至 400m。

在我国境内，天山自西向东延伸 1700km，跨越 21 个经度（东经 74°～95°）；南北宽 100～400km，跨越 5 个纬度（北纬 40°～45°），主要的山脊线一般都在海拔 4000m 以上，最高峰为西部的托木尔峰（7443.8m）。气温随高度的增大而剧烈下降，海拔 3000m 左右，年平均气温约为-2.0℃；而在海拔 4000～4500m 的山脊，年平均气温可达-12～-8℃；3000m 以上负温季节长达 7～8 个月。雪线附近，年降水量达 500～700mm，甚至 1000mm 以上，以固态降水为主，年降水量的 70% 以上都集中在 4～9 月。多年冻土分布总面积为 6.3 万 km²。高度是冻土分布的主导因素，下界最低海拔，阴坡为 2700m，阳坡为 3100m，天山坡向对冻土分布的影响比青藏高原和祁连山显著。据初步统计，阴坡多年冻土下界一般比阳坡低 300～400m，纬度增加 1°，多年冻土下界下降 171.2m；经度增加 1°，多年冻土下界下降 10.6m。在多年冻土下界附近，冻土温度较高（-0.2～-0.1℃），冻土厚度不足 20m，具有很大的不稳定性。在一定海拔以上，出现年平均地温低于-2℃、厚度超过 100m 的稳定型多年冻土。

祁连山位处青藏高原北缘，西南部为柴达木盆地。祁连山多年冻土分布下界，南侧为 3700～3900m，北侧为 3500～3650m，北侧下界较南侧低 200～250m，东段下界较西段低 150～200m，多年冻土分布面积为 9.5 万 km²，多年冻土温度为-2.3～-0.1℃，多年冻土厚度由数米至 140m。

3. 高原多年冻土

青藏高原多年冻土可明显地分出 3 个条带：昆仑山北坡至唐古拉山南麓（即藏北高原大部分）多年冻土在平原上呈连续分布；扎加藏布河谷两侧多年冻土呈大片连续分布；雅鲁藏布江河谷往南至喜马拉雅山多年冻土呈零星分布。青藏高原是耸立于中低纬度的巨大隆起，其海拔高（平均 4000m 以上）、气候严寒的特点决定着高原冻土的存在和广泛分布。青藏高原多年冻土区是世界中、低纬度地带海拔最高、面积最大的冻土区。青藏高原地势总的趋势是西北高、东南低；气候特点是西北部寒冷干旱、东南部温暖湿润；自然地带分异是以羌塘高原北部和昆仑山为中心向周围地区倾斜散开。这里是多年冻土发育较好的地区，多年冻土基本呈连续或大片分布，温度低，地下冰厚。青藏高原南北跨越 12 个纬度，东西横亘近 30 个经度，纬度地带性和经向水平分异同时影响冻土分布特征和区域差异。

青藏公路（格尔木至拉萨 1150km）自北而南纵贯青藏高原腹地，沿线的多年工程勘察揭示，青藏公路穿越青藏高原的大片连续多年冻土、岛状多年冻土和季节冻土区。沿线的多年冻土具有强烈的垂直地带性，多年冻土温度、厚度受海拔控制，海拔越高，温度越低，多年冻土就越厚。青藏公路沿线多年冻土基本呈大面积连续分布，发育在各种地形、地貌单元的松散和半坚硬岩层中。青藏公路沿线多年冻土分布主要有岛状不连续多年冻土和大片连续多年冻土两种类型。从西大滩 K2879 开始进入岛状多年冻土区，海拔为 4350m，年平均气温为-3.6～-2.5℃；于昆仑山 K2886 进入大片连续多年冻土区，海拔为 4350m，年平均气温为-5.6～-3.6℃；到唐古拉山以南头二九山区的 K3415，大片连续多年冻土分布终止，海拔为 4800m；K3415～K3512 为岛状多年冻土区。表 1-2 为青藏公路（K2879～K3630）沿线多年冻土的分布特征。

表 1-2　青藏公路（K2879～K3630）沿线多年冻土的分布特征　　　　（单位：km）

项目	冻土类型			
	大片连续多年冻土	岛状多年冻土	多年冻土中融区	季节冻土
累计长度	422.6	97	177.4	127

昆仑山区、楚玛尔河高平原、可可西里及风火山等地区主要以大片连续多年冻土分布为主，由于受热侵蚀和构造影响，在不冻泉地段 K2914～K2919 前后，出现 4～5km 的贯穿性融区。楚玛尔河、北麓河等地段受河流影响，形成范围较小的非贯穿河流融区。沱沱河断陷盆地由于受河流贯穿融区和渗透辐射融区的影响，出现多年冻土和融区相间分布的格局，平面上和深度上均呈现不连续性。开心岭山区，属于片状多年冻土分布区。通天河盆地、布曲谷地到温泉断陷谷地，出现青藏公路沿线多年冻土区中最长且范围较大的贯穿性河流融区与多年冻土相间分布区段。在地质构造影响下，温泉断陷谷地存在着较大范围的构造-地表水融区，使得大片连续多年冻土分布的多年冻土在平面和深度上出现不连续性。唐古拉山区至头二九山区，多年冻土仍呈现大片连续分布。受河流及构造影响，捷布曲谷断陷谷地具有贯穿融区与多年冻土相间分布的特点。K3415 附近为片状连续多年冻土分布的南界，此后为岛状不连续多年冻土分布区。

青藏高原地势高耸，气候严寒，属高寒大陆性气候。高原腹地气候多变，雨、雪、冰雹四季皆可出现。青藏公路沿线多年平均气温为-7～-2℃，多年平均最低气温为-17.4～-14.5℃，多年平均最高气温为 6.8～8.1℃，温差为 23～26℃。青藏公路多年冻土区近期气象观测资料表明，其年平均气温为-6.9～-4.0℃，全年冻结期达 7～8 个月。

在纬度、海拔、地形地貌、坡向及其他地理因素的影响下，青藏公路多年冻土厚度分布极不均匀。随着海拔的升高，多年冻土厚度逐渐增大，一般来说平均海拔每升高100m，冻土厚度增加 20m 左右。依目前实测资料得知，青藏高原海拔 4500～4900m，最大冻土层厚度为 128.1m（估计 5000m 以上地区的冻土层厚度会更大）。青藏公路沿线多年冻土厚度在不同程度上受纬度、坡向及其他地理因素的影响，如风火山东大沟，其西南坡典型地段冻土厚度分别为 72.8m、71.0m，沟底冻土厚度为 94m，而东北坡典型地段冻土厚度分别为 122m、137m、146m。由此可见，坡向对局部地区的冻土厚度有很大的影响和控制作用，同时坡向对冻土的作用随纬度的升高而增强。

青藏高原山地、盆地、谷地、高平原相间的地貌格局及各地理区域地质、地理条件组合不同，使多年冻土的发生、发展形成明显的地域差别。在同一气候条件下，山地因其海拔高于盆地、谷地、高平原，而具有温度更低的气候环境，再加上地势高耸有利于热量散失，以及基岩裸露具有较大导热系数等原因，形成的多年冻土温度较低，厚度较大；高平原、盆地、谷地因地势较低，气温相对较高，加上形成时间较晚，以及地表水、地下水影响等，形成了温度高、厚度薄的多年冻土层。

1.2　多年冻土的工程特性

多年冻土与自然界中的其他岩土相比，因其温度和含冰特性而具有特殊的工程性质。在外部荷载（如路基填土）作用下，由于土体中水分子冻结过程中的重分布伴随着压力产生，土粒结构、密度会发生变化形成冻胀；当冻土融化时，在自重和外荷载作用下产生排水固结，土层压缩变形造成沉降。在多年冻土区，随着气候冷暖变化，路基及地基土会产生周期性冻、融变形，这种变形受多重因素影响，特别是冰水作用，其发生、发展过程均与季节冻土地区不同。

1.2.1　融沉特性

冻土融合过程中，在自重压密作用下会不断地产生排水固结下沉，即冻土的融沉性。融沉过程中，不仅冻土中冰转变为水时相变体积会缩小，还会产生孔隙水的消散与排泄。由融沉特性引起的构筑物下沉是冻土区工程的主要病害表现形式。

冻土的融沉性与冻土的粒度成分、含冰量、密度、孔隙水的消散条件等有密切关系。大量的现场与室内试验结果表明：不论何种土质，在允许自由排水条件下，冻土融沉系数随冻土含水量的增加而急剧地增加，而且随着冻土干密度的增大而减小；在相同的含水状况下，冻结粉质亚黏土、粉质黏土的融沉性最强，重黏土和细砂次之，砾石土最小。对于粗粒土，当土中粉黏粒含量小于或等于12%时，融沉性一般变化不大，其值均小于4%；当土中粉黏粒含量大于12%时，融沉性则随粉黏粒含量的增大而急剧增大。

冻土融化后，在附加荷载压密作用下，土体体积继续产生压缩，并伴随着孔隙水的消散和排泄。在这种排水固结条件下，冻土路基下融化夹层的土体压缩下沉往往非常缓慢，滞后过程很长。因此，青藏公路路基下沉表现出明显的滞后现象，多数在3年后才产生较大的变形。

融化夹层的存在实质上意味着路基下存在着一层软弱结构，这种结构层含水量大、土的强度低且模量小，是路基填土与多年冻土间的一种软弱夹层，当人为上限较小时，对路基的稳定性有严重的负面影响。但如果这一软弱层增至一定的厚度，在无排水条件的情况下，当人为上限增加至一定深度时，路基仅受大气温度变化控制的冻融作用（与季节冻土地区相同），对路基就不再考虑多年冻土的影响。

1.2.2　冻胀特性

随着多年冻土季节融化层冻结过程而发生土中水分冻结，产生土体体积膨胀的现象称为土体的冻胀性。它取决于土体的粒度成分、矿物成分、含水量、冻结条件等。冻胀的主要表现是土层不均匀升高，当路基土层产生冻胀时会导致路基开裂、路面裂缝及破损。如果公路桥涵基础修建在冻胀土中，就会受到冻胀力的作用，当恒载不能克服冻胀力时，桥涵基、桩就被隆起，从而导致结构物破坏。

冻胀沿冻结深度的分布是不均匀的：表层（0～30cm）占总冻胀量的 3%～25%；中间（30～70cm）占 21%～67%；下层（>70cm）占 1.2%～8%。一般来说，当达到最大冻结深度的 50%～70%时，其冻胀量达到峰值，冻胀量占总冻胀量的 80%～90%。土的分散性越大，其冻胀性越大，颗粒粒径为 0.005～0.0074mm 的粉黏粒具有最大的冻胀性。当土体的密度较小时，冻胀性随密度增大而增大；当土体的干密度超过 1.68～1.8g/cm^3 时，冻胀性则随土体密度增大而减小。一般来说，冻胀量随土体中负温的降低而增大，黏性土剧烈冻胀土温为-7～-1℃，砂土为-3～-0.5℃，此范围内可达到总冻胀量的 80%～90%。附加荷载对土体的冻胀会产生抑制作用，随着附加荷载强度的增加，土体的冻胀量会相应减小。

1.2.3 冰（水）害特性

温度是引起冻土地基融沉、冻胀的主要原因。但若土中无水或含水量很少，即使有温度的升降，土也不会产生融沉与冻胀，即"融而不沉"或"冻而不胀"，只有土的含水量大于某一数值后，土才明显地出现融沉与冻胀，该界限分别称为土的起始融沉含水量 w' 和起始冻胀含水量 w_0。其值随土质而异，当地基土的含水量超过 w'、w_0 时，融沉、冻胀将随含水量的加大而递增，若有水分补给则冻胀更为剧烈。由此可见，地基土的融沉与冻胀完全就是土中冰的融化与水的冻结作用，冰（水）是冻害之源。

冰（水）害主要是指在路堤上方有露出地表的泉水，或开挖路堑后地下水自边坡流出，在隆冬季节随流随冻，形成积水掩埋路基面或边坡挂冰、路堑内积冰等病害。这种病害是发生在寒冷及严寒地区的特有路基病害，在严寒的多年冻土地区则更为严重。对于路基工程来说，路堑地段较路堤地段冰害要多，尤其是发生在浅层地下冰发育的低填浅挖及零断面地段的冰害，危害程度更大。冰（水）害对有一定填方高度的路堤，危害程度相对较小。

1.3 多年冻土区工程建设与研究历史

1.3.1 冻土工程建设与研究

1. 国外进展

人类对冻土的认识研究伴随着工农业生产实践，经历了不断发展的历史过程。国际上率先对冻土工程问题开展研究进而建立起独立学科的当属俄罗斯。早在 16 世纪，就有关于西伯利亚冻土的报道。M.B.罗蒙诺索夫在 1757 年发表了题为《冻土地》的科学综述，对冻土地的形成及其与气候、地形的关系提出看法。19 世纪上半叶，俄国学者初步获得了西伯利亚冻土层的温度、厚度、埋藏条件和分布情况等资料。19 世纪下半叶，西伯利亚工农业、人口大量迁移,尤其是西伯利亚大铁路的建设极大地推动了冻土研究。1904~1914 年修建的阿穆尔铁路常因冻融影响而被破坏,每年要耗费大量的资金维护,这进一步促进了对冻土工程地质的研究。在后来的贝加尔至阿穆尔铁路干线修建中曾开展了大量的冻土研究工作。1912 年,俄国学者出版了《永久冻土与永久冻土上的建筑物》一书,阐述了外贝加尔永久冻土条件下建造建筑物的方法,为工程冻土学的发展做出了巨大贡献。1917 年后,冻土研究进入有计划、有目的的研究阶段,苏联成立了冻土研究机构,他们在冻土力学、冻土温度场计算等理论分析方面有其独到的见解,这些对后来的冻土研究有很大的借鉴作用。谢尔金探井(深 116m)的冻土温度资料在 1925 年测得。1927 年《苏联境内永久冻结土壤》一书的出版标志着冻土学逐步发展成为一门独立的学科。《普通冻土学》作为第一部冻土学教科书于 1940 年出版。

在北美,16 世纪的文献中已出现哈得孙湾深处的岩石为永久冻结状态及埃什绍利茨湾沿岸有厚层地下冰存在的报道。第二次世界大战之前,北美在多年冻土地区(美国的阿拉斯加及加拿大的育空地区)开采金矿,主要进行了一些与道路工程相关的季节冻土研究,多年冻土的研究只是在地质勘察过程中进行了有限度的探索。1943 年诺曼布尔斯—阿拉斯加费尔班克斯的 Canol 输油管道建成,长约 2000km,由于没有认识到冻土地区输油管道工程所面临的问题,管道直接铺设在地面上,多年冻土融化下沉而致管道于次年废弃。第二次世界大战中,亚北极地区军事工程建设受冻土问题困扰,迫使美国军事部门成立专门研究机构,开始了对工程冻土学的大规模研究。1961 年美国陆军部将北极建设与冻结作用实验室和雪冰与多年冻土研究所合并成立了寒区研究和工程实验室(Cold Regions Research and Engineering Laboratory,CRREL),专门从事北极战争条件及房屋结构、道路工程等寒区工程研究,并取得了丰硕成果。阿拉斯加至加拿大公路、阿拉斯加军事基地、机场跑道,诺曼韦尔斯至阿拉斯加公路,以及阿拉斯加铁路(费尔班克斯至苏厄德)修建遇到的冻土问题,促进了冻土工程研究的迅速发展。20 世纪 60 年代,伴随着北极海洋石油的大规模开发,开始了北极海岸和海底多年冻土研究。70 年代在对多年冻土和冻土环境开展深入研究的基础上,修建了北美最大的阿拉斯加输油管道工程。该管道从普拉德霍贝到瓦尔迪兹,贯穿阿拉斯加,南北全程 1280km,管径 1.22m,原油温度 70~80℃。管线 70%通过多年冻土区,在融化敏感类冻土区采用架空油管设计方案,并配置了必要的热棒(热桩),以避免冻土融化。

2. 国内进展

我国在春秋战国时期(公元前 770~前 221 年)就出现了有关冻土的记载,20 世纪 40 年代已有对西部高山多年冻土及东北多年冻土的报道。但我国冻土工程研究起步较晚,20 世纪 50 年代青康公路、青藏公路、大小兴安岭林区公路及铁路的建设,开创了我国多年冻土地区冻土工程研究的新纪元。1956 年辛德奎等在整理以往东北地区冻土调查资料的基础上发表了《中国东北地区多年冻土的分布》一文,这是我国第一份关于多年冻土分布特征的总结。1957 年铁道相关部门在大小兴安岭林区铁路勘测设计中调查了冻土分布和各种冻土工程地质现象,并将相关成果汇总到《多年冻土的工程地质和铁路建筑》(铁道部第三设计院,人民铁道出版社,1958)一书中。1953 年青康公路、1954

年青藏公路通车，青藏高原多年冻土问题引起交通、铁道相关部门的关注，1956 年青藏铁路第一次勘测设计，此后近 40 年间，围绕青藏公路的改建、青藏铁路的新建，国内冻土工程研究人员开展了大量的研究工作，并由此确立了我国冻土工程研究在国际上的领先地位。

2010 年开工建设的青藏交直流联网工程是迄今高寒高海拔地区建设的规模最大的输变电工程，其由西宁至柴达木 750kV 输变电工程、柴达木至拉萨±400kV 直流输电工程和西藏中部 220kV 电网工程组成。青藏交直流联网工程建设过程中，围绕工程中的系统稳定性、多年冻土区基础设计与施工等难题开展科技攻关，取得了青藏直流工程系统运行关键技术、高海拔直流换流站关键技术、高海拔直流输电线路关键技术及高海拔多年冻土地区基础设计等先进技术，使我国完全掌握了高海拔直流输电关键技术。

我国在多年冻土地区铺设的原油管道有两条：一条是格尔木至拉萨输油管道；另一条是中俄原油管道。格尔木至拉萨输油管线是世界上海拔最高的输送成品油固定管线，于 1972 年组织修建，1977 年基本建成，全线超过 560km 线路铺设在多年冻土地区。2002～2004 年对管道进行了重大的技术改造，其内容主要包括：部分地段更换主干管线，改用高效设备；改进泵站工艺流程，采用减阻技术；提高自动化水平，加强安全防护；减轻操作人员劳动强度，实行现代化管理等。中俄原油管道一线工程（漠大线）于 2011 年 1 月 1 日正式投入运行，中俄原油管道二线工程（漠大二线）于 2016 年在黑龙江省加格达奇地区开工建设，目前已经全线贯通。中俄原油管道建设过程中采用了大量的先进技术与冻土科研成果。通过利用保温板房、电气系统增加预加热设备等手段，确保了中俄原油管道二线盾构项目在极寒天气下顺利施工，填补了盾构施工法在极寒地区施工的国内空白。中俄原油管道二线项目首次全面推行全自动超声波检测工艺，同时应用了我国自主研发的机械化补口设备、大型施工设备远程监控管理系统等一系列科技创新成果，大幅提升了我国智能化管道建设的水平。

1.3.2　多年冻土区公路工程建设与研究

1. 国外进展

冻土是温度敏感性岩土介质，除温度外，影响其稳定性的因素还包括岩性、含水量、地热及工程作用。这些因素中，只有工程的影响是人为因素，也是维持和调控地温的主动因素。目前已有的工程措施，从对地温影响的方式出发，可以划分为被动措施和主动措施两大类。前者主要指维持地温的原始状况或减缓冻土的退化；后者是指积极主动地改进冻土的热状况，使其向有利于工程稳定性的方向发展。

（1）被动工程措施

被动工程措施除填筑一定的路基高度以保护其下冻土不致退化外，主要包括以下一些内容：

1）改变土体表面热辐射条件。例如，俄罗斯学者提出，将路面表面或边坡面涂刷白色油漆，或在路基面处铺设白色碎石，修筑遮阳遮雨篷，冬季清除路面表面两侧的积雪，以保持路基土体与大气间的辐射条件。

2) 改变路基土体与大气及原冻土热传导状况。目前，对基于这一原理的工程措施应用和研究较为深入广泛，其中研究最为广泛的是保温材料措施。早在 20 世纪 60 年代，美国就有将保温层用于保护多年冻土的专利提出；60 年代末，在美国阿拉斯加 Kotzebue 机场建设中，即在道路填土中采用了聚苯乙烯保温层；70 年代初，加拿大在多年冻土区砾石公路上进行了保温层试验研究；苏联在修建贝加尔至阿穆尔铁路时，在部分区段道砟下及边坡上使用了泡沫板材料。上述工程研究表明，隔垫层的工程效果较好。

以上被动工程措施的出发点在于克服或延缓由冻土退化造成的路基破坏。在长期的冻土退化背景下，路基仍然可能会出现一系列的问题，并需要不断投入维护费用。

（2）主动地温调控措施

主动地温调控措施主要包括采用调控传导和调控对流的方法。已有的调控对流的方法包括通风管路基、片块石路基及热棒路基。

1) 通风管路基。通风基础曾被广泛应用于房屋建筑。对于通风管路基的研究，1974 年美国曾在阿拉斯加的费尔班克斯西 40km 的公路上进行现场试验，试验场冻土为富冰黏土，试验选用了内径 20～50cm 的金属波纹管。通风管道小坡度倾斜并平行公路埋放于坡脚附近，沿纵向一定间隔设置竖向管，以发挥烟囱效应，促进空气的流动。研究中对热流及管道的热影响范围进行了解析分析，并对管体的最佳位置进行数值模拟分析，结果认为应用通风管路基具备可行性。但目前通风管在冻土区公路路基上的使用效果研究有限，冻土大国俄罗斯也尚未有使用通风管的报道。

2) 片块石路基。其原理是由片块石堆砌体实现冬季蓄冷、夏季隔热的效能。该方法曾应用于贝加尔至阿穆尔铁路IV级融沉性富冰地区和永久冻土地区。美国在阿拉斯加公路路基上也进行过这方面的试验。

3) 热棒路基。热棒是利用气液两相转换，通过对流循环换热来实现热量传输的装置。早在 1963 年，美国学者就曾提出将热棒应用于保护冻土地基稳定性的方法，之后该方法得到了较为广泛的应用。

此外，还有关于在西伯利亚多年冻土区采用土工格网中充填砂砾修筑路基的报道。

国外关于多年冻土区公路工程研究方面详尽而全面的资料不多，且欧亚大陆、北美大陆工程涉及的冻土受纬度控制基本上属低温冻土，冻土环境变化受人为干扰较小，冻土比较稳定。

2. 国内进展

我国多年冻土区公路工程问题以青藏公路高原冻土环境为典型代表，受海拔和纬度双重制约，具有不同于高纬度冻土的特殊性。我国在公路建设中第一次遇到高原多年冻土是 1954 年 7 月修建青康公路（G214）查拉坪段时，由于当时缺乏对多年冻土及其工程防治措施的认识，按一般沼泽地段施工常用的挖淤换土的处置方法处理，结果造成多年冻土大面积暴露融化，后经改移路线填筑路基，问题才得以基本解决。

我国自 1961 年至今，先后开展了多年冻土区青藏公路、青康公路、黑北公路等工程研究，而青藏公路的研究代表了我国多年冻土区公路研究的发展。青藏公路是我国乃至世界多年冻土地区公路冻土工程的代表，其建设突破了国际上多年冻土地区不能修筑沥青路面公路的禁区，使得青藏公路成为世界上第一条大规模铺筑沥青路面的多年冻土地区全天候通车公路。青藏公路 1954 年通车，由于当时历史条件与技术原因的限制，人们对多年冻土缺少基本认识，采用的是顺地爬的修筑方式，从而导致青藏公路修筑完成后，冻融病害大量发生，严重影响了青藏公路的通车能力。为解决青藏公路行路难的问题，以中交第一公路勘察设计研究院有限公司（原交通部第一公路勘察设计院）为代表的冻土科研工作者，围绕青藏公路冻土工程技术问题开展了以下四期联合攻关。

1973~1978 年：第一期青藏公路科研主要针对路面黑色化需求开展了大面积铺筑前的路基路面试验研究，在楚玛尔河、五道梁、可可西里铺设的 3 段沥青路面表处和浅灌试验工程约 8km，推进了公路冻土工程研究。

1979~1984 年：第二期青藏公路科研主要针对全线大规模铺筑沥青表面处置或沥青贯入路面开展研究，建立了桩基试验场，开展了地下冰的分布、冻土上限的判定方法、路基高度及桥梁桩基研究，解决了黑色路面的修筑难题，并于 1985 年全线完成铺筑黑色化路面。

1985~1999 年：第三期青藏公路科研主要是为适应改革开放后西藏交通发展需求，依托青藏公路升级改造（路基加宽、沥青混凝土路面铺装）开展攻关，掌握了全线多年冻土的分布及变化规律，实现了公路路面高级化，在公路冻土工程理论研究方面进一步取得突破。

2000~2007 年：第四期青藏公路科研主要是为适应西藏交通运输量的迅速增长和青藏铁路建设期重载运输的需求，应对全球气候升温对多年冻土的影响，为国家规划的青藏高速公路建设提供前瞻性技术储备，开展了多年冻土地区公路修筑成套技术研究。

依托青藏公路开展的科研工作，中交第一公路勘察设计研究院有限公司形成了多年冻土地区青藏公路建设和养护的技术体系，包括三大核心支撑技术，分别为沥青路面及路基稳定关键技术、公路设计与施工关键技术及公路建设养护技术。青藏公路科研技术体系的建立，牢固确立了我国冻土工程研究水平的国际领先地位，到目前为止青藏公路仍然是国际冻土工程理论与实践的典型示范。但是，依托青藏公路开展的系列路基变形控制及稳定技术研发与应用，基本上是服务于原路基规模条件下路基病害的整治，尽管其对新建同类型公路路基工程具有很好的指导意义，但在大尺度、宽幅路面的高速公路建设中，显然这些以对流传导换热为主的工程措施，会因路基尺度过大、路面吸热剧烈而降低功效，甚至失效，存在不能有效保护下伏多年冻土的重大潜在风险。

2010 年开工建设，2017 年 8 月正式通车的共和至玉树（结古）高速公路是世界上首条在多年冻土地区修建的高等级公路，穿越 250km 青藏高原南缘高温不稳定多年冻土区域。共和至玉树（结古）高速公路在设计中充分借鉴和采用公路建设已有研究成果，有针对性地采用热棒路基、通风管路基、片块石路基等多种特殊结构路基形式，同时创新了多年冻土区路域边坡与弃土场生态恢复技术、路域生物资源循环利用技术、公路沿线湿地保护技术等，实现了"无痕迹"施工的环保目标。共和至玉树（结古）高速公路是工程界在高海拔低纬度多年冻土地区修建高速公路的首次重大实践。

1.4 公路冻土路基尺度效应问题与表现

1.4.1 公路冻土路基病害

根据青藏公路病害调查结果，冻土路基尺度效应引发的路基病害大体可分为两类，即低路基病害与高路基病害。这两类病害区分的依据是填土路基的高度是否能引发两侧边坡较明显的阴阳坡面效应。如果路基高度能引发两侧边坡较明显的阴阳坡面效应，进而引发的一系列路基病害统称为高路基病害，反之则称为低路基病害。由于高路基病害具有非对称性特征，又可称为非对称性路基病害，同样低路基病害又可称为对称性路基病害。路基边坡所吸收的太阳辐射总量的差异与路基走向、边坡坡度有关，因此区分高、低路基病害的路基高度也非固定值，而是随公路走向及边坡坡度的改变而改变。东西走向或近于东西走向的路基阴阳坡面较好判断，南坡为阳坡，北坡为阴坡。青藏高原的辐射具有明显的非对称性，公路沿线上午的辐射总量要比下午的辐射总量多 20%以上，因此对于南北走向的路基而言，东坡为阳坡，西坡为阴坡。

1. 低路基病害的形成特点

青藏高原太阳总辐射量、辐射平衡值均较大，黑色沥青路面的修筑使冻土路基对太阳辐射的吸收率增加了约 20%。另外，沥青路面阻碍了路基表面的蒸发过程，产生的蒸发耗热不能有效释放，影响了冻土与大气间的热量交换。观测表明，沥青路面的地表年平均温度高于天然地表 4℃以上，较天然地表下的土层提前 20～30 天融化，滞后 20 天左右冻结，唐南地区这种差异就更大。在这种热状态的影响下，沥青路面下土层的热量年总收入大于年总支出，致使多年冻土融化，冻土上限下移，在路基内形成凹形融化盘。对于低路堤，如果阴阳坡面的影响较小，路基内融化盘相对于路中线较为对称，融化盘的最大深度出现在路基中心，这时路基病害常表现为路基整体下沉、路基中心凹陷。因此当多年冻土上限处含冰量较高时，融化盘的形成与发展是形成低路基病害的主要原因，主要表现为两点：

其一，在相同条件下，融化盘厚度越大，路基沉降变形就越大，随着融化深度增大，路基的固结沉降变形滞后时间越长。

其二，路基内"锅底形"的融化盘，成为大量地表水渗入和冻结层上水汇入的"聚水盆"，加速了融化盘的发展，进而增大了路基的沉降变形，成为路基不稳定的隐患。

2. 高路基病害的形成特点

青藏公路一期与二期整治改建期间大幅度提高路基高度，一期路基平均高度约 2.0m，二期路基平均高度约 2.5m。经整治，以对称性沉降变形为主的低路基病害得到了有效控制，但随着路基高度的抬升，路基内相继出现了众多以纵向裂缝为主的高路基病害，如表 1-3 所示。

表 1-3　2005 年青藏公路多年冻土段高路基病害调查表

项目	路基高度/m										合计
	<0.5		0.5~1.5		1.5~2.5		2.5~3.5		>3.5		
	阳坡	阴坡	阳坡	阴坡	阳坡	阴坡	阳坡	阴坡	阳坡	阴坡	
纵向裂缝	—	—	2	2	8	3	19	5	24	8	71
路肩（边坡）开裂	—	—	1	—	5	2	8	7	10	5	38
纵向凹陷	—	—	—	1	4	2	5	4	7	5	28
边坡冲蚀	—	—	2	2	7	4	11	5	10	7	48
合计	0	0	5	5	24	11	43	21	51	25	185

调查结果表明，目前青藏公路路基的病害形式主要表现为高路基病害，占总病害路段的 60%以上。高路基病害则以路基纵向裂缝与路肩（边坡）开裂为主，约占高路基病害总数的 58.9%。此次调查还发现，发生严重路基纵向裂缝的路段达到 50 余千米，最大裂缝宽度达 40cm。

图 1-1 描述了青藏公路多年冻土区不同坡向的高路基病害与路基高度的关系。统计结果表明，无论是位于阳坡还是位于阴坡的高路基病害的数量均随路基高度的增加而明显增大。高度小于 0.5m 的路基均未发现高路基病害，高度大于 2.5m 的路基内高路基病害显著增加，占总量的 75.7%，即大部分高路基病害分布在路基高度大于 2.5m 的路段。

另外，高路基病害的分布具有明显的坡向性。图 1-1 表明路基阳坡侧发育的高路基病害数量明显大于阴坡侧，阳坡侧共 123 处高路基病害，占总量的 66.5%，而阴坡侧高路基病害只有 62 处，占总量的 33.5%。

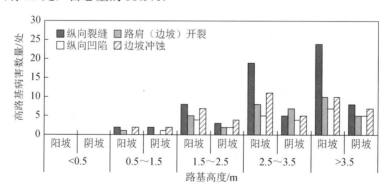

图 1-1　青藏公路多年冻土区不同坡向的高路基病害与路基高度的关系

1.4.2　公路冻土路基空间效应的表现

冻土路基的空间尺度效应具体表现为高度效应和宽度效应等。本节以收集到的青藏公路楚玛尔河路基拓宽试验段实测数据为基础，通过分析路基拓宽对地温状况的影响来说明宽度效应的具体表现。

1. 试验路概况

路基拓宽试验段位于青藏公路 K2981+290～K2981+490，该路段地处楚玛尔河高平原区，地质条件为湖相沉积的亚黏土及冲洪积砂砾、粗细砂和亚砂土，多年冻土类型为含土冰层，年平均气温为-6.0～-4.5℃，多年冻土年平均地温为-1.2～-0.5℃，冻土天然上限为 2.0～3.5m，多年冻土厚度为 15～40m，沿线有冰椎、冰丘发育。路基下部冻土人为上限为 4.0～6.0m，局部含有厚层地下冰，土质多为细颗粒土，融沉系数为 25%～64%，路基极不稳定，伴随较大变形量的不均匀下沉，属于极差工程路段。

青藏公路拓宽路基试验断面于 2009 年建设竣工，路基高度约 2m，在原旧路阴坡侧进行拓宽，拓宽路段路基宽度为 13.5m，对比路段路基宽度为 10m。

为了分析拓宽路段路基地温变化过程，试验路共布设两处监测断面，分别为拓宽路段监测断面和对比路段监测断面，如图 1-2 所示。试验路共布设 15 处地温观测孔，其中拓宽路段 7 处，对比路段 8 处，分别对左坡角、左路肩、路中、右路肩、右坡角、天然地基及左路肩内侧和右路肩内侧地温进行监测，地温监测方案如图 1-3 所示。

图 1-2　地温观测孔布置（单位：m）

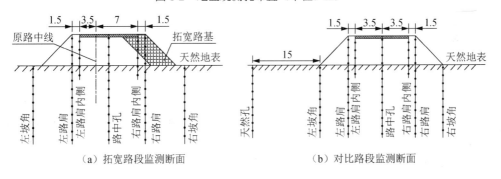

（a）拓宽路段监测断面　　　　　　　（b）对比路段监测断面

图 1-3　地温监测方案（单位：m）

2. 拓宽路段监测断面与对比路段监测断面地温对比分析

路基拓宽后，对原有旧路产生了两个方面的改变，首先是路基宽度增大导致路面宽度增大，进而导致吸热面积增大。路基由 10m 拓宽至 13.5m 后，路基宽度增大 35%；相应的路面宽度由 7m 增加至 10.5m，路面宽度增大 50%。俞祁浩对不同幅宽条件下路基传热的研究结果表明，路面宽度增大导致更多的热量进入多年冻土，当路面宽度增加 1 倍时，路面下 3m 深度处升温幅度增加 66%，路基底面热流密度增加 60%，在路基内形成聚热效应，导致多年冻土退化速度加快。

其次，路基拓宽后，改变了拓宽一侧原始天然地表热交换条件，旧路坡角外的地表被填土覆盖，拓宽路基上部铺设了有强吸热效应的沥青路面，旧路坡角外的多年冻土层进入强烈退化阶段。

图 1-4 和图 1-5 分别为拓宽路段监测断面和对比路段监测断面在 2011 年 10 月的路基地温场，该时间点为路基拓宽后约 2 年。对比分析图 1-4 和图 1-5 可以看出，拓宽路段监测断面由于路面宽度增大，路基整体吸热量明显增大。从图 1-4 中 6℃等温线范围可以看出，拓宽路段监测断面 6℃等温线包络区域约是对比断面的 3 倍，说明拓宽路段监测断面在暖季中吸收了更多的热量，将加速多年冻土层的退化。路基坡角下部的多年冻土退化程度与靠近路中相比存在明显的差异，坡角外冻土上限深度基本与天然地表下相同，而越靠近路中，冻土上限深度越大，这种差异性实际上就是冻结地基与融化地基的区别。

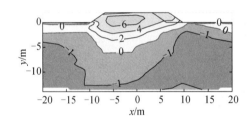

图 1-4　拓宽路段监测断面 2011 年 10 月的路基　　图 1-5　对比路段监测断面 2011 年 10 月的路基
地温场（单位：℃）　　　　　　　　　　　地温场（单位：℃）

3. 路基拓宽对多年冻土地温的影响

试验段在旧路右侧拓宽，为了详细分析路基拓宽对下部多年冻土的影响，选择路基拓宽后右路肩地温变化过程进行研究，图 1-6 为右路肩下部 2009 年 10 月中旬～2013 年 10 月中旬的地温曲线。图 1-6 地温曲线变化过程表明，路基拓宽后，新建拓宽路基下部多年冻土层地温呈现逐年升高的趋势，特别是在路面下 4.5m 深度内的土层升温过程更为明显。以 4.5m 深度处地温变化过程为例（对应于原天然地表下 1m 深度处），2009 年拓宽路基建设完工当年，该点地温为-0.7℃，到 2013 年时，该点地温升至-0.48℃，4 年时间内升温量为 0.22℃，年平均升温速率约为 0.06℃/a，这一升温速率介于青藏公路十几年来冻土升温速率 0.018℃/a 和 0.087℃/a 之间，靠近该范围的上限，表明新建拓宽路基下伏多年冻土层进入强烈退化过程中。

图 1-7 为拓宽路基下冻土上限的变化情况。该图中冻土上限变化情况表明，拓宽路基下部冻土上限出现明显下移过程，从 2009 年约-3.8m 处下移至 2013 年的-4.5m 处，4 年时间内冻土上限下降约 0.7m，冻土上限年平均下移速率为 0.18m/a，下移速率在青藏公路沿线冻土上限下降速率范围内（0.17～0.26m/a），尽管低于 0.23cm/a 的平均水平，但这一结果表明，拓宽路基下部多年冻土层出现融化下沉，对新建拓宽路基稳定性十分不利。

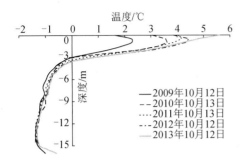

图 1-6 右路肩下部地温曲线

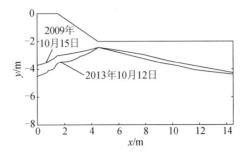

图 1-7 拓宽路基下冻土上限的变化情况

4. 基底吸热量对比

拓宽路段监测断面与对比路段监测断面路中孔在路基基底处的热流密度对比如图 1-8 所示，对应深度为 2.0m，时间段范围为 2011 年 6~11 月（暖季）。图 1-8 表明，在 6~11 月，拓宽路段监测断面与对比路段监测断面均处于吸热状态，拓宽路段监测断面与对比路段监测断面的热流密度有明显差异，6~10 月期间，拓宽路段监测断面热流密度显著高于对比路段监测断面，热流密度增大 40%~130%；10~11 月期间，试验路所在地区气候转冷，拓宽路段监测断面与对比路段监测断面间的热流密度差异逐渐减小。上述过程表明，路基宽度增大导致路基基底处吸热量显著升高。

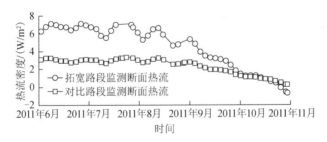

图 1-8 路中孔在路基基底处的热流密度对比（-2.0m）

对基底处的热收支计算结果表明，拓宽路段监测断面在基底处单位面积吸热量为 57.23 MJ/m^2，对比路段监测断面在基底处单位面积吸热量为 29.38MJ/m^2，拓宽路段监测断面比对比路段监测断面在基底处的吸热量增大约 95%。拓宽路段监测断面路基宽度为 13.5m，对比路段监测断面路基宽度为 10m，拓宽路段监测断面比对比路段监测断面增大 35%，但基底处单位面积吸热量增大 54%，表明冻土路基吸热量与路基宽度增大呈非线性增长关系。

5. 季节活动层吸热量对比

由于试验路所在路段冻土退化程度严重，同时受阴阳坡效应影响，路基下部冻土横向退化程度有明显差异，为了在拓宽路段监测断面和对比路段监测断面间进行热收支对比，选择路面下部-4.0~-3.5m 处进行热收支情况对比，该深度处于季节活动层之中。

图 1-9 为左路肩处热流密度对比,时间段范围为 2010 年 8~11 月,该时间段对应于试验路所在地区的暖季。图 1-9 表明,处于阳坡位置的左路肩,热流密度在拓宽路段监测断面和对比路段监测断面间有明显差异,其中 8~10 月,拓宽路段监测断面热流密度比对比路段监测断面提高约 70%,在 10~11 月,随着逐渐进入冷季,拓宽路段监测断面与对比路段监测断面热流密度差值逐渐缩小。热收支计算结果表明,拓宽路段监测断面吸热量为 10.98MJ/m²,对比路段监测断面吸热量为 6.92MJ/m²,左路肩处拓宽路段监测断面比对比路段监测断面吸热量增大约 59%。

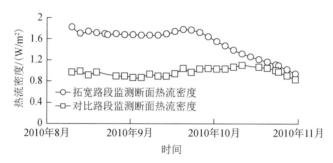

图 1-9　左路肩处热流密度对比（-4.0~-3.5m）

图 1-10 为路中孔热流密度对比,时间段范围为 2010 年 8~11 月。图 1-10 表明,路中孔在暖季期间,拓宽路段监测断面热流密度明显大于对比路段监测断面,增加幅度为 35%~54%。热量收支计算结果表明,拓宽路段监测断面在该监测时间段内吸热量约为 28.06MJ/m²,对比路段监测断面吸热量约为 19.98MJ/m²,拓宽路段监测断面比对比路段监测断面在路中孔处吸热量增大约 40%。

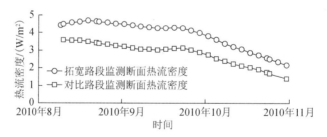

图 1-10　路中孔热流密度对比（-4.0~-3.5m）

图 1-11 为右路肩处热流密度对比,右路肩处于阴坡位置,拓宽路段监测断面与对比路段监测断面热流密度相差程度相对较小。热收支计算结果表明,在该监测时间段范围内,拓宽路段监测断面吸热量为 2.99MJ/m²,对比路段监测断面吸热量为 2.94MJ/m²,表明在右路肩阴坡位置处,拓宽路段监测断面与对比路段监测断面吸热量基本相同。

通过分析 2010 年 8~11 月（暖季）拓宽路段监测断面与对比路段监测断面不同位置热流密度分布状况,得到了路基季节活动层吸热量结果,这一结果反映出地温观测孔附近土层的热收支状况,在此基础上可对全断面的吸热状况进行估算。根据拓宽路段监

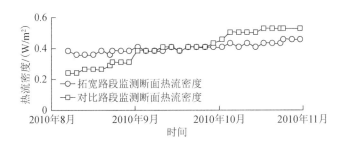

图 1-11 右路肩处热流密度对比（-4.0～-3.5m）

测断面和对比路段监测断面不同位置吸热量计算结果，2010 年 8～11 月（暖季），在路面下部-4.0～-3.5m 位置处，拓宽路段监测断面吸热量为 236.55MJ，对比路段监测断面吸热量为 124.55MJ，拓宽路段监测断面吸热量比对比路段监测断面增大约 89.9%，表明路基宽度增大 35%的情况下，活动层内部吸热量将增加约 89.9%，说明路基吸热量增加并非随着路基宽度增加而线性增大，而是呈类似指数增长的非线性增大趋势，由此将造成路基吸热量急剧增加，对多年冻土热稳定性十分不利。

6. 冻土上限附近吸热量对比

图 1-12 为路中孔冻土上限附近热流密度对比，深度范围为-8～-7m，时间段范围为 2011 年 3～11 月。图 1-12 表明，拓宽路段监测断面和对比路段监测断面在观测期内均处于吸热状态，3～6 月及 8～11 月，拓宽路段监测断面与对比路段监测断面热流相差不大，在 6～8 月，对比路段监测断面吸热强度迅速减少，由 0.132W/m^2 下降至 0.036W/m^2，但拓宽路段监测断面在此时间段内并未出现上述现象。由于冻土上限深度较大，深处土层地温变化与外界环境气候间有明显滞后，拓宽路段监测断面由于路面宽度增大，上部土层吸热量增加，对下部冻土上限附近的热交换也产生了明显影响，导致拓宽路段监测断面与对比路段监测断面在冻土上限附近的热流密度出现差异。冻土上限附近热收支计算结果表明，拓宽路段监测断面吸热量约为 2.88MJ，对比路段监测断面吸热量约为 2.50MJ，拓宽路段监测断面比对比路段监测断面在冻土上限附近的吸热量增大约 15.2%。

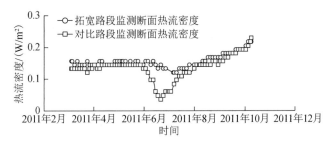

图 1-12 路中孔冻土上限附近热流密度对比

1.4.3　多年冻土路基时间效应的表现

高原冻土区气候条件恶劣，导致路基施工条件复杂，其施工特点可归结为：施工温度高；施工过程对多年冻土扰动大；施工周期短，路基预沉降不足；施工期导入热量，回冻及再平衡周期长等。上述特点导致在高原多年冻土地区施工过程中大量热量被带入路基体内，这些热量在路面铺筑后难以扩散至大气中，只能随黑色路面吸热导入的热量一起，侵入下伏冻土，并在一定时期内导致路基沉陷、波浪、纵裂等病害。

1. 施工温度高

多年冻土区路基施工时间为 5～9 月，时值青藏高原夏季，虽然清晨及夜间温度仍在 0℃ 以下，但施工主要时间白天，尤其是正午时分，温度高达 10℃，造成了路基填料与下伏多年冻土间强烈的温差，如表 1-4 所示。

表 1-4　青藏公路沿线典型地区冻土地温与施工温度对比　　　　　（单位：℃）

位置	桩号	年平均地温	施工温度
西大滩	K2887+500	−0.5	10～25
昆仑山	K2896+500	−2.2	7～22
斜水河	K2933+700	−1.4	7～22
清水河洼地	K2947+300	−0.34	8～26
五道梁	K3006+500	−0.45	8～26
可可西里	K3017+300	−1.70	6～24
开心岭	K3187+000	−0.80	8～22
扎加藏布	K3363+800	−1.04	9～25

由表 1-4 可知，青藏公路沿线多年冻土地区年平均地温为 -2.2～-0.34℃，但是对比其施工温度 6～26℃，温差巨大，因此可以推断，多年冻土区的暖季施工势必带入大量热量。

由图 1-13 和图 1-14 可知，无论是特殊路基还是普通路基，均存在夏季施工时大量外界热量被带入路基体内的问题，这些热量储存在路基内向下扩散，势必影响多年冻土融化状态。彩图 1 为进行数值计算时夏季施工路基初始状态，可以看出路基部分明显为高温区。

图 1-13　块石路基夏季施工带入大量热量　　　图 1-14　普通路基夏季施工带入大量热量

2. 施工过程对多年冻土扰动大

多年冻土区路基施工过程中，受地形限制、构造物埋设需求、地表平整等客观需求影响，挖方施工不可避免，多年冻土区一旦开始地表开挖，大量外界热量即可进入地基。图 1-15 为未扰动的冻土层，由图可见冻土状态稳定。图 1-16 为夏季施工地表开挖后的情况，冻土被外界导入热量迅速融化。

图 1-15　未扰动的冻土层　　　　　　图 1-16　夏季施工地表开挖后的情况

为了研究开挖后外界热量对冻土层的影响。2014 年夏季于 G214 的 K2950 段进行开挖，开挖后第一天可见零星分布多年冻土，开挖后第二天冻土即完全融化，融化后的水迅速填满开挖坑，如图 1-17 和图 1-18 所示。

图 1-17　夏季施工第一天开挖　　　　　图 1-18　第二天冻土融化，水位上渗

3. 施工周期短，路基预沉降不足

多年冻土区路基施工周期短，仅为每年的 5～9 月，施工期间大量热量被导入后造成下伏冻土融化，路基实际修筑于高含冰量软土之上，因而路基与地基需要较长时间进行预沉降。但是多年冻土地区施工周期短，留给路基沉降的时间极短，施工期间路基未完成的沉降只能在运营期内继续进行，这就造成多年冻土区路基修筑后一段时间内，沉降仍继续发展，导致各种道路早期病害。

4. 施工期导入热量，回冻及再平衡周期长

施工期间施工温度高、开挖导致冻土融化等原因，使路基在外界的环境作用下需要

较长时间进行再平衡。在施工期热量导致冻土融化的工况下，水重新回冻为冰时释放大量热量，极大地阻碍路基回冻。此外，由于工期紧张，路基完成后短时间内即进行路面施工，黑色路面吸收的热量与施工期导入的热量一起被封闭于路面之下，需要经过一段时间进行再平衡，如图 1-19 所示。

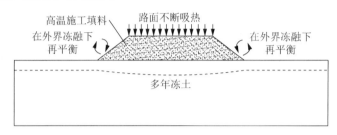

图 1-19　施工期导入与路面吸收热量再平衡

为了研究施工期带入热量再平衡问题，于 G214 的 K418+450 段布设监测断面，该段属于高温冻土区，特殊处置措施为片块石路基，提取片块石底部数据进行分析，结果如图 1-20 所示。

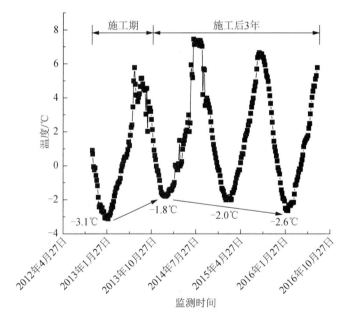

图 1-20　片块石路基底部温度曲线

由图 1-20 可知，受施工期导入热量影响，块石层施工后第一个冻融周期内，最低温度从-3.1℃提升至-1.8℃，升温幅度高达 42%。施工后的 3 个冻融周期内，在片块石降温作用下，最低温度开始缓慢下降，第 2 年和第 3 年分别降至-2.0℃和-2.6℃。由此可得，施工期导入热量需要施工后一定周期进行再平衡。

1.5　公路冻土路基尺度效应理论体系与研究方法

1.5.1　公路冻土路基尺度效应的研究范畴

从上述实际观察到的空间和时间两个方面冻土路基尺度效应的表现出发，我们总结出了冻土路基尺度效应的概念，指冻土温度场、水分场和变形场等对路基高度、路基宽度、路基边坡坡度等空间尺度及时间尺度的变化的响应机制和响应规律。根据其定义，冻土路基尺度效应包含空间维度和时间维度两个方面的内容。冻土路基尺度效应研究范畴如图 1-21 所示。

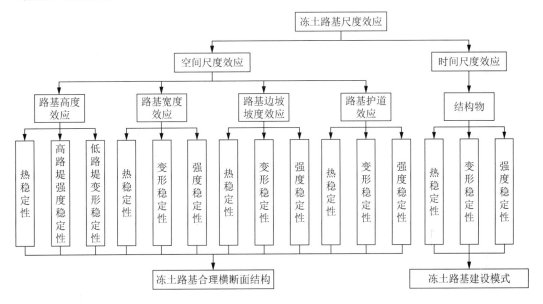

图 1-21　冻土路基尺度效应研究范畴

需要特别指出的是，冻土路基尺度效应研究中的"小尺度"指二级公路及其以下公路路基所具有的空间尺度，"大尺度"指一级公路和高速公路路基所具有的空间尺度。

1.5.2　公路冻土路基尺度效应理论体系框架

公路冻土路基尺度效应理论体系包含 3 个理论层级，框架图如图 1-22 所示。

第一级是基础理论。水-热-变形效应理论模型描述了冻土内的物理场必须遵守的基本规律，是求解冻土内水、热、变形等物理场所有相关物理量的理论基础；上边界条件模型提供不同尺度、不同材料、不同类型的上边界处边界条件的计算方法，为理论模型的求解计算提供定界条件；而对于通风管、热棒等特殊结构路基而言，除去冻土的相关基础理论外，尚需引入紊流、对流换热等与流体相关的理论模型。

第二级是核心理论。按照尺度效应的研究范畴，空间效应、时间效应和结构效应等是冻土路基尺度效应理论研究最重要的组成部分。研究的对象是冻土的温度场、能量状

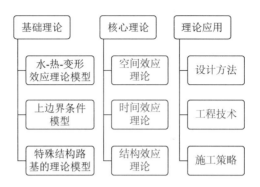

图 1-22　公路冻土路基尺度效应理论体系框架图

态、水分场和变形场等。空间效应的研究要素包括路基宽度、路基高度、路基坡度、分幅路基和护道等路基横断面尺寸和形态。时间效应的研究要素包括短期（施工期）、中期（设计年限）、远期（全寿命）3 个阶段。结构效应的研究要素包括增加特殊结构等对路基结构做出的改变带来的路基热力学稳定性的变化。

　　第三级是理论应用。这一级是对尺度效应理论研究成果的应用，是理论成果向实践转化的过程，体现尺度效应理论研究的重要现实意义。就目前的研究来看，尺度效应的理论应用体现在以下 3 个方面：一是设计方法，尺度效应理论是冻土路基能量平衡设计方法的理论基础，其研究成果直接支撑能量平衡设计理念，为其实现提供理论支撑和数据支撑；二是工程技术，尺度效应理论的研究成果将直接指导大尺度冻土路基稳定技术的研发方向、研发原则和评价准则；三是施工策略，尺度效应理论的研究成果也将为建设模式、建设策略和过程控制等方面提供更为合理的技术指导。

　　需要说明的是，随着研究工作的深入推进和工程实践的不断发展，对冻土路基尺度效应理论的认识也将越来越深刻，尺度效应理论体系将会得到进一步的丰富。

1.5.3　公路冻土路基尺度效应的研究方法

　　公路冻土路基尺度效应研究是一个多学科交叉综合的研究方向，因此其研究方法也是综合多样的。

　　第一种方法是理论方法。冻土是一种性质复杂的介质，建立准确描述其物理场变化过程的理论模型是近几十年以来冻土学研究的难点和重点。建立理论模型是极其重要的，无论是基于热力学定律推导的微分方程、基于经验总结得到的经验公式，还是半经验半理论公式，都将有助于我们更为深刻、更为客观地认识冻土、描述其物理场过程。冻土路基地-气耦合换热过程是一个复杂的包括传导传热、对流换热和热辐射等耦合的热量交换过程，甚至质量交换过程。开展显著性分析，选择主要过程，忽略次要过程，建立合理且可应用的冻土地-气耦合换热数值模型是准确预测冻土地基变化过程的首要条件。

　　第二种方法是数值方法。理论方法得到的大部分理论成果，如冻土水-热-变形效应理论模型、冻土路基地-气耦合换热数值模型、通风管路基的流热耦合传热模型等，往往因其高度非线性和复杂性而无法通过解析方法求得解析解，因此需要借用数值方法来求解。借助高性能计算机的优势，数值方法具有效率高、便于多工况比较等突出优点。

　　第三种方法是三位一体的试验方法。所谓三位一体是指大型室内模型试验平台、全周期冻融环境暴露试验平台和实体工程试验平台的一体化试验体系（详细介绍见 3.3节）。这 3 种试验方法各具优势。大型室内模拟试验平台具有周期快、成本低、试验条件可控等优势，适宜于机理探索；全周期冻融环境暴露试验平台具有环境真实、对比性强等优势，适宜于效能研究；实体工程试验平台具有工况真实、要素全面、成果应用性强等优势，适宜于长期适用性研究。对于冻土路基尺度效应的研究而言，需要根据研究目的综合利用多种试验方法。

　　最后，公路冻土路基尺度效应理论涉及工程理论、道路工程、冻土工程、岩土工程等诸多学科，这些学科普遍的研究方法都适用于冻土路基尺度效应理论研究。实际上，大多数情况下需要多种方法结合，这是冻土学科的特点，也是尺度效应理论研究的趋势。

第2章 基于地-气耦合的冻土路基
能量交换计算方法

冻土路基与外界环境和下伏冻土层的换热过程是一个复杂的非稳态过程，且受到外部气候环境条件、自身物理参数及工程施工方案等多个因素影响，是一个典型的多换热方式耦合、多因素影响、时空非线性变化剧烈的物理问题。而目前的路基换热机理研究中，大多采用"附面层"理论，即采用与土壤接触的下附面层温度作为上边界条件，进而开展路基传热特性分析。例如，米隆等（2002）、Su等（2004）对通风管路基的温度场进行了数值研究，对通风管路基的制冷效果进行了分析；Zhang等（2009）比较了不同路基结构的温度场，并指出抛石路基是高温冻土区的较佳选择；汪双杰等（2006）结合青藏公路保温护道段工程试验研究，采用数值方法分析了保温护道对路基地温特征的影响规律；董元宏等（2012）针对多年冻土区宽幅路基，通过试验及数值方法研究了L型热管-块碎石护坡保温板复合路基的降温效果。然而上述方法将太阳辐射、风的强制对流、地表长波辐射、水分蒸发等复杂外部环境条件统一归结为温度边界，虽然具有应用上的便利，但无法真实反映冻土路基复杂耦合换热特征及外部环境参数对换热过程的影响规律。且此方法必需以大量的附面层地温监测值作为依据，对于尚处于发展初期的高速公路而言，尚不具备大规模、长时间的附面层地温监测条件。同时，相较于二级公路和铁路的窄幅路基，高速公路的宽幅路基在尺度与结构上差异明显，现有附面层理论的相关结论和计算公式对于宽幅冻土路基的适用性和准确性也有待验证。

因此，本章针对青藏公路路基温度场研究的特殊性，将冻土路基上层的太阳辐射、气温、风速和风向等影响条件纳入研究模型，建立统一的地-气耦合系统二维非稳态计算模型，对多因素影响下冻土路基内的耦合换热过程开展研究，同时考察路面宽度、风速、路基高度和坡度及路线走向等参数条件对多年冻土路基表层温度分布情况的影响程度，从而为工程实践提供依据。

2.1 传统的附面层原理

2.1.1 附面层的理论模型

"附面层"一词来源于流体力学，原先定义为空气或水等低黏滞性流体沿固体表面流动或固体在流体中运动时，在高雷诺数情况下，附于固体表面的流体薄层。边界层内的流速沿垂直于运动方向连续变化，该速度连续下降直到边界上流体质点相对静止为止。朱林楠（1988）依据长期观测试验结果发现：高原冻土区不同下垫面近地层的气温及浅部地温场具有相似的变化特征，如图 2-1 所示。因此，引入"附面层"概念，提出路基表面及地表浅层可依次分为对流热交换区（A 区）、辐射热交换区（B 区）和导热交换区（C 区）。其中辐射热交换区即为附面层，可进一步细化为与空气相接的上附面层（B₁ 区域）和与土介质相接的下附面层（B₂ 区域），并指出可用下附面层底部的地温作为冻土路基换热计算的上边界条件。

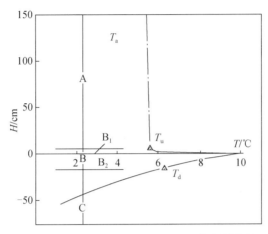

T_a—气温均值；T_u—上附面层顶气温；T_d—下附面层底气温。

图 2-1　日平均地-气温度曲线

上附面层的厚度随地表结构材质的不同有一定变化，对沥青路面而言，其值约为 5cm；对天然地表而言，其值约为 1cm。下附面层厚度通常比上附面层厚度大得多，通常所说的附面层厚度实际上是下附面层厚度，即太阳辐射和大气气温日变化影响消失的土层深度。一般而言，附面层内的温度计算式为

$$T(\delta,t) = T_a + T_i + A_d \sin(\omega_d t + \varphi_0) \qquad (2\text{-}1)$$

式中，δ 为深度；T_a 为气温均值，可以近似为以年为周期变化的函数；T_i 为附面层底部温度相对于大气平均气温的增值；A_d 为附面层底部温度的日增幅；ω_d 为气温日波动角频率，取为 $2\pi/24\text{h}$；φ_0 为初始相位。

在一定深度 δ_d 处，A_d 减小为一个可以忽略的小量，此时太阳辐射和大气气温的日波动可以忽略。因而在冻土路基以年为单位的中长期模拟中，可以将深度 δ_d 处的温度条件作为路基温度场模拟的边界条件，从而达到简化计算的目的。

2.1.2　附面层的影响因素

附面层理论应用的关键在于如何得到准确的附面层厚度 δ_d 和附面层底部温度相对于大气平均气温的增值 T_i。在附面层内，热量迁移过程是辐射和传导复杂的传热过程，同时还要考虑水分的凝结和蒸发所带来的热量交换过程。在下附面层顶部，大气温度和太阳辐射随时间做周期变化。其中大气温度日波动可近似描述为

$$T(t) = T_{ad} + A_{ad} \sin(\omega_d t + \varphi_0) \qquad (2\text{-}2)$$

式中，T_{ad} 为大气温度日均值；A_{ad} 为大气温度日振幅。太阳辐射日变化可等效为

$$q(t) = \begin{cases} q_s \sin(\omega_d t + \varphi_0), & 0 < \omega_d t + \varphi_0 < \pi \\ 0, & \pi \leq \omega_d t + \varphi_0 < 2\pi \end{cases} \quad (2\text{-}3)$$

式中，$q(t)$ 为太阳辐射函数；q_s 为辐射的强度峰值。太阳辐射的昼夜不同会导致附面层内的温度波动具有日夜不对称性。因此，在某一深度处气温的日变化消失时，即认为此处太阳辐射的直接效应消失，此深度即为附面层厚度 δ_d。

附面层厚度 δ_d 通常为热扩散系数的函数，可通过理论估计计算得到。对于单一土层，朱林楠等采用泰勒级数展开的方法，给出了附面层厚度 δ_d 的计算公式，并与天然状况长期观测值进行了比较，如表 2-1 所示。

$$\delta_d = \sqrt{\frac{6aT}{\pi}} \quad (2\text{-}4)$$

式中，a 为热扩散系数；T 为日平均地表温度。

表 2-1　附面层厚度计算值与观测值比较　　　（单位：cm）

项目	下垫面类型		
	一般湿润亚黏土	干燥砂砾土	沥青混凝土
附面层厚度计算值	21	30	34
附面层厚度观测值	15	20	35

对于多层土，白青波等（2015）通过建立周期性边界条件下的一维导热模型，给出了相应的计算公式：

$$\delta_d = \left(\xi_b - \sum_{i=1}^{m-1} \xi_i \right) \sqrt{\frac{2a_m}{\omega_m}} + \sum_{i=1}^{m-1} \delta_i \quad (2\text{-}5)$$

式中，m 为附面层所在土的层数；ξ_b 为附面层底部热传导衰减指数；ξ_i 为第 i 层土热传导衰减指数；a_m 为第 m 层土的热扩散系数；δ_i 为第 i 层土的厚度。

同样，附面层底对大气平均气温的增量 T_i 也可通过理论推导计算获得。朱林楠等（1988）给出的下附面层底对大气平均气温的增量为

$$T_i = \frac{A_1}{4} \quad (2\text{-}6)$$

式中，A_1 为地表日最高温度与上附面层顶的日最高温度之差。A_1 受气候瞬时变化和土体初始热状态影响，但长期连续观测发现，A_1 与日平均的下附面层底部温度直接观测统计值较为一致，不同类型的下垫面附面层温度增量如表 2-2 所示。白青波等（2015）采用数值模拟的方法，计算不同太阳辐射强度、环境气温及路面结构下附面层底部温度相对于大气平均气温的增值 T_i，其计算式为

$$T_i = \eta_B \eta_a \eta_C Q_e \quad (2\text{-}7)$$

式中，η_B 为对流换热修正系数；η_a 为等效热扩散率修正系数；η_C 为常数；Q_e 为太阳有效辐射参数，随时间及表面情况差异而变化。

表 2-2　附面层温度增量

项目	下垫面类型		
	一般湿润亚黏土	干燥砂砾土	沥青混凝土
附面层温度增量/℃	2.2	3.3	5.6

2.1.3　附面层原理的局限

附面层理论是研究寒区冻土路基温度分布的一种有效方法,大量的试验和工程实践已证实了此方法的合理性。但其作为一种近似方法,仍具有一定的局限性,有待于进一步研究发展。

1)附面层理论采用与土壤接触的下附面层温度作为上边界条件,进而开展路基传热特性分析。但从物理过程本质来看,定温的第一类边界条件并不能完全反映冻土路基上边界传热量的时空特征。由上边界传导入下伏冻土的温度梯度仍需通过迭代求解获取,易受计算方法、网格设置等方面的限制而产生误差。

2)由附面层的理论模型可知,附面层理论方法的前提是开展大规模附面层地温的监测,因此其数据需要极强的地域针对性,同时需要以公路构筑物存在为前提条件,对于某些尚不具备大规模、长时间的附面层地温监测条件的工况不适用。

3)相较于现有的二级公路和铁路的窄幅路基,高速公路的大尺度宽幅路基结构差异明显,现有附面层理论的相关结论和计算公式对于宽幅冻土路基的适用性和准确性也有待验证。

基于地-气耦合的冻土路基能量交换设计方法综合考虑了冻土路基的耦合传热过程,将冻土路基上层的太阳辐射、气温、风速和风向等影响条件纳入研究模型,建立了统一的地-气耦合开口系统计算模型,提供了多年冻土宽幅路基表层温度预测新方法,下面将对此方法加以详细介绍。

2.2　冻土路基地-气耦合换热过程

冻土路基的换热过程包括两个方面:路基与外界环境之间的非稳态耦合换热及路基与下伏天然冻土地层之间的非稳态耦合换热。路基与下伏天然冻土地层之间的耦合换热主要为导热形式,而路基与外界环境之间的换热则是一个多种换热方式相耦合的非稳态换热过程,包括公路表层(包括路面、路肩和公路坡面)对短波太阳辐射的吸收换热、公路表层对周围环境的长波辐射换热、带有一定速度的空气来流与公路表层的强制对流换热。不同公路表层区域吸收系数、蒸发量等条件的差异,路线走向对坡面辐射接收的影响及不同参数随时间的变化等,更增加了冻土路基换热过程的复杂性。若将冻土路基与下伏天然冻土地层看作一个整体,则整个冻土层内的换热过程可以表示为

$$Q_{冻土} = Q_{太阳} - Q_{对流} - Q_{辐射} - Q_{蒸发} + Q_{地热} \tag{2-8}$$

式中,$Q_{太阳}$ 和 $Q_{地热}$ 是冻土层获得的太阳辐射和地热能量;$Q_{对流}$、$Q_{辐射}$ 和 $Q_{蒸发}$ 分别是冻土层通过强制对流、长波辐射和水分蒸发的形式散失的热量。在各个换热过程中,$Q_{太阳}$ 和 $Q_{蒸发}$ 可通过查询或观测当地典型年的辐射强度与蒸发量变化情况获得,$Q_{地热}$ 可通过查阅相关文献数据获得,而 $Q_{对流}$ 与 $Q_{辐射}$ 都与公路表层的温度相关,只能在数值求解过程中通过迭代计算获得。

冻土路基与外界环境和下伏冻土层的换热过程是一个复杂的非稳态换热过程,且受

到外部气候环境条件、自身物理参数及工程施工方案等多个因素影响，是一个典型的多换热方式耦合、多因素影响、时空非线性变化剧烈的物理问题。下面将介绍如何在充分认识冻土路基复杂耦合换热过程的基础上，综合考虑各个换热过程的影响，进而建立合理的数学模型，并采用数值计算方法求解冻土路基的温度场。

2.3 宽幅冻土路基地-气耦合换热数值模型

2.3.1 物理模型及数学模型

地-气耦合换热数值模型由空气环境、天然冻土层及修建在天然冻土层之上的公路工程构成（图2-2）。

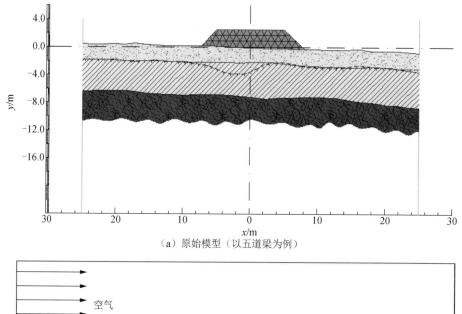

（a）原始模型（以五道梁为例）

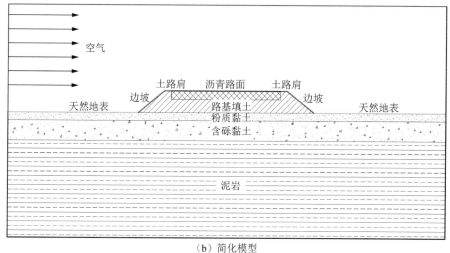

（b）简化模型

图2-2 冻土路基模型示意图

天然冻土层的土质依据中国科学院寒区旱区环境与工程研究所冻土工程国家重点实验室和中交第一公路勘察设计研究院有限公司于 1999 年绘制的《青藏公路冻土工程地质横剖面图》对应地区地层确定，同时为便于建立计算模型，各土层均做了平直化处理。为了更好地模拟远场空气来流对公路表面的流动换热过程，避免入口效应对计算结果的影响，空气的入口段及出口段均做了延长，公路沥青路面宽度统一为 24.5m，厚度为 0.65m，两侧各取 0.75m 的土路肩，厚度等几何尺寸随设计工况变化。在固体物理性质的设置中，路基填土与天然土层（粉质黏土、含砾黏土和泥岩）的密度均设为定值，其定压比热容和导热系数均设为与温度相关的分段阶梯函数类型，而路面结构的物理性质设为定值处理。

对于地-气耦合换热数值模型中的耦合传热过程，数值计算均采用二维非稳态、湍流模型，地面与环境辐射的求解耦合在边界条件设置中，计算中所采用的控制方程组包括连续性方程、动量守恒方程、带源项的能量守恒方程及标准 κ-ε 方程，具体如下所示。

连续性方程：

$$\frac{\partial}{\partial x_i}(\rho u_i) = 0 \tag{2-9}$$

式中，ρ 为空气密度；u_i 为各个方向上的速度分量。

动量方程：

$$\frac{\partial(\rho u_i)}{\partial t} + \frac{\partial}{\partial x_i}(\rho u_i u_j) = -\frac{\partial p}{\partial x_i} + \frac{\partial}{\partial x_i}\left(\eta \frac{\partial u_i}{\partial x_i}\right) \tag{2-10}$$

式中，p 为空气压力；η 为空气的动力黏度。

能量方程：

$$\frac{\partial(\rho T)}{\partial t} + \frac{\partial}{\partial x_i}(\rho u_i T) = \frac{\partial}{\partial x_i}\left(\frac{\lambda}{c_p}\frac{\partial u_i}{\partial x_i}\right) + S_T \tag{2-11}$$

式中，T 为空气温度；λ 为空气的导热系数；c_p 为空气的定压比热容；S_T 为地层表面的耦合源项。

κ 方程：

$$\frac{\partial(\rho\kappa)}{\partial t} + \frac{\partial}{\partial x_i}(\rho u_i \kappa) = \frac{\partial}{\partial x_i}\left[\left(\eta + \frac{\eta_t}{\sigma_\kappa}\right)\frac{\partial \kappa}{\partial x_i}\right] + G_\kappa - \rho\varepsilon \tag{2-12}$$

式中，κ 为湍流脉动动能；η_t 为湍流脉动所造成的动力黏度；σ_κ 为脉动动能的普朗克数；G_κ 为湍流脉动动能产生项；ε 为湍流耗散率。

ε 方程：

$$\frac{\partial(\rho\varepsilon)}{\partial t} + \frac{\partial}{\partial x_i}(\rho u_i \varepsilon) = \frac{\partial}{\partial x_i}\left[\left(\eta + \frac{\eta_t}{\sigma_\varepsilon}\right)\frac{\partial \varepsilon}{\partial x_i}\right] + \frac{\varepsilon}{\lambda}(c_1 G_\kappa - c_2 \rho\varepsilon) \tag{2-13}$$

式中，σ_ε 为湍流耗散的普朗克数；c_1 和 c_2 为经验常数。

2.3.2　边界条件

计算模型由基于附面层理论的封闭系统改进为有速度入口和出口的开口系统，需要考虑更多的影响因素且各影响因素之间互相耦合，因此边界条件的设置比封闭系统要复杂得多，下面介绍计算模型中各个边界条件的设置方法。空气由边界处垂直进入，为反映一年之中风向变化对冻土路基耦合换热的影响，模型上部空气左右侧均设为速度入口边界条件，根据计算时刻的不同，左右侧入口风速依次取为正值和负值；风速的取值按照其距地面高度的不同，设为与地面高度呈指数变化的函数形式：

$$v=f(h,t) \tag{2-14}$$

式中，h 为距地面高度；t 为时间。同时考虑到一年中环境温度的变化，进口空气温度设为随时间周期性变化的函数。入口初始湍流强度和湍流长度计算式分别为

$$\begin{cases} I=0.16\left(Re_{D_H}\right)^{1/8} \\ l = 0.07 D_H \end{cases} \tag{2-15}$$

式中，Re_{D_H} 为以 D_H 为特征长度的雷诺数；D_H 为特征长度，取为地表的横向长度。空气上边界采用第一类边界条件，壁面温度随时间周期性变化。天然地表、路面、路肩和坡面表面设为厚度为 0.1m 且带源项的耦合壁面；冻土左右两侧设为绝热边界条件；为模拟地热对冻土层的热效应，冻土下表面设为 $0.6W/m^2$ 的热流边界条件。下面将详细对边界条件的设置方法及具体数值的设置依据加以介绍。

1.　风速与风向

根据研究，环境风速随距地面高度的不同呈指数变化。为体现这一物理过程，在速度入口的边界条件设置中，将风速设为距地面高度的函数：

$$v = v_{ref}\left(h/h_{ref}\right)^{0.14} \tag{2-16}$$

式中，v_{ref} 为速度参考点的风速；h_{ref} 为速度参考点距地面的高度。同时考虑到风速和风向的季节性变化，将 v_{ref} 和风向设为时间年度性周期变化函数形式。

2.　环境气温

在速度入口及空气上边界等温壁面的边界条件设置中，均需要对空气环境温度加以设定。通常环境温度设定为随时间年度性周期变化的单正弦曲线，具体的计算公式为

$$T_{air}(t) = T_0 + g(t) + A_0 \sin\left(\frac{2\pi t}{3600 \times 24 \times 30 \times 12} + \frac{2\pi}{3}\right) \tag{2-17}$$

式中，t 为时间；T_0 为年平均温度；$g(t)$ 为年平均气温逐年上升的速率；A_0 为气温振幅。

3.　耦合壁面源项

为体现出土层表面对太阳辐射的吸收、地表与大气环境的辐射换热及地表由水分蒸发导致的换热等过程对冻土路基温度场的影响，在数值模型中将地表设置为一定厚度的

带源项耦合换热壁面。通过对冻土路基耦合换热过程进行分析可知，地表耦合换热面的源项值即地表所获得的净能量，其计算式为

$$Q_{源项} = \alpha Q_{太阳辐射} - Q_{辐射} - Q_{蒸发} \tag{2-18}$$

式中，α 为吸收系数；$Q_{太阳辐射}$ 为投射到地表的总太阳辐射；$Q_{辐射}$ 为地表对环境的长波辐射热损失；$Q_{蒸发}$ 为地表通过水分蒸发带走的热量。$Q_{太阳辐射}$ 作为地表的热量来源，其数值随着时间做年度性周期变化。$Q_{辐射}$ 为地表局部区域对于环境的长波辐射换热量，由于地表各个区域的温度差异，其数值随时间和地表温度变化，即

$$Q_{辐射} = \varepsilon\sigma\left(T_{\text{local}}^4 - T_{\text{sky}}\right) \tag{2-19}$$

式中，ε 为发射率；σ 为斯特藩-玻尔兹曼常数；T_{local} 为地表局部区域的温度值，由数值计算过程随时迭代求解；T_{sky} 为天空背景辐射温度，其计算公式为

$$T_{\text{sky}} = 0.0552 T_{\text{air}}^{1.5} \tag{2-20}$$

式中，$T_{\text{air}}^{1.5}$ 为环境气温。$Q_{蒸发}$ 可通过查询冻土地区的地表蒸发量计算得到，即

$$Q_{蒸发} = UG \tag{2-21}$$

式中，G 为汽化潜热，取为 0℃时水的蒸发潜热 2500kJ/kg；U 为地表蒸发量。地表蒸发热仅在 5 月初～10 月上旬时间段地面裸露在空气中时有值，而从 10 月中旬到次年 4 月底时间段内由于地表被冰雪覆盖，地表蒸发热取为 0。此外，沥青路面由于结构的原因，在换热计算中不考虑蒸发带走的热量。

此外，角系数及坡面系数，坡面具有一定的倾斜角度，其与环境辐射换热时的角系数不再像路面、路肩及天然地表一样保持为 1.0，故坡面的源项计算公式为

$$Q_{源项} = \alpha k Q_{太阳辐射} - X Q_{辐射} - Q_{蒸发} \tag{2-22}$$

式中，k 和 X 分别为坡面系数及角系数。

2.4　数值模型参数的获取方法与分析

2.4.1　青藏公路沿程典型地区的地层岩性分布

本节针对青藏公路沿程地理分区情况，选取西大滩、昆仑山、不冻泉、清水河、楚玛尔河、五道梁、北麓河、风火山、二道沟、乌丽、沱沱河、开心岭、雁石坪、温泉、唐古拉山、安多 16 个青藏公路沿线典型地区作为研究对象，并依据中国科学院寒区旱区环境与工程研究所冻土工程国家重点实验室和中交第一公路勘察设计研究院有限公司于 1999 年绘制的《青藏公路冻土工程地质横剖面图》建立对应地区的宽幅路基耦合换热模型。在剖面图的选择过程中，依据最近原则选取合适剖面图，典型区域点计算模型的地层分布如表 2-3 所示。

表 2-3　典型区域点计算模型的地层分布

位置	站点/参考站点	岩性	土层高度/m
西大滩	K2879+200	砾石土	4.07
		碎石质亚砂土	1.107
		块石土	7.927
昆仑山	K2901+000	砾石土	1.32
		亚黏土、碎石	11.38
		泥岩	4.47
不冻泉	K2934+780	砂石土	1.25
		亚黏土、碎石	7.76
		泥岩	5.31
清水河	K2948+080	砂、砾	0.82
		亚黏土、碎石	4.45
		亚黏土	6.06
		泥岩	3.56
楚玛尔河	K2952+080	碎石质亚黏土	2.48
		亚黏土、碎石	3.69
		亚黏土	4.64
		泥岩	5.97
五道梁	K3009+200	砂碎石土	2.49
		黏土、碎石	4.14
		泥质板岩	4.42
北麓河	K3042+850	砾石土	2.84
		亚砂土、砾石	3.97
		亚黏土	3.21
		泥岩	4.40
风火山	K3074+100	砂石土	0.82
		亚黏土、砂石	7.05
		砂岩	4.08
二道沟	K3085+050	砂石土	2.06
		角砂土	2.86
		亚黏土、碎石	2.84
		砂岩	3.72
乌丽	K3109+600	卵砂石土	4.00
		黏土、碎石	5.71
		泥岩	4.36
沱沱河	K3142+600	砾石土	2.64
		碎石土	2.23
		亚黏土、碎石	4.25
		泥质砂岩	3.93

续表

位置	站点/参考站点	岩性	土层高度/m
开心岭	K3160+850	卵砂石土	2.39
		亚黏土、碎石	4.14
		砂岩	4.62
雁石坪	K3245+820	角砂土	3.97
		块石土	2.89
		泥质砂岩	3.88
温泉	K3296+500	角砂土	3.12
		亚黏土、碎石	5.77
		泥岩	3.82
唐古拉山	K3339+000	碎石土	2.04
		碎石质亚黏土	4.70
		砂岩	5.81
安多	K3414+950	砂、砾	2.12
		亚砂土、碎石	2.33
		亚黏土	6.41

2.4.2　热力学参数的选取与计算方法

冻土的热物理参数主要为导热系数及比热容。本节依据中交第一公路勘察设计研究院有限公司和长安大学于 2016 年开展的"青藏高原工程走廊带冻土物理性质调查研究"相关成果，获取了青藏公路沿线昆仑山、不冻泉、清水河、楚玛尔河、五道梁、北麓河、风火山、乌丽、开心岭、温泉、唐古拉山、安多 12 个地区的原状冻土导热系数实测值（表 2-4），并以此作为数值模型导热系数的数据来源。而比热容的取值则参考大量文献及《冻土物理学》（徐敩祖、王家澄、张立新著，科学出版社，2010）中的相关数据。

表 2-4　原状冻土导热系数实测值

编号	深度 /m	导热系数/ [W/ (m·K)]									岩性	冰的质量含量 /%
		-0.1℃	-0.2℃	-0.5℃	-0.7℃	-1℃	-2℃	-3℃	-5℃	-10℃		
1-1	2.4	1.445	1.475	1.481	1.489	1.496	1.525	1.543	1.571	1.656	亚砂土、少量块石	34.88
	4	1.428	1.433	1.440	1.447	1.453	1.469	1.487	1.529	1.602	砂、砾	19.89
1-2	3.3	1.504	1.523	1.545	1.570	1.581	1.617	1.661	1.744	1.859	亚砂土、块石	16.65
	3.5	1.417	1.421	1.448	1.456	1.476	1.491	1.500	1.558	1.640	砂、砾	11.81
1-3	2.7	1.476	1.479	1.489	1.499	1.506	1.523	1.539	1.591	1.680	粉质黏土、少量块石	129.03
	2.8	1.413	1.415	1.423	1.432	1.437	1.449	1.475	1.507	1.583	粉质黏土	121.85
	3.1	1.294	1.298	1.315	1.323	1.331	1.334	1.345	1.359	1.476	亚砂土、砾石	25.24
	4	1.483	1.490	1.496	1.506	1.510	1.519	1.533	1.563	1.638	卵石、块石	20.13

续表

| 编号 | 深度 /m | 导热系数/[W/(m·K)] | | | | | | | | | 岩性 | 冰的质量含量 /% |
		-0.1℃	-0.2℃	-0.5℃	-0.7℃	-1℃	-2℃	-3℃	-5℃	-10℃		
2-1	3.2	1.552	1.565	1.571	1.583	1.589	1.592	1.612	1.661	1.756	亚砂土、碎石	13.27
	4	1.429	1.433	1.438	1.447	1.450	1.467	1.487	1.534	1.621	黏土、少量碎石	11.73
3-1	3.4	1.177	1.189	1.203	1.209	1.217	1.224	1.234	1.279	1.351	粉质黏土	63.68
3-2	3.5	1.150	1.160	1.165	1.195	1.232	1.259	1.294	1.353	1.486	弱风化石灰石	99.64
4-1	2.3	1.425	1.428	1.435	1.439	1.446	1.454	1.459	1.499	1.583	粉质黏土、少量碎石	20.82
	2.6	1.323	1.328	1.333	1.339	1.344	1.353	1.364	1.412	1.523	弱风化石灰石	50.08
	2.7	1.328	1.329	1.343	1.350	1.356	1.371	1.390	1.443	1.536	黏土夹石灰石	79.63
	2.9	1.423	1.430	1.433	1.440	1.442	1.458	1.477	1.507	1.576	黏土夹石灰石	62.12
	3.8	1.373	1.378	1.385	1.400	1.408	1.419	1.445	1.497	1.596	弱风化、块石	21.99
4-2	3.1	1.287	1.293	1.300	1.310	1.319	1.336	1.352	1.394	1.500	弱风化、石灰石	62.15

2.4.3 气象参数的获取与分析

建立包含空气区的地-气耦合换热数值模型，涉及的气象参数主要包括环境气温、太阳辐射、蒸发量、风速及风向等。而气象站点越密集，气象数据跨越年度及数据频次越多，则对应的换热模型越具有局地针对性，也越准确。研究整理了中国气象数据网和国家地球系统科学数据共享平台所公开的青藏公路沿线国家气象台站 1990～2010 年内 20 年（依工程需要，首、末年份未取完整自然年，后同）的环境气温、太阳辐射、蒸发量、风速、风向日数据，收集气象数据的地区与气象台站号分别是清水河[56304]、五道梁[52908]、沱沱河[56004]及安多[55294]。下面对各个数据的处理方法逐一进行介绍。

1. 环境气温

以青藏公路沿线国家气象台站 1990～2010 年内 20 年的环境气温日数据资料作为基础数据资料，将获得的气象数据整理后进行函数拟合，得到的拟合函数用于数值模型边界条件的设定。例如，沱沱河 20 年的环境气温日数据散点分布图如图 2-3 所示。

通过对环境气温数据的实测资料进行分析可以看出，气温日数据散点分布具有明显的正弦周期性，且每个周期内的峰谷值数据基本呈线性增加，因而需要在原有正弦函数的基础上，考虑年平均温度增幅。研究中采取的方法是求出 20 年温度数据的年平均值，再进行线性拟合，将拟合斜线的斜率作为年平均温度增幅，最终得到反映年平均温度增幅的气温函数。将得到的拟合曲线与实测数据比较，如图 2-4 所示。可以看出，拟合曲线较好地反映了气温的变化情况。

通过详细对比 1995 年和 2005 年日数据可以看出，方程的拟合效果良好，如图 2-5 所示。

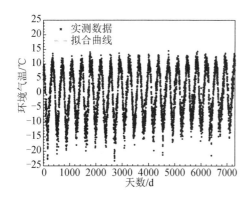

图 2-3　沱沱河 20 年的环境气温日数据散点分布图　　图 2-4　气温拟合曲线与实测数据对比

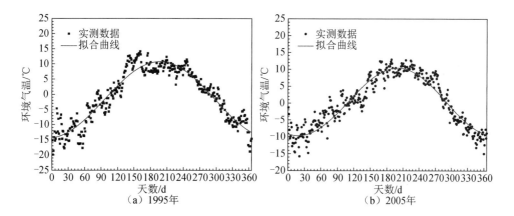

图 2-5　不同年份环境气温实测数据与拟合曲线对比

2. 太阳辐射

通过对清水河太阳辐射值日数据进行分析（图 2-6）可以发现，青藏公路多年冻土区的太阳辐射依然以年为单位进行周期性变化，但是每年的数据变化幅度较大，无法拟合为正弦函数形式。故处理太阳辐射数据方式为，求 20 年太阳辐射数据的对应日均值，然后将一年的辐射日均值数据进行多项式拟合。图 2-7 为 1995 年清水河太阳辐射实测数据与拟合曲线（拟合公式计算值）对比，可以看到二者具有较好的一致性。

3. 蒸发量

开展冻土路基边界条件研究所需要的蒸发量数据为地表蒸发量，而气象数据网站上获得的青藏公路沿线数据为小型蒸发量，故通过文献调研所选取的小型蒸发量与地表蒸发量的换算公式为

$$U_s = 0.3082(kE_{201}) - 0.849 \tag{2-23}$$

式中，k 为小型蒸发量与水面蒸发量（$E_{601} = kE_{201}$）的转换系数，具体取值如表 2-5 所示。

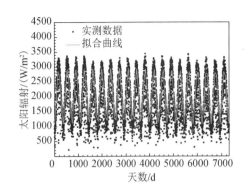

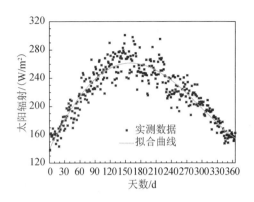

图 2-6 清水河太阳辐射 20 年变化值源数据　图 2-7 1995 年清水河太阳辐射实测数据与拟合曲线对比

表 2-5 小型蒸发量与水面蒸发量的转换系数 k

位置	月份											
	1	2	3	4	5	6	7	8	9	10	11	12
西藏	—	—	0.62	0.63	0.61	0.63	0.66	0.66	0.67	0.67	0.61	—
青海	—	—	0.58	0.56	0.59	0.59	0.61	0.62	0.63	0.64	0.61	—

通过对青藏公路沿线沱沱河蒸发量日数据进行分析（图 2-8）可以发现，蒸发数据依然为年周期变化，但每年的变化波动较大。基于这一特性，同时参考了诸多相关研究处理方法后，采取的地表蒸发量数据处理方式如下：求 20 年数据的月均值，将一年的月均值数据进行多项式函数拟合，将数据以拟合曲线（月均值曲线）的形式体现出来。拟合结果（图 2-9）表明，二者符合较好。

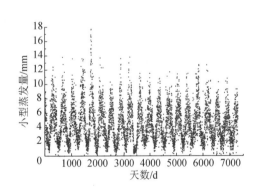

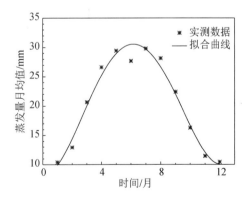

图 2-8 沱沱河 1990～2010 年小型蒸发量数据对比　图 2-9 沱沱河 20 年蒸发量月均值实测数据与拟合曲线

4. 风速及风向

通过对青藏公路沿线气象台站风向原始数据进行分析发现，数据分布较为散乱，而对流换热作为地表换热方式的重要方面，风向与风速恰是决定地表对流换热的关键参数，如图 2-10 所示。充分参考文献内容后，在数值建模中采用将风速和风向按照路线走向按比例分配方法进行处理，即首先将日平均风速按照当日最大风向分配至以平行路线走向为 x 轴、垂直路线走向为 y 轴的坐标系内，然后将 x 轴方向的风速作为入口风速边界条件赋值给数值模型，将 y 轴方向的风速作为热流边界条件赋值给数值模型。

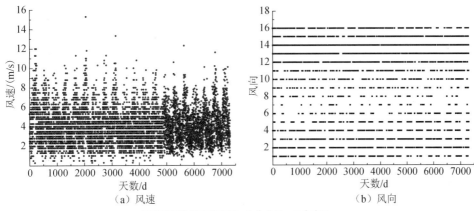

风向按气象学方法表示，0 为北风，9 为南风。

图 2-10　五道梁风速与风向实测值

路线的走向取为 3 类：东西走向（EW）、南北走向（NS）、三高项目选线设计走向（K 线）。对于 K 线走向而言，需首先依据设计图纸，标示出西大滩、昆仑山、不冻泉、清水河、楚玛尔河、五道梁、北麓河、风火山、二道沟、乌丽、沱沱河、开心岭、雁石坪、温泉、唐古拉山、安多 16 个沿线典型地区相对南北方向角度，然后将风速按照日最大风速方向进行正交分解。

表 2-6 为青藏高速公路 K 线设计方案各典型地区路线走向相对南北方向的角度列表。在各点边界条件的计算中，限于气象数据仅有清水河、五道梁等 4 个站点，故其他典型地区的风速数据按照就近原则采用临近站数据，具体分配如表 2-7 所示。

表 2-6　青藏高速公路 K 线方案 16 个典型地区路线走向

位置	标示位置	角度
西大滩	K2865	南偏东 87°
昆仑山	K2900	南偏西 28°
不冻泉	K2920	北偏西 75°
清水河	K2948	北偏东 52°
楚玛尔河	K2972	南偏西 42°
五道梁	K2996	南偏西 61°
北麓河	K3043	南偏东 5°
风火山	k3068	南偏西 12°

续表

位置	标示位置	角度
二道沟	K3084	南偏西 83°
乌丽	K3108	北偏西 4°
沱沱河	K3142	南偏西 29°
开心岭	K3162	南偏西 56°
雁石坪	K3238	南偏西 37°
温泉	K3290	北偏西 1°
唐古拉山	K3335	南偏西 51°
安多	K3415	北偏西 15°

表 2-7　风速数据选取对应关系

位置	标准站点标示位置	地区	地区站点标示位置
清水河	K2948	西大滩	K2865
		昆仑山	K2900
		不冻泉	K2920
		楚玛尔河	K2972
五道梁	K2996	北麓河	K3068
		风火山	K3070
		二道沟	K3084
沱沱河	K3142	乌丽	K3108
		开心岭	K3162
		雁石坪	K3240
安多	K3415	温泉	K3290
		唐古拉山	K3335

2.5　青藏高原宽幅冻土路基热学边界条件

2.5.1　宽幅冻土路基的耦合换热特征分析

图 2-11 为路基建成第 20 年的 8 月 20 日各地表温度、局部对流换热系数和 0.3m 高处风速的沿程变化情况。图 2-12 为同时刻冻土路基温度场和速度场等值线图。从图 2-12 中可以看到，当空气来流距离路基迎风侧（右侧）边坡较近时，天然地表温度缓慢增大，且由于路基边坡的遮挡作用，风速和局部对流换热系数均相应减小；然后在爬坡过程中风速显著增大且风流流线出现显著变化，风速的增大和风流扰动的增加强化了表面对流换热效果，使得此时局部对流换热系数显著增大并在坡面顶端达到最大值，坡面表层温度逐渐降低；接着当空气来流到达背风侧边坡区域时，风速先逐渐减小，其对流换热系

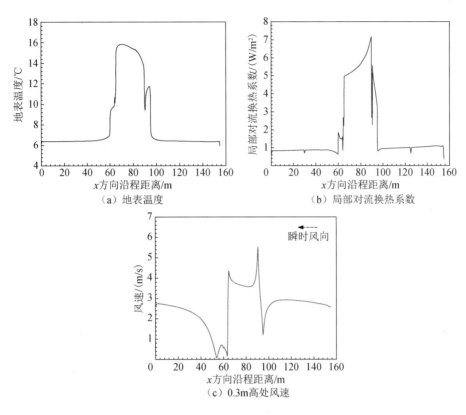

（a）地表温度　　　　　　　　　　（b）局部对流换热系数

（c）0.3m 高处风速

图 2-11　各地表温度、局部对流换热系数和 0.3m 高处风速的沿程变化情况

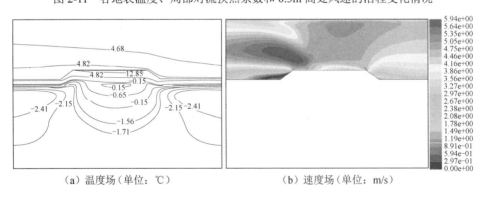

（a）温度场（单位：℃）　　　　　　（b）速度场（单位：m/s）

图 2-12　冻土路基温度场和速度场等值线图

数相应减小，而后出现脱体绕流现象，强化了对流换热的效果，其对流换热系数相应增大，同时地表温度沿程降低。

图 2-13 为路基建成第 20 年各地表温度的年际变化情况。由图 2-13 可知，各地表温度均大致呈正弦变化趋势，年较差最大 31.32℃（沥青路面），最小 24.71℃（右侧天然地表）；由于没有蒸发散热，沥青路面始终保持较高温度，温度最高达 17.29℃；由于冷季冰雪覆盖阻断了地表蒸发，天然地表温度在 5 月上旬和 10 月中旬有明显阶跃；此外，各表面温度一般高于环境气温，而由于左侧坡面为阴面且在冷季内始终处于迎风侧，其

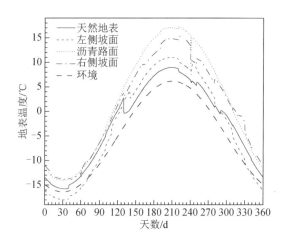

图 2-13　路基建成第 20 年各地表温度的年际变化情况

冷季温度略低于同时刻环境气温。

2.5.2　宽幅冻土路基的换热特性参数分析

1. 路面宽度

路面宽度的增加将导致冻土路基吸热量的大幅增加，进而影响路基各表面的温度分布。本节分别对路面宽度为 10m、13m、16m、20m、23m 和 26m 工况下路基各表面的年平均温度相对于环境温度增幅的变化情况进行了计算（公路建成 20 年内），结果如图 2-14 所示。由图 2-14 可以看到，随着路面宽度的增加，各表面的温度均逐渐增加，其中以沥青路面的温度增幅最大，其温增由 10m 时的 6.28℃上升到 26m 时的 7.09℃。同时，受阴阳坡效应的影响，左侧坡面和路肩随路面宽度增加导致的年平均温度增幅要小于右侧坡面和路肩。而靠近路基的天然地表温度增幅则受路面宽度增加的影响并不显著，当路面宽度由 10m 增加到 26m 时，其温增小于 0.1℃。

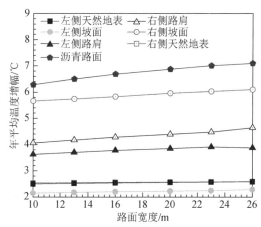

左侧天然地表的曲线与右侧天然地表的曲线重合。

图 2-14　不同路面宽度下各表面的年平均温度增幅

2. 风速

横掠过地表的风的强制对流是冻土路基与外界环境换热的主要途径之一，而风速是表面强制对流换热系数的关键影响因素。本节计算了风速为 2.0m/s、3.0m/s、4.0m/s、5.0m/s、6.0m/s、7.0m/s（速度参考点处风速）工况条件下，26m 宽幅冻土路基各表面的年平均温度相对于环境气温增幅随风速的变化情况，结果如图 2-15 所示。由图 2-15 可知，各表面的年平均温度增幅随风速增大而相应减小，当速度参考点风速由 2 m/s 增大到 5 m/s 时，各表面的年平均温度增幅降低较快，而当风速继续增大时，各表面的年平均温度减小趋势变缓。同时还可以看到，风速增大对于沥青路面和两侧路肩的影响尤为明显，当风速由 2m/s 增大到 7m/s 时，沥青路面和两侧路肩的 20 年平均温度分别降低 5.54℃、3.23℃和 3.95℃，这是由于路面和路肩处的换热系数相对较高，同等风速条件下，换热更为剧烈。

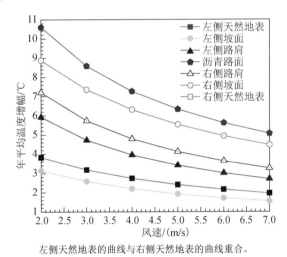

左侧天然地表的曲线与右侧天然地表的曲线重合。

图 2-15　26m 宽幅路基各表面的年平均温度相对于环境气温增幅随风速的变化

3. 路基高度

路基高度的不同导致迎风侧坡面对于空气来流的遮挡效果及背风侧扰流区范围的变化，从而对空气来流与路基结构的换热造成影响，进而影响各表面温度。本节针对东西走向，坡比为 1∶1.5，路基高度分别为 1m、2m、3m 和 4m 工况条件下 26m 宽幅冻土路基的耦合换热过程进行了数值模拟，各表面的年平均温度增幅随路基高度的变化情况如图 2-16 所示。

由图 2-16 可知，随着路基高度的增加，各表面的年平均温度近似于线性趋势降低，其中尤以沥青路面及两侧土路肩处的降低趋势最为明显，当路基高度由 1m 增高到 4m 时，沥青路面和两侧路肩的年平均温度增幅分别降低 1.63℃、0.97℃和 1.03℃。这是由于坡面、路肩、沥青路面及附近天然地表的风速随着路基高度的增加而增加，进而增强了空气来流与地表的换热，从而导致各表面温度的降低。由沿程表面的对流换热系数分

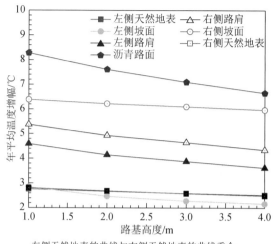

左侧天然地表的曲线与右侧天然地表的曲线重合。

图 2-16   26m 宽幅路基各表面的年平均温度增幅随路基高度的变化

布可知,路面与路肩处于相对高值区,因而温度降低幅度相对较大。同时对于坡面而言,虽然迎风侧坡脚处的低对流换热系数区域随路基高度的增大而扩大范围,从而导致其对流换热系数减小,但是在同一时刻背风侧脱体绕流区域的增大导致其对流换热系数增大,其效应大于迎风侧换热减小的效应,因此各坡面年平均对流换热系数随路基高度增大而增大,相应各表面年平均表面温度增幅随之下降。

4. 路线走向

路线走向的不同首先影响边坡坡面对太阳辐射的吸收状况,导致路基边坡坡面温度有所差异,进而影响路基内部,从而导致路基温度场的不对称性。因此,研究路线走向对路基温度场的影响效应,首先要分析不同路线走向路基边坡坡面的温度状况。本节对路线走向分别对东西(EW)、西偏南 45°(SW45°)、南北(NS)3 种工况下 26m 宽幅路基各表面的年平均温度进行了分析计算,结果如表 2-8 所示。由表 2-8 可知,相比于路面和路肩,路基边坡处的年平均温度受走向影响尤为明显,在相同时刻,东西走向路基的右侧坡面和左侧坡面年平均温度在 3 种路线走向中分别位列最大值和最小值,表现出明显的阴阳坡效应。而南北走向路基虽然左右侧边坡吸收的太阳辐射量相等,但冷季的风速相对较大,致使在冷季迎风侧(左侧)边坡坡面的对流换热比右侧边坡要强烈得多,这种对流换热的差异导致路基左右边坡的温度状况存在些许差异。同时,通过对各表面处的年平均温度进行分析可知,在路基建成的 20 年间,由于青藏高原环境气温逐年上升,各种走向路基边坡、路肩及沥青路面处的年平均温度均呈逐年升高的趋势,同时各表面的 20 年平均温度增幅和建成 5 年后的年平均温度增幅有较大差异,说明路基建成的前 5 年恰是路基与下伏冻土层相互影响最为强烈的时期,当路基建成 5 年后,冻土路基换热趋于稳定。

表 2-8　不同走向 26m 宽幅路基各表面的年平均温度

年平均温度/℃

运营时间/a	左侧坡面			左侧路肩			沥青路面迎风边坡			右侧路肩			右侧边坡		
	EW	SW45°	NS	EW	SW45°	NS	EW	SW45°	NS	EW	SW45°	NS	EW	SW45°	NS
1	-3.13916	-2.4762	-0.85999	-1.5806	-1.52097	-1.36473	1.62306	1.620594	1.611808	-0.84595	-0.89853	-1.06371	0.622034	0.274924	-0.69849
5	-3.13629	-2.46979	-0.83922	-1.5364	-1.47528	-1.31366	1.682317	1.680083	1.67185	-0.76927	-0.82327	-0.99203	0.688538	0.338256	-0.64623
10	-3.02496	-2.35899	-0.72795	-1.4253	-1.36426	-1.20219	1.790846	1.788612	1.78056	-0.66087	-0.71494	-0.88352	0.795098	0.445182	-0.53737
15	-2.91603	-2.25015	-0.61921	-1.31624	-1.25517	-1.09298	1.899402	1.897182	1.889162	-0.55224	-0.60629	-0.77489	0.903224	0.553396	-0.42915
20	-2.80700	-2.14139	-0.51211	-1.20789	-1.1467	-0.98475	2.007614	2.005461	1.997417	-0.44429	-0.49812	-0.66693	1.010857	0.662517	-0.32197
20年平均增幅	0.017	0.018	0.018	0.020	0.020	0.020	0.020	0.020	0.020	0.021	0.021	0.021	0.020	0.020	0.021
5年后年平均增幅	0.022	0.022	0.022	0.022	0.022	0.022	0.022	0.022	0.022	0.022	0.022	0.022	0.021	0.022	0.022

　　本节对所选取的西大滩、昆仑山、不冻泉、清水河、楚玛尔河、五道梁、北麓河、风火山、二道沟、乌丽、沱沱河、开心岭、雁石坪、温泉、唐古拉山、安多 16 个典型地区的边界条件进行了数值模拟。表 2-9～表 2-11 分别为路基建成 10 年后路线走向为南北、东西和设计走向（K 线）的清水河、五道梁、沱沱河、安多地区路基各上边界面层平均温度值。

表 2-9　南北走向路基各表面温度值　　　　　　　　（单位：℃）

位置	天然地表	左侧坡面	沥青路面	右侧坡面
清水河	-1.977	1.993	4.568	1.982
五道梁	-2.893	-0.562	2.352	-0.502
沱沱河	-3.043	-0.793	1.015	-0.805
安多	-0.561	2.476	5.809	2.551

表 2-10　东西走向路基各表面温度值　　　　　　　　（单位：℃）

位置	天然地表	左侧坡面	沥青路面	右侧坡面
清水河	-1.943	0.993	4.772	2.805
五道梁	-2.900	-1.499	2.542	-0.129
沱沱河	-3.155	-1.982	1.562	-0.218
安多	-0.455	1.109	5.904	3.111

表 2-11　路基走向为设计走向（K 线）路基各表面温度值　　　　（单位：℃）

位置	天然地表	左侧坡面	沥青路面	右侧坡面
清水河	-2.014	2.032	5.118	2.004
五道梁	-2.886	-0.540	2.093	-0.782
沱沱河	-2.994	-1.076	1.776	-0.578
安多	-0.511	2.132	5.887	2.221

　　对比表 2-9～表 2-11 的数据可知，受青藏高原主风向的影响，东西走向路基左右坡面温度存在明显的差异，而南北走向路基左右坡面温度基本相当。表 2-11 的数据表明，路基走向为设计走向（K 线）时，冻土路基的上边界温度值基本介于东西走向和南北走向之间，且路基的阴阳坡面位置随着路基走向而变。同时结合表 2-9～表 2-11 可知，相对于下伏冻土的土层及热物理性质而言，外部环境是边界条件变化的主要影响因素。

第3章 公路冻土路基水-热-变形效应理论模型与研究平台

冻土中温度场、水分场及变形场的相互作用是一个极其复杂的热学、物理化学和力学的综合问题。土体冻胀、融沉过程受控于土体中水、热、力的变化规律，本质是冻土多孔介质中颗粒、冰晶体、未冻水3种物质在温度势、土水势、压力与变形等外界因素作用下的相互运动、迁移、扩散与相变。

正确认识多年冻土的物理力学性质，对其变化过程进行详细的机理性分析，了解冻融过程中水、热、力的变化状况，是防治冻融病害的先决条件。本章拟通过构建三场耦合的理论架构，辅助一定的室内试验验证，分析冻土在三场作用下的变化规律，为后续进行冻土路基各物理场的空间效应、时间效应和结构效应研究提供基础的理论框架和数值仿真模型。

3.1 公路冻土路基水-热-变形效应理论模型及适用性评价

3.1.1 基本假定

在工程上从事冻土三场耦合理论研究均是为结构物变形和强度稳定性的微观机理服务。本节研究的三场耦合架构也是在参考国内外众多学者研究的基础上，运用热物理学基本原理重新推导冻土体内水、热、形变的作用过程，为工程中研究冻土路基的变形机理提供理论依据。为使问题更加简化并不失一般性，特对冻土中三场耦合理论研究的前提条件做如下假设：

1）冻土体中水分运动均是以液相水的形式出现，气体和水蒸气的运动与相变效应均忽略不计。

2）忽略土体中盐分迁移、化学排析作用及其对水分迁移的影响。

3）土体为饱和土或近似饱和土，水的渗流服从达西定律。

4）土体的变形是土体结构变化和孔隙体积压缩或扩张的结果，土颗粒骨架、水及冰等各相介质本身不可压缩。

5）土体为各向同性体。

6）忽略冻土内各相物质本身的热胀冷缩，即热膨胀系数 $\alpha_p \equiv 0$。

7）相变和水分迁移均为等温过程，即迁移进入微元体系统的水分温度与系统相同，并在同一温度下发生相变。

8）微元体系统内各相物质间温度均匀，始终处于热平衡状态。

9）忽略微元体系统本身及系统内各相的势能及动能变化。

10）公路路基变形问题为平面应变问题，即沿路基纵断面方向的应变为0。

3.1.2 土体冻融过程中的连续性条件

饱和冻土可看作一个液体-固体的多相体系，土粒结构空隙充满不同形态的水，在应力梯度作用下，土骨架变形而发生体积变化。土骨架的体积变化代表了土体的总体积变化，它必须等于土颗粒、冰、水体积变化之和，这个相等的概念称为连续条件。这个连续条件实际上是一个体积的限制，以避免多相系统变形时在相与相之间出现"空隙"，从而保证质量守恒。饱和冻土的体积变化是由土中水的流入或流出、冰水相变造成的，因为土颗粒基本不可压缩，如图3-1所示。

设一饱和状冻土微元体，其中只存在土颗粒、未冻水及冰三相体，各相含量分别如图3-1所示，微元体总体积 $dv_0 = \dfrac{dm_s}{\rho_s} + \dfrac{dm_w}{\rho_w} + \dfrac{dm_i}{\rho_i}$。微元体发生体积变化，则其体积应变应等于微元体的孔隙体积在变形前和变形后之差 Δv_e 与微元体初始体积 dv_0 之比：

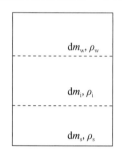

图3-1 饱和状冻土微元体三相图

$$\varepsilon_v = \frac{\Delta v_e}{dv_0} \tag{3-1}$$

体积应变 ε_v 可作为土结构的变形状态变量，它确定了因变形而造成的土体结构的体积变化。

体积应变的变化 $d\varepsilon_v$ 等于微元体土单元的体积变化除以微元体单元的初始体积，即

$$d\varepsilon_v = \frac{dv_e}{dv_0} \tag{3-2}$$

初始体积 dv_0 是指土单元体在体积变化过程中开始时的体积，因此对所有增量段来说，dv_0 都保持常数。将每一增量段体积应变的变化求和，便可给出土体单元的最终体积应变：

$$\varepsilon_v = \sum d\varepsilon_v \tag{3-3}$$

孔隙比变化 Δe 应为

$$\Delta e = \frac{\Delta v_e}{dv_s} \tag{3-4}$$

式中，dv_s 为土颗粒体积，在微元体体积变化过程中始终为常数。因此

$$\varepsilon_v = \frac{dv_s}{dv_0}\Delta e = \frac{1}{1+e_0}\Delta e = \frac{e - e_0}{1+e_0} \tag{3-5}$$

式中，e_0、e 为初始孔隙比和孔隙比；ε_v 为土体体积应变。

在图3-2所示的微元体变形过程中，无论是降温引起的冻胀、升温引发的融沉，还

是荷载引起的压密或蠕变，均能引起微元体孔隙比（e）的变化。孔隙比的变化量（Δe）伴随着水分的迁移和冰-水两相转换这两个过程。设进入微元体的水的质量为 Δm，有 Δm_w 的水相变为冰，则由此引发的微元体的体积变化量为 Δv，即

$$\Delta v = \frac{\Delta m}{\rho_w} - \frac{\Delta m_w}{\rho_w} + \frac{\Delta m_w}{\rho_i} \qquad (3\text{-}6)$$

在这一过程中未冻水的质量含量的变化量可表示为

$$\Delta w_u = \frac{\Delta m - \Delta m_w}{dm_s} \quad 或 \quad \Delta m_w = \Delta m - dm_s \Delta w_u \qquad (3\text{-}7)$$

因此

$$\Delta v = \frac{\Delta m}{\rho_i} + dm_s \left(\frac{1}{\rho_w} - \frac{1}{\rho_i} \right) \Delta w_u \qquad (3\text{-}8)$$

将式（3-8）代入式（3-4），则得

$$\Delta e = \frac{\Delta v}{dv_s} = \frac{\Delta m}{dv_s \rho_i} + \rho_s \left(\frac{1}{\rho_w} - \frac{1}{\rho_i} \right) \Delta w_u \qquad (3\text{-}9)$$

如图 3-2 所示的二维微元体，设流体流入微元体的速度分别为 v_x 和 v_y，流出微元体的速度分别为 $\left(v_x + \frac{\partial v_x}{\partial x} dx \right)$ 和 $\left(v_y + \frac{\partial v_y}{\partial y} dy \right)$，设微元体在 z 方向

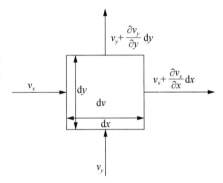

为单位厚度，根据质量守恒原理，则经历 Δt 时间，微元体内水的质量增量为

$$\Delta m = -\rho_w dv \Delta t \left(\frac{\partial v_x}{\partial x} + \frac{\partial v_y}{\partial y} \right) \qquad (3\text{-}10)$$

图 3-2　冻土微元体流速分布示意图

将式（3-10）代入式（3-9），则有

$$\frac{\Delta e}{\Delta t} = \rho_s \left(\frac{1}{\rho_w} - \frac{1}{\rho_i} \right) \frac{\Delta w_u}{\Delta t} - \frac{\rho_w d_v}{dv_s \rho_i} \left(\frac{\partial v_x}{\partial x} + \frac{\partial v_y}{\partial y} \right) \qquad (3\text{-}11)$$

设水分迁移及相变均在 Δt 时间内完成，如果 Δt 足够小致使微元体体积变化量 Δv 相对微元体本身体积 dv 而言可忽略不计，并考虑微元体间水分迁移服从达西定律 $v_x = -k_x \frac{\partial p_{wi}}{\partial x}$，$v_y = -k_y \frac{\partial p_{wi}}{\partial y}$ 及 $\frac{dv_s}{dv} = \theta_s = 1 - \theta_i - \theta_u$ 和 $\frac{\partial w_u}{\partial t} = \frac{\partial w_u}{\partial T} \frac{\partial T}{\partial t}$，则式（3-11）可表示为如下偏微分方程式：

$$\frac{\partial e}{\partial t} = \rho_s \left(\frac{1}{\rho_w} - \frac{1}{\rho_i} \right) \frac{\partial w_u}{\partial T} \frac{\partial T}{\partial t} + \frac{\rho_w}{\rho_i (1 - \theta_i - \theta_u)} \left[\frac{\partial}{\partial x} \left(k_x \frac{\partial p_{wi}}{\partial x} \right) + \frac{\partial}{\partial y} \left(k_y \frac{\partial p_{wi}}{\partial y} \right) \right] \qquad (3\text{-}12)$$

式中，e 为孔隙比；t 为时间；ρ_s 为土颗粒密度（kg/m³）；ρ_w、ρ_i 分别为水与冰的密度（kg/m³）；w_u 为未冻水的质量含量，试验表明其为温度（T）的单位函数；θ_i、θ_u 分别为冰、未冻水的体积含量，即各相体积分别与总体积的比；k_x、k_y 分别为 x、y 坐标方向的渗透系数 [m²/（Pa·s）]，将此参数乘以 $\rho_w g$ 则为土力学常用的渗透系数（m/s）；p_{wi} 为孔

隙水压力（Pa），研究中假定为水分迁移的主要驱动力。

对于饱和冻土，$\theta_i + \theta_u = \dfrac{e}{1+e}$，则式（3-12）可表示为

$$\frac{\partial e}{\partial t} = \rho_s \left(\frac{1}{\rho_w} - \frac{1}{\rho_i} \right) \frac{\partial w_u}{\partial T} \frac{\partial T}{\partial t} + \frac{\rho_w}{\rho_i} (1+e) \left[\frac{\partial}{\partial x} \left(k_x \frac{\partial p_{wi}}{\partial x} \right) + \frac{\partial}{\partial y} \left(k_y \frac{\partial p_{wi}}{\partial y} \right) \right] \quad （3-13）$$

式（3-13）表示了冻土体孔隙比变化与温度（T）、未冻水的质量含量（w_u）及孔隙水压力（p_{wi}）3个变量间的非线性耦合关系。

另外，从冻土冰、水两相体积变化的角度也可推导出上述关系。设冻土微元体未冻水、冰的初始体积含量分别为 θ_u^0、θ_i^0，经过 Δt 时间的水分迁移和两相相变后分别为 θ_u、θ_i，则其变化量 $\Delta\theta_u$、$\Delta\theta_i$ 分别表示为

$$\Delta\theta_u = \theta_u - \theta_u^0 = \frac{dm_w + \Delta m - \Delta m_w}{\rho_w (dv + \Delta v)} - \frac{dm_w}{\rho_w dv} = \frac{(\Delta m - \Delta m_w)dv - dm_w \Delta v}{\rho_w (dv + \Delta v)dv} \quad （3-14）$$

$$\Delta\theta_i = \theta_i - \theta_i^0 = \frac{dm_i + \Delta m_w}{\rho_i (dv + \Delta v)} - \frac{dm_i}{\rho_i dv} = \frac{\Delta m_w dv - dm_i \Delta v}{\rho_i (dv + \Delta v)dv} \quad （3-15）$$

设这一过程在足够短的时间 Δt 内完成，冻土微元体产生的体积变化 Δv 相对微元体体积 dv 足够小，并忽略高阶项的影响，则有

$$\rho_w \frac{\Delta\theta_u}{\Delta t} + \rho_i \frac{\Delta\theta_i}{\Delta t} \approx \frac{1}{dv} \frac{\Delta m}{\Delta t}$$

将式（3-10）代入上式，并用偏微分方程形式表示为

$$\rho_w \frac{\partial \theta_u}{\partial t} + \rho_i \frac{\partial \theta_i}{\partial t} = \rho_w \left[\frac{\partial}{\partial x} \left(k_x \frac{\partial p_{wi}}{\partial x} \right) + \frac{\partial}{\partial y} \left(k_y \frac{\partial p_{wi}}{\partial y} \right) \right] \quad （3-16）$$

其中

$$\rho_w \frac{\partial \theta_u}{\partial t} = \rho_s (1 - \theta_i - \theta_u) \frac{\partial w_u}{\partial T} \frac{\partial T}{\partial t} = \frac{\rho_s}{1+e} \frac{\partial w_u}{\partial T} \frac{\partial T}{\partial t} \quad （3-17）$$

将式（3-16）和式（3-17）分别代入式（3-13），则有

$$\frac{\partial e}{\partial t} = \frac{\rho_s}{\rho_w} \frac{\partial w_u}{\partial T} \frac{\partial T}{\partial t} + (1+e) \frac{\partial \theta_i}{\partial t} \quad （3-18）$$

式（3-18）表示了饱和冻土在冻融循环过程中的孔隙变化与温度（T）、未冻水的质量含量（w_u）及冰的体积含量（θ_i）间的非线性耦合关系，表示简洁明了，数值运算也容易实现。

3.1.3　土体冻融过程中的能量关系

冻土微元体在冻融循环过程中为一个开放的、非稳态的热力学系统。设冻土微元体冻融、水分迁移、相变及变形过程为准静态平衡过程。假设微元体在无限小时间 dt 内，由准平衡的始态变化到另一个准平衡的终态，在此过程中，微元体系统吸收 ΔQ（即 $Q_{in} - Q_{out}$）的热量，有 Δm_w 的水转化为冰，土水体系自由能平衡状态被破坏，引发水的迁移，在冰-水相变及水分迁移过程中，系统对外做功，即对外输出能量，残余的能量则使土水体系中各相温度发生变化。上述过程可用图3-3中的4种状态、3个阶段来描述。

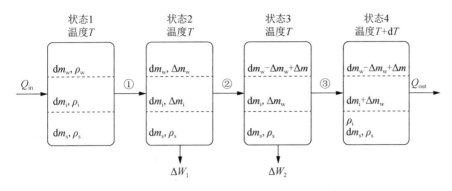

图 3-3　冻土微元体在冻融过程中的状态

参照基本假定，在微元体系统变化的第①阶段，即由状态 1 变化到状态 2，设吸收热量为ΔQ_1，在等温等压下水-冰相变引发体积变化，对外做功为ΔW_1，忽略系统内各相动、势能变化的影响，由热力学第一定律可知：

$$\Delta Q_1 - \Delta W_1 = dU_1 \tag{3-19}$$

式中，dU_1 为第①阶段系统内能增加量。

该过程是等压过程，因此系统吸收的热量等于系统焓变，即

$$\Delta Q_1 = \Delta H \tag{3-20}$$

设计一个可逆过程，如图 3-4 所示。

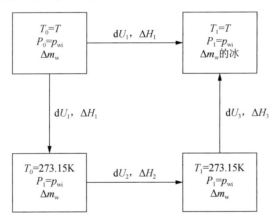

图 3-4　微元体冰-水相变的能量过程

如图 3-4 所示的可逆过程系统焓变：

$$
\begin{aligned}
\Delta H &= \Delta H_1 + \Delta H_2 + \Delta H_3 \\
&= \Delta m_w c_{pw}(273.15 - T) - L\Delta m_w + \Delta m_w c_{pi}(T - 273.15) \\
&= -L\Delta m_w + \Delta m_w (c_{pi} - c_{pw})(T - 273.15)
\end{aligned}
\tag{3-21}
$$

式中，L 为冰水相变潜热量；c_{pi} 为冰的比热容；c_{pw} 为水的比热容。

一般取 $L=3.34\times10^5$，$c_{pi}=2.1\times10^3$，$c_{pw}=4.2\times10^3$，而$|T-273.15|$一般不会超过 1.5，从数量级上来看 $L \gg (c_{pi} - c_{pw})(T - 273.15)$，因此式（3-21）右端第二项可忽略，则有

$$\Delta H = -L\Delta m_{\mathrm{w}} \tag{3-22}$$

另外

$$\Delta W_1 = p_{\mathrm{wi}}\left(\frac{1}{\rho_i} - \frac{1}{\rho_{\mathrm{w}}}\right)\Delta m_{\mathrm{w}} \tag{3-23}$$

式（3-23）可以理解为推动功，分解为两个过程，首先在 p_{wi} 作用下有 Δm_{w} 的水被"挤出"微元系统，接着又有 Δm_{w} 的冰被"挤入"微元系统，"挤入"的冰需克服 p_{wi} 的压力而做功。

将式（3-22）和式（3-23）代入式（3-19），则有

$$dU_1 = -L\Delta m_{\mathrm{w}} - p_{\mathrm{wi}}\left(\frac{1}{\rho_i} - \frac{1}{\rho_{\mathrm{w}}}\right)\Delta m_{\mathrm{w}} \tag{3-24}$$

以上各式中，L 为冰-水相变潜热（J/kg）；p_{wi} 为保持冰-水两相相平衡的孔隙水压力（Pa）；c_{pw}、c_{pi} 分别为水与冰的定压比热容 [J/（kg·K）]。

系统在第②阶段的变化中，可设定为等压的开口系统，令此过程中吸收热量为 ΔQ_2，ΔW_2 为克服 p_{wi} 的压力而"挤入" Δm 的水所做的功，引起内能增量 dU_2，作为等温过程，且无相变，考虑迁移水分本身携带的能量，热物理学理论认为开口系统进出系统的能量为系统的焓变，而非内能变化，$\Delta Q_2 = \Delta H = dU_2 + \Delta W_2 = \Delta mc_{\mathrm{pw}}T$，因此

$$dU_2 = \Delta mc_{\mathrm{pw}}T - \Delta W_2 = \Delta mc_{\mathrm{pw}}T - p_{\mathrm{wi}}\frac{\Delta m}{\rho_{\mathrm{w}}} \tag{3-25}$$

系统在第③阶段的变化中，各相物质的量不变，系统吸收的热量 ΔQ_3 则全部用于系统中各相温度的变化，系统对外做功 $\Delta Q_3 = 0$，因此

$$dU_3 = \Delta Q_3 = dm_{\mathrm{s}}c_{\mathrm{ps}}dT + (dm_{\mathrm{i}} + \Delta m_{\mathrm{w}})c_{\mathrm{pi}}dT + (dm_{\mathrm{w}} - \Delta m_{\mathrm{w}} + \Delta m)c_{\mathrm{pw}}dT$$
$$= \left(\frac{\rho_{\mathrm{s}}}{1+e}c_{\mathrm{ps}} + \rho_i Q_i c_{\mathrm{pi}} + \rho_{\mathrm{u}} Q_{\mathrm{u}} c_{\mathrm{pw}}\right)dTdv$$
$$= \rho c_{\mathrm{p}}dTdxdy \tag{3-26}$$

在二维微元体的情况下，$dv=dxdy$，令 $\rho c_{\mathrm{p}} = \frac{\rho_{\mathrm{s}}}{1+e}c_{\mathrm{ps}} + \rho_i\theta_i c_{\mathrm{pi}} + p_{\mathrm{u}}\theta_{\mathrm{u}} c_{\mathrm{pw}}$，可得式（3-26）。式中，$\rho c_{\mathrm{p}}$ 可理解为冻土微元体等效体积比热容 [J/（m³·K）]；c_{ps} 为土颗粒的定压比热容 [J/（kg·K）]；其他符号同前。

在系统 3 个阶段变化过程中，由热力学第一定律可知：

$$Q_{\mathrm{in}} - Q_{\mathrm{out}} = dU + \Delta W = dU_1 + dU_2 + dU_3 + \Delta W_1 + \Delta W_2 \tag{3-27}$$

式中，dU 为微元体系统总的内能增加量；ΔW 为系统对外所做的总功，$\Delta W = \Delta W_1 + \Delta W_2$。

将式（3-24）～式（3-26）分别代入式（3-27），得

$$Q_{\mathrm{in}} - Q_{\mathrm{out}} = -L\Delta m_{\mathrm{w}} + \rho c_{\mathrm{p}}dTdxdy + \Delta mc_{\mathrm{pw}}T \tag{3-28}$$

式（3-28）是将冻土微元体作为独立体系来考虑得出的结果。如果将该微元体放入整个冻土体系中，就可以得到一个关于热传导的微分方程。该微元体内热量的收支来源于周围其他微元体的导热，导热是一种接触传热，是物体内部各部分或物体间温度分布不均匀的必然结果，因此导热也总是和温度分布不均匀联系在一起的。

在二维笛卡儿直角坐标系中，一个均匀各向同性且定常物理性质介质的微元体 dx、dy，根据热传导原理通过该微元体导入的净热量为

$$Q_{\text{in}} - Q_{\text{out}} = \left(\lambda_x \frac{\partial^2 T}{\partial x^2} + \lambda_y \frac{\partial^2 T}{\partial y^2} \right) dx dy \Delta t \qquad （3-29）$$

式中，Δt 为时间微元；λ_x、λ_y 分别为 x、y 方向的导热系数 $[\text{W}/(\text{m} \cdot \text{K})]$；$T$ 为温度（K）。

由式（3-27）和式（3-29）可知：

$$\left(\lambda_x \frac{\partial^2 T}{\partial x^2} + \lambda_y \frac{\partial^2 T}{\partial y^2} \right) dx dy \Delta t = -L \Delta m_{\text{w}} + \rho c_{\text{p}} dT dx dy \qquad （3-30）$$

将式（3-7）、式（3-10）和式（3-16）代入式（3-29），并用微分形式表示为

$$\lambda_x \frac{\partial^2 T}{\partial x^2} + \lambda_y \frac{\partial^2 T}{\partial y^2} = \rho c_{\text{p}} \frac{\partial T}{\partial t} - \rho_{\text{i}} L \frac{\partial \theta_{\text{i}}}{\partial t} + \rho_{\text{w}} c_{\text{pw}} T \left[\frac{\partial}{\partial x} \left(k_x \frac{\partial p_{\text{wi}}}{\partial x} \right) + \frac{\partial}{\partial y} \left(k_y \frac{\partial p_{\text{wi}}}{\partial y} \right) \right] \qquad （3-31）$$

式（3-31）是冻土水热耦合研究中的能量方程的一般形式，如不考虑迁移水分本身携带的能量，则式（3-31）中右侧第三项可忽略，从而成为当前水热耦合研究中较通用的能量方程。

3.1.4　土体冻融过程中的应力-应变关系

3.1.2 节已论述了饱和冻土土体单元体积应变是由冰-水相变及水分流入或流出引起的，而引起这些变化的本质是温度与荷载的双重作用，其作用机理可分为 3 部分：

1）温度变化引发冰-水相变，冰、水密度差异导致体积变化。

2）由于土体单元周围受荷载作用，在温度变化后，土体内水分自由能发生变化，导致水分迁移，引起土体固结。

3）荷载的长时间作用导致应力集中点处冰的融化形成土体蠕变。

因此饱和冻土微元体体积应变应由 3 部分构成，即

$$\varepsilon_{\text{v}} = \varepsilon_{\text{v}}^{\text{T}} + \varepsilon_{\text{v}}^{\text{p}} + \varepsilon_{\text{v}}^{\text{c}}$$

式中，$\varepsilon_{\text{v}}^{\text{T}}$ 为由温度变化引起冰-水相变而发生的体积应变量；$\varepsilon_{\text{v}}^{\text{p}}$ 为由荷载作用引起土体压密而发生的体积应变量；$\varepsilon_{\text{v}}^{\text{c}}$ 为由荷载长时间作用引起冻土蠕变而发生的体积应变量。

冻土蠕变力学模型的数学表达式有多种形式，如经验方程法、遗传蠕变法和流变模型法等。在简单性及精确性两个标准的基础上，本节选用经验方程法对试验结果进行拟合分析，在尽量减少模型参数数量及基本能表示蠕变曲线过程的前提下，选取的蠕变模型为幂函数经验公式，表示为

$$\varepsilon = \frac{\sigma}{E} + A \sigma^B t^C$$

式中，ε 为应变；σ 为压力；E 为瞬时弹性模量；A、B、C 都为拟合参数，其中，B 为应变对应力改变的响应程度，C 为应变对时间发展的响应程度。此公式包含了应力及时间因素，能反映出应力大小及时间发展对冻土蠕变速率的影响，而温度的改变也会引起各参数的相应改变。该经验公式能描述冻土蠕变全过程中的前 3 个阶段：瞬时弹性阶段、初始蠕变阶段和稳定蠕变阶段，不过在稳定蠕变阶段其曲线并非是完全线性的，而是随

着时间出现了逐渐衰减的现象。

已知体应变与线应变间的关系可表示为

$$\varepsilon_v = \varepsilon_1 + \varepsilon_2 + \varepsilon_3 \tag{3-32}$$

式中，ε_1、ε_2、ε_3 分别为 3 个主应力方向所发生的主应变量，均为线应变。对于公路路基这类平面应变问题，其中有一个主应变为 0。

为研究变形，则需考虑体应变的分配问题，以往均假设 $\varepsilon_1 = \varepsilon_2 = \varepsilon_3 = \dfrac{1}{3}\varepsilon_v$，显然这种假设与事实矛盾。冻土微元体中流体（即未冻水）在土体逐渐冻结或融化的过程中不断重新分布，能起到平衡变形的作用，即流体总是向"势"较低的地方迁移。如果微元体在不同方向上所受的应力大小不同，则应力大的方向产生的应变大，反之亦然。

冻土微元体作为独立系统，无论是热传输、水分迁移、形变均可理解为一系列能量变化过程。本节主要从做功角度考虑冻土微元体形变及力学状态。外界环境对冻土微元体的作用力是一定的，即所受的总应力只与周围的"环境"有关，而与其本身的冻融、相变及水分迁移无关。微元体系统对外所做总功可通过应力、应变间的组合进行表示。

设二维微元体（图 3-5）在 dt 时间内第一主应力（$\sigma_{\max}$）方向变化为 Δl_1，第三主应力（$\sigma_{\min}$）方向变化为 Δl_2，则其应变变化为

$$d\varepsilon_{\max} = \frac{\Delta l_1}{dl_1}, \qquad d\varepsilon_{\min} = \frac{\Delta l_2}{dl_2} \tag{3-33}$$

两个主应力方向表面上所受的力分别为

$$F_1 = |\sigma_{\max}| \, dl_2 \times 1, \qquad F_2 = |\sigma_{\max}| \, dl_1 \times 1 \tag{3-34}$$

则系统对外所做的总功为

$$\Delta W = F_1 \Delta l_1 + F_2 \Delta l_2 = |\sigma_{\max}| \, d\varepsilon_{\max} dl_1 dl_2 + |\sigma_{\min}| \, d\varepsilon_{\min} dl_1 dl_2 \tag{3-35}$$

如果不考虑剪应力做功，则式（3-35）在笛卡儿坐标系下可表示为

$$\Delta W = |\sigma_x| \, d\varepsilon_x dxdy + |\sigma_y| \, d\varepsilon_y dxdy \tag{3-36}$$

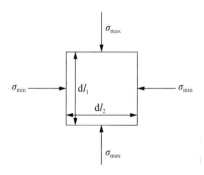

图 3-5　冻土微元体流速分布示意图

由 3.1.3 节可知，整个过程中 $\Delta W = \Delta W_1 + \Delta W_2$，由式（3-23）和 $\Delta W_2 = p_{wi} \dfrac{\Delta m}{\rho_w}$ 可知：

$$|\sigma_x| \, \mathrm{d}\varepsilon_x \mathrm{d}x\mathrm{d}y + |\sigma_y| \, \mathrm{d}\varepsilon_y \mathrm{d}x\mathrm{d}y = p_{\mathrm{wi}}\left[\frac{\Delta m}{\rho_i} - \mathrm{d}m_s \Delta w_u\left(\frac{1}{\rho_i} - \frac{1}{\rho_w}\right)\right] \tag{3-37}$$

式（2-37）等号两边各除以 $\mathrm{d}x\mathrm{d}y\mathrm{d}t$，将式（3-7）、式（3-8）和式（3-10）分别代入式（3-37），并用微分形式表示，则有

$$\left(|\sigma_x|\frac{\partial\varepsilon_x}{\partial t} + |\sigma_y|\frac{\partial\varepsilon_y}{\partial t}\right)\frac{1}{p_{\mathrm{wi}}}$$

$$= \frac{\rho_w}{\rho_i}\left[\frac{\partial}{\partial x}\left(k_x\frac{\partial p_{\mathrm{wi}}}{\partial x}\right) + \frac{\partial}{\partial y}\left(k_y\frac{\partial p_{\mathrm{wi}}}{\partial y}\right)\right] - \rho_s(1-\theta_i-\theta_u)\left(\frac{1}{\rho_i} - \frac{1}{\rho_w}\right)\frac{\partial w_u}{\partial T}\frac{\partial T}{\partial t} \tag{3-38}$$

将式（3-16）和式（3-17）代入式（3-38），则有

$$|\sigma_x|\frac{\partial\varepsilon_x}{\partial t} + |\sigma_y|\frac{\partial\varepsilon_y}{\partial t} = p_{\mathrm{wi}}\left(\frac{\partial\theta_i}{\partial t} - \frac{\partial\theta_u}{\partial t}\right) \tag{3-39}$$

式中，σ_x、σ_y 分别代表 x、y 方向的应力分量，为便于计算可由主应力 $\sigma_{\max}$、$\sigma_{\min}$ 代替，可用土体内静力平衡方程求取。因为土是一种非连续介质，一般不能承受拉应力，按土力学的规定取压应力为正，拉应力为负，为防止数值计算中出现负号，应力均取绝对值。

式（3-39）能充分表现应变的分配关系，也便于有限元数值计算。

在冻土体单元中冰晶与土颗粒共同构成其固相成分，未冻水构成其液相成分。对于饱和冻土单元而言，假定满足有效应力原理，则有

$$\sigma' + p_{\mathrm{wi}} = s \tag{3-40}$$

式中，有效应力（σ'）不能简单理解为土颗粒间的接触应力，在冻土中其应是土颗粒和冰晶体混合物的固体颗粒间的平均接触应力。未冻水则是指在固体颗粒间能发生迁移或渗流的水分，不应包括被冰晶体包裹的不参与输运的静态过冷水，也不包括固体颗粒表面附着的、具有固相性质的结合水。经过上述界定之后的孔隙水压力（p_{wi}）主要是由外荷载作用下的孔隙水压缩（或扩张）形成的静水压力，而固体颗粒形成的基质吸力及冰-水两相平衡的相平衡压力不应计算在内。虽然基质吸力与相平衡压力在数量级上要远超过孔隙水压力，但其主要还是发生在结合水膜之上，对参与输运的自由水不会产生任何影响。因此在冻土体中运用有效应力原理也有一定的合理性。

将式（3-40）两侧分别对时间求偏导可得

$$\frac{\partial\sigma'}{\partial t} + \frac{\partial p_{\mathrm{wi}}}{\partial t} = \frac{\partial\sigma}{\partial t} \tag{3-41}$$

假定土体中的总应力与时间无关，则有 $\frac{\partial\sigma}{\partial t} = 0$。将冰晶作为固体颗粒看待，则有效应力（$\sigma'$）与未冻水含量（$\theta_u$）间必然存在因果联系，可以理解为当有效应力增加时，固体颗粒间有相互挤密的趋势，未冻水被排出，其含量则应减小。因此可将冻土体体积压缩模量定义为

$$E_s = \frac{\Delta\sigma'}{\Delta\theta_u} \tag{3-42}$$

该体积压缩模量是温度和有效应力的函数，可通过试验获取。由此可知，$\dfrac{\partial\sigma'}{\partial t} = \dfrac{\partial\sigma'}{\partial\theta_u}\dfrac{\partial\theta_u}{\partial t} =$

$E_s(T,\sigma')\dfrac{\partial \theta_u}{\partial t}$，因此可得出

$$E_s(T,\sigma')\frac{\partial \theta_u}{\partial t}+\frac{\partial p_{wi}}{\partial t}=0 \qquad (3\text{-}43)$$

取青藏公路沿线典型的冻胀敏感性粉黏土，将其初始含水量控制在 20%，分别在 −0.1℃、−0.5℃、−1.0℃和−1.5℃的情况下进行压缩试验，E_s试验结果经回归可表示为

$$E_s=0.28+26\,|\,T\,|^{0.6} \qquad (3\text{-}44)$$

3.1.5　三场耦合基本方程及变量

综合 3.1.2 节～3.1.4 节的推导，三场耦合理论模型的基本方程为如下 6 个方程式，其中前 4 个方程为主方程［式（3-45）～式（3-48）］，后 2 个方程为联系方程。

$$\rho_w\frac{\partial \theta_u}{\partial t}+\rho_i\frac{\partial \theta_i}{\partial t}=\rho_w\left[\frac{\partial}{\partial x}\left(k_x\frac{\partial p_{wi}}{\partial x}\right)+\frac{\partial}{\partial y}\left(k_y\frac{\partial p_{wi}}{\partial y}\right)\right] \qquad (3\text{-}45)$$

$$\lambda_x\frac{\partial^2 T}{\partial x^2}+\lambda_y\frac{\partial^2 T}{\partial y^2}=\rho c_p\frac{\partial T}{\partial t}-\rho_i L\frac{\partial \theta_i}{\partial t}+\rho_w c_{pw}T\left[\frac{\partial}{\partial x}\left(k_x\frac{\partial p_{wi}}{\partial x}\right)+\frac{\partial}{\partial y}\left(k_y\frac{\partial p_{wi}}{\partial y}\right)\right] \qquad (3\text{-}46)$$

$$|\,\sigma_{max}\,|\frac{\partial \varepsilon_{max}}{\partial t}+|\,\sigma_{min}\,|\frac{\partial \varepsilon_{min}}{\partial t}=\rho_{wi}\left(\frac{\partial \theta_i}{\partial t}-\frac{\partial \theta_u}{\partial t}\right) \qquad (3\text{-}47)$$

$$E_s(T,\sigma')\frac{\partial \theta_u}{\partial t}+\frac{\partial p_{wi}}{\partial t}=0 \qquad (3\text{-}48)$$

$$\varepsilon_{max}+\varepsilon_{min}=\frac{e-e_0}{1+e_0}\,,\qquad e=\frac{\theta_i+\theta_u}{1-\theta_i-\theta_u} \qquad (3\text{-}49)$$

$$\theta_u=\frac{\rho_s(1-\theta_i)w_u}{\rho_s w_u+\rho_w} \qquad (3\text{-}50)$$

上述微分方程组对应的求解变量分别为θ_i、θ_u、p_{wi}、T、ε_{max}、ε_{min}。式中，ρ_s、ρ_w、ρ_i、L均为常数；ρ_s、c_p、λ_x、λ_y、k_x、k_y、w_u均为温度（T）的函数，可根据不同土质由试验确定，前人已有大量相关试验成果；σ_{max}、σ_{min}分别为土体内最大、最小主应力，可由考虑重力荷载的静力平衡方程求取。

6 个独立方程求解 6 个变量，在一定的初始条件和边界条件下，运用有限元差分算法则完全能求解其数值解。根据计算的最大、最小主应变及其方向（和主应力方向相同）可反算相应坐标系下的应变分量，据此依据几何方程可求解路基土体任意点位的位移量。

3.1.6　模型适用性评价

1. 模型验证

下面以青藏公路典型公路路基断面为研究对象验证提出的理论模型，其数值计算模型及网格划分如图 3-6 所示。计算区域中地层依次为路基填土、粉质黏土、含砾黏土、泥岩，热学参数如表 3-1 所示。路面宽 10m，高 2m，边坡坡度为 1∶1.5，粉质黏土层厚 2m，含砾黏土层厚 5m，水平方向宽度为 10m。

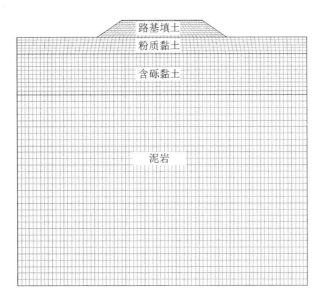

图 3-6　数值计算模型及网格划分

表 3-1　路基各层土热学参数

地层	λ_f /[W /(m·K)]	c_f /[J /(m³·K)]	λ_u /[W /(m·K)]	c_u /[J /(m³·K)]
路基填土	1.980	1.913×10⁶	1.919	2.227×10⁶
粉质黏土	1.351	1.879×10⁶	1.125	2.357×10⁶
含砾黏土	1.916	2.865×10⁶	1.220	2.055×10⁶
泥岩	1.824	1.846×10⁶	1.474	2.099×10⁶

注：λ_f —冻结状态下的导热系数；c_f —冻结状态下的容积比热容；λ_u —融化状态下的导热系数；c_u —融化状态下的容积比热容。

计算区域的上边界温度条件可以表示为如下的三角函数形式：

$$T = T_a + \Delta T + \alpha t + A \sin\left(\frac{2\pi t}{365 \times 24} + \frac{\pi}{2}\right) \qquad (3\text{-}51)$$

式中，T_a 为年平均气温，取 T_a=-3.0℃，沥青路面、天然边坡、天然地表分别取 T 为 6.5℃、4.0℃、2.5℃；ΔT 为附面层温增；α 为年增温率，取 α=0.052℃/a；t 为时间；A 为振幅，沥青路面、天然边坡、天然地表分别取 A 为 15.15℃、14.5℃、11.5℃。

根据钻孔测温资料，青藏高原天然地面以下一定深度内地温梯度的平均值为 0.024℃/m，故以此作为计算区域下边界的边界条件。

渗流边界条件：天然地表和边坡为透水边界，即孔隙水压力 p=0，沥青路面为不透水边界。

变形边界条件：计算区域地基左右边界 x 方向的位移为 0，即 u=0，下边界为固定边界条件。

图 3-7 反映了不同时刻路面沉降变化规律。沉降曲线形状呈 U 形，路中变形最大，两侧逐渐减小，由于在计算中选取了对称模型及对称的边界条件，沉降曲线也表现为对称曲线。从图 3-7 中可以看出，从路面修筑开始，随时间增加，路面沉降一直在发展，

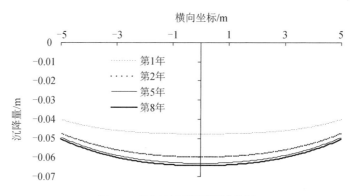

图 3-7　不同时刻路面沉降曲线

第 1 年变形量最大，之后变形速率逐渐减小。这一方面是由路基填土在初始阶段自身的压密变形所致；另一方面，路基的修筑造成沥青路面吸热加剧，引起路面下多年冻土的融化，而冻土的融化排水固结在初始阶段发展较快，之后逐渐趋于稳定，这在室内试验及一维数值计算中已得到证实，因此，路面沉降量也逐年减小，如图 3-8 所示。

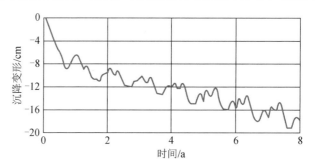

图 3-8　路面中心点沉降曲线

彩图 2 反映了温度场对水分场的影响规律，图中箭头表示孔隙水渗流方向。从每年的 5 月开始，边坡、地表逐渐融化解冻，开放了孔隙水的排水界面，但是由于路基和地基大部分区域还处于冻结状态，孔隙水的渗流只是发生在边坡表面附近。在 7 月，外界气温达到最高，地基活动层与路基大部分融化，孔隙水的渗流较为活跃，天然地表成为主要排水边界。在 10 月，地基中多年冻土达到最大融化深度，孔隙水的渗流区域也进一步扩大。而在 11 月，由于外界气温已经降到 0℃以下，地表及边坡表面已经冻结，封闭了排水边界，虽然路基及地基内部还有未冻结区域，但是孔隙水的渗流也主要在内部发生，无法排出，并不能有效排水固结。以上分析说明，周期性的温度边界条件造成的孔隙水的排出及多年冻土的融化固结也表现为周期性的规律。从 5 月上旬暖季开始一直到 11 月上旬冷季到来，天然地表及边坡表面的排水通道开放，这段时间是有效的融化排水固结时间，而在冷季，虽然地基和路基的冻结滞后，但是排水通道封闭，孔隙水不能排出，因此并不能有效固结，这也就解释了多年冻土地区公路路基变形主要发生在暖季，且在一年中呈现出周期性变化的原因。

2. 模型的适用性分析

与传统的冻土路基温度、水分和变形的数学物理模型相比，本模型具有以下显著特征。

1）构建的冻土水、热及变形相互作用的理论架构，实现了微元层面的耦合。

2）传统的附面层原理仅适合于二级公路，而本模型提出的基于地-气耦合的热学边界条件适用于任意尺度的冻土路基。

3）比较附面层计算结果和本模型计算结果，如表 3-2 所示。根据气象数据，该段年平均气温为-4.10℃。表 3-2 中的计算结果表明，地-气耦合换热数值模型的精度在天然地表比附面层方法提升了 7%，在路面中心比附面层方法提升了 168%。可见，地-气耦合换热数值模型进一步提升了传统附面层方法的精度，更接近客观实际。

表 3-2　青藏公路五道梁段地表边界条件计算结果对比

项目	实测值/℃	附面层方法		地-气耦合换热数值模型		精度提升/%
		计算值/℃	误差/%	计算值/℃	误差/%	
天然地表温度	−2.35	−2.07	12	−2.46	5	7
路面中心温度	0.37	1.93	422	1.31	254	168

3.2　公路冻土路基尺度效应研究数值仿真平台的构建与开发

为了便于三场耦合模型的推广应用，对不同地质、气象条件下的大尺度冻土路基进行大量仿真模拟试验，为后续的路基长期变形研究与稳定性评价研究提供大量数据样本。本节介绍数值仿真平台，该平台具有独立的计算界面，能够方便地进行各种结构、地质、气象条件下的冻土路基计算。

平台程序的结构主要由数据输入、计算分析和数据提取后处理 3 部分组成。数据输入主要是对原始数据的读取，包括路基的结构形式，路基、地基土的热力物理参数，融沉系数的输入。计算分析是程序的关键部分，由温度场计算、参数判断和变形计算 3 部分构成。通过温度场计算结果，判定地基土的融沉区域。当温度大于 0℃时，认为此处冻土融化，该区域为排水固结区域，通过融沉系数的作用施加融沉变形；而当温度小于等于 0℃时，认为此处冻土冻结，仅有压缩变形部分，融沉系数为 0。由此得到路基的总变形，从而实现复杂的水、热、力耦合过程，这个过程将 3 种因素的直接耦合过程简化为参数耦合过程，大大降低了运算成本，节约了运算时间。数据提取后处理是对计算结果的分析过程，主要获取路基的变形和温度场。

程序流程如图 3-9 所示。

冻土路基数值仿真平台的基本功能如下。

1）可以进行各种结构的路基形式的几何建模。

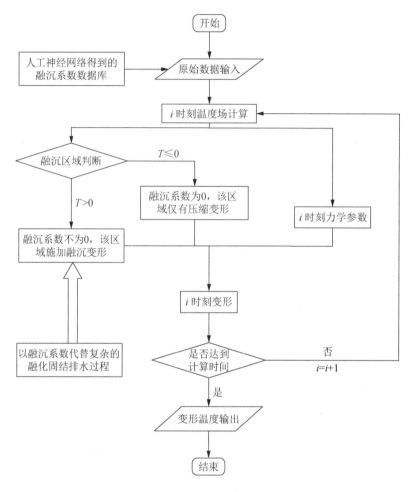

图 3-9 程序流程图

2）可以对几何模型进行自动网格划分。

3）可以通过界面方便地输入各种地层和路基的热学参数与力学参数。

4）可以通过三场耦合理论框架，进行有限元计算。

5）可以方便地提取所需要的后处理结果。

冻土路基数值仿真平台的主要结构如下（图 3-10）。

1）运行界面模块。该模块是数字平台的运行界面，其他模块嵌在此界面中。

2）几何建模模块。通过该模块，可以建立各种结构形式的路基模型。

3）网格划分模块。该模块的主要功能是对建好的几何模型进行网格划分，可以根据计算精度选择划分不同大小的网格。

4）计算模块。该模块的主要功能有：①路基及地基热学参数和物理力学参数的输入，包括冻融状态的热传导系数、比热容、弹性模量、泊松比、融沉系数等；②计算边界条件的输入，主要有温度边界条件、热流边界条件及力学边界条件；③计算初始条件的输入，需输入初始地温并且平衡初始地应力；④融沉区域的判断；⑤基于三场耦合理

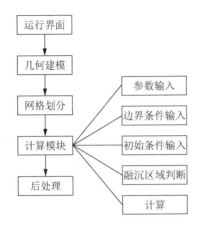

图 3-10   冻土路基数值仿真平台的主要结构

论，进行计算。

5）后处理模块。该模块提取出所需要的变形和温度。

多年冻土地区公路路基数值仿真平台的界面如图 3-11 所示。

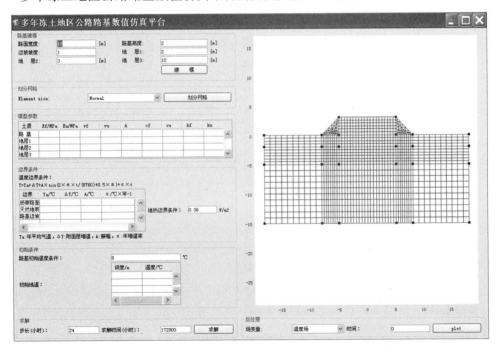

图 3-11   多年冻土地区公路路基数值仿真平台的界面

3.3   公路冻土路基尺度效应研究的三位一体试验平台

公路冻土路基尺度效应研究的三位一体试验平台包括大型室内模型试验平台、全周期冻融环境暴露试验平台及实体工程试验平台。大型室内模型试验平台的最大特点是温度、荷载等要素人为可控，适合开展机理探索和对比研究；全周期冻融环境暴露试验平台的最大特点是试验环境为自然条件下真实的冻融环境，同时可排除实体工程试验所面临的交通干扰，不受实际施工和运营的影响，适合开展效能验证和适用性研究；实体工程试验平台的最大特点是道路条件真实，适合开展应用研究。这三大平台共同组成了冻土路基尺度效应研究的试验平台，囊括了室内外试验，容纳了不同空间和时间尺度，实现了机理探索、效能验证、实际检验等多重研究目的。本节对三位一体试验平台逐一进行介绍。

3.3.1　大型室内模型试验平台

中交第一公路勘察设计研究院有限公司、中交寒区旱区道路工程重点实验室、高寒高海拔地区道路工程安全与健康国家重点实验室（筹）联合设计搭建了寒区环境与工程大型室内模型试验平台，该平台位于西安市中交第一公路勘察设计研究院有限公司科技产业园，于 2013 年完成搭建并投入使用（图 3-12）。本节着重介绍其主要功能及技术指标。

图 3-12　寒区环境与工程大型室内模型试验平台

1. 主要功能及特点

寒区环境与工程大型室内模型试验平台试验箱内空间可用隔断板自由分割，这种可分割的大容积试验箱体为开展大型室内模型试验和多工况对比试验创造了空间条件。试验箱体外壁保温隔水，测控和观测等设备与箱体分离，以隔绝外界对箱内试验环境的影响。

该平台可实现的主要功能包括空气制冷、底板制冷、边界冻融、光照、淋雨、加载、测控、图像监控和数据采集等。概括起来，这些功能实现了 3 个方面的目的：其一，模拟野外条件下的主要冻土自然环境因素，如地温、气温、太阳辐射、降水、风、地下水等；其二，模拟影响冻土工程稳定性的主要因素，如上边界温度、上部荷载、行车荷载等；其三，实现了对这些因素的测控、对试验数据的自动采集、对试验过程的实时监控。

2. 主要技术指标

寒区环境与工程大型室内模型试验平台的主要技术指标汇总如下。

1）工作室有效尺寸：5000mm×7000mm×4000mm（宽×长×深）。

2）温度范围：①空间，-40～+85℃；②加速冻土冷板，-25～0℃；③冻融冷板，-25～+85℃。

3）温度偏差：±2℃。

4）温度波动：±0.5℃。

5）光照指标：①光照模拟方式为金卤灯；②光照强度为 600～1120W/m²；③光照尺寸为 3000mm×4000mm。

6）淋雨指标：①降雨面积为 3000mm×4000mm；②降雨强度为 20～100mm/h。

7）电源：380V×（1±10%），50Hz×（1±1%），三相五线制。

8）总安装功率：≈300kW。

9）噪声：<80dB。

10）污染、电磁辐射：符合相关国家标准要求。

3.3.2　全周期冻融环境暴露试验平台

全周期冻融环境暴露试验平台由多年冻土区公路建设与养护技术交通行业重点实验室和青海省交通科学研究院联合共建，于 2014 年 10 月完成试验场、配套设施等建设，并开始采集监测数据。试验基地位于 G214 线 K425+000 处，海拔 4300m。该区域属高温多年冻土区。平台包括试验场地、工作场地和必要的附属设施。试验基地长 600m，宽 200m，占地面积 120000m²，具备充裕的场地条件。办公场地总面积超过 1000m²，具备必要的试验人员工作条件。

1. 平台试验条件

该平台现已建成标准气象观测站一座（图 3-13），观测内容有温度、湿度、降雨量、水气压、海平面气压、风力、风向及太阳辐射 8 个要素，采集频率为 1 次/min。该气象观测站可为平台内的场地试验提供气象数据支撑。

另外，该平台已建成 5 层梯度涡动相关通量观测系统（图 3-14），其主要用于分析多年冻土区地表能量收支状态，观测地表碳吸收量及其对冻土热状况的影响。

图 3-13　气象观测站　　　　　　　图 3-14　涡动相关通量观测系统

2. 已建成的试验项目

（1）路基坡向性暴露试验

路基坡向性暴露试验的目的为研究路基坡向对路基边坡温度边界及路基温度场的影响，为公路选线设计提供依据。在平台试验场内修建了两个 2.5m 高的正八棱台实体（图 3-15），每个棱台的侧面对应一个路基边坡朝向。观测内容包括地温、辐射和热通量等。

（2）高速公路整体式路基暴露试验

整体式试验路基长 180m、宽 24.5m、高 2.5m，边坡坡度为 1：2，除无车辆通行外，设计标准和施工质量控制均与实际工程相同（图 3-16）。试验目的为研究高速公路整体式宽幅路基在真实暴露环境下经历循环冻融后的水热和变形状态，以及热棒（直插式、L 型）和片块石层在宽幅条件下的降温效果。该试验通过测温钻孔观测试验断面及对比断面的地温状况，通过水准观测观察路面沉降。

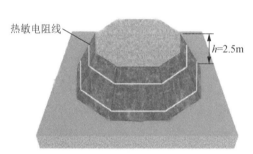

图 3-15　路基坡向性暴露试验

图 3-16　高速公路整体式路基暴露试验

（3）高速公路分离式路基暴露试验

分离式试验路基长 520m、宽 12.25m、高 2.5m，边坡坡度为 1：2，除无车辆通行外，设计标准和施工质量控制均与实际工程相同（图 3-17）。试验目的为研究堆石体路基、通风管路基、石渣路基等特殊结构路基在真实暴露环境下对高速公路分离式路基的降温效果，以及主要结构参数对其影响。该试验通过在试验断面、对比断面和天然场地上安装地温观测孔，观测、收集地温数据。

图 3-17　高速公路分离式路基暴露试验

除此之外，已建成的试验项目还有热棒降温机制暴露试验、高温冻土蠕变试验、房屋桩基试验和冻土区桥梁桩基试验等其他冻土工程相关的暴露试验。

3.3.3　实体工程试验平台

实体工程试验平台主要依托青藏高原的青藏公路、共和至玉树（结古）高速公路（共玉公路）和花石峡至久治公路（花久公路）等建设。这些穿越青藏高原多年冻土区的公路工程各具特色。它们具备多年冻土不同的含冰量和地温等特征，满足研究背景的代表性；经历了旧路维修养护和新建路等不同的修建历史，满足时间效应的研究需求；代表了二级公路和高速公路等不同的道路等级，满足空间效应的研究需求；采用了大量单一的或复合的特殊结构路基，可以满足结构效应的研究需求。因此上述 3 项工程是公路冻土路基尺度效应研究适宜的实体工程试验平台。

1. 青藏公路试验平台

1973 年组建的第一期青藏公路科研组在青藏公路多年冻土较为发育的可可西里山区，首先建立了第一个公路地温变化长期监测试验场，从此拉开了高原多年冻土地区公路路基温度场现场试验研究的序幕。在其后四十多年里，他们分别在具有代表性的昆仑山、清水河、楚玛尔河、可可西里、五道梁、风火山、开心岭、唐古拉山、头二九等地，针对不同路基高度、路面材料、地貌单元、冻土气候环境等条件，设立了观测场12 个，地温观测孔 290 个以上。

2009 年在青藏公路楚玛尔河段建成宽幅路基综合观测试验系统。该系统主要应用于青藏公路冻土带的分层沉降测量、路基热敏（温度）测量、孔隙水压力测量、热流测量和土壤基质势的测量。该系统采用低功耗定时器实现定时定点采集并存储数据，整个系统具备现场人工采集数据和无线数据远传采集功能。

同时在昆仑山低温多年冻土和楚玛尔河高温冻土区分别建设 15 项要素高精度自动气象站（固定式基站）。可观测的气象要素有环境温度、环境湿度、露点温度、风速、风向、气压、太阳总辐射、降雨量、地温（包括地表温度、浅层地温、深层地温）、蒸发量、土壤湿度、二氧化碳浓度、日照时数、太阳直接辐射、光合有效辐射共 15 项指标，用于监测多年冻土区公路典型路段气候气象信息，研究气温、地温及其与地表性状的关系。

青藏公路试验平台概况如图 3-18 所示。

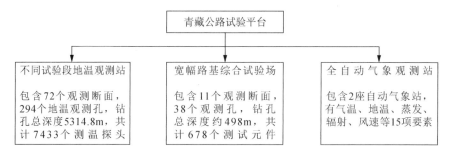

图 3-18　青藏公路试验平台概况

2. 共玉公路试验平台

共玉公路是 G214 在青海境内的重要路段，起于青海省海南藏族自治州共和县（恰卜恰镇），终于玉树藏族自治州玉树市（结古镇），全长 635.6km，全线设计速度基本采用 80km/h，部分路段采用 60km/h。该公路位于青藏高原东南边缘，穿越大片连续和不连续多年冻土区 227.7km，多年冻土温度高、分布不连续等是其主要特征。沿线多年冻土整体上处于退化状态。

共玉公路已经完成建设的试验项目为分离式特殊结构路基实体工程试验（图 3-19）。分离式特殊结构路基宽度为 12.5m，共 11 个断面、66 个地温孔、27 个变形孔，监测内容包括温度、水分和位移。试验对象有通风管-片块石复合路基、强制弥散式通风路基、通风管路基、热棒-XPS（extruded polystyrene，挤塑聚苯乙烯）板路基、片块石路基和单向导热路面-片块石路基。试验目的为研究上述特殊结构路基在高速公路分幅路基条件下的实际降温过程和降温效能。

图 3-19　共玉公路分离式特殊结构路基实体工程试验

3. 花久公路试验平台

花久公路属规划中西部区域经济大通道（库尔勒至成都）的一部分，花石峡至大武段连接果洛藏族自治州玛多县花石峡镇及玛沁县的下大武乡、雪山乡、大武镇，全长155.9km，穿越多年冻土 14.705km，地处青藏高原多年冻土边缘地带，是中、低纬度地带高海拔高温不稳定退化性多年冻土。

花久公路已经完成建设的试验项目主要为高速公路整体式路基实体工程试验，试验路基宽度为 24.5m，安装监测断面温度探头 378 个，分层沉降位移传感器 42 个（图 3-20）。试验目的为揭示高速公路宽幅路基冻土水热过程、吸热特征、聚热效应和能量收支平衡等特征。

图 3-20   花久公路高速公路整体式路基实体工程试验

第 4 章　冻土路基的空间效应

关于冻土路基的高度效应，在青藏公路的近几次整治改建过程中已经得到了深入研究。普遍认为，抬升路基高度有利于抬升人为冻土上限，保护多年冻土，维护路基稳定性；同时，路基过高也会引发高路基病害，诱发路基失稳。因此，对于特定的多年冻土条件，存在一个合理的路基高度区域。

路基宽度效应则是在青藏公路拓宽、青海省共和至玉树（结古）高速公路建设等背景下，首次遇到的路基宽度超过现有一般多年冻土区路基宽度的情况。路基宽度增加，必然造成强吸热的黑色沥青路面面积增大，从而使路基吸热量增大。研究表明，黑色沥青路面存在吸热效应，厚层的沥青路面结构存在储热效应，宽幅的路基结构存在聚热效应。这些热效应将如何影响下伏多年冻土并对路基水热力稳定性产生影响，是冻土路基空间效应研究的又一个重要方面。

对于新建多年冻土区高速公路，可以采用宽度超过 20m 的整幅路基，也可以采用宽度略大于普通二级公路的分幅路基，二者稳定性必然存在差异。探明整幅和分幅两种公路冻土路基的修建模式对路基稳定性的影响，将给相关设计提供有益的指导。

从上述 3 方面可见，公路冻土路基的空间尺度效应研究不仅具有重要的理论意义，还具有重要的实际意义。本节围绕第 1 章中提出的公路冻土路基尺度效应理论框架，以数值仿真为研究方法，阐述铁路工程与公路工程的尺度效应差异，以及冻土路基高度效应、宽度效应、坡度效应和分幅效应对冻土路基热收支状态、水分分布和变形场等的影响。

4.1　冻土路基空间效应的研究方法

4.1.1　数值模型及工况设计

1. 数值模型

（1）几何模型

冻土路基尺度效应数值计算几何模型和热物理参数根据青藏公路多年冻土试验场钻孔资料进行设定。路基计算示意图如图 4-1 所示，路基高度 H、路基宽度 W 和路基边坡坡度视具体工况而定，计算区域按地层岩性分为两层，自上而下分别为粉质黏土（3.0m厚）和泥岩（27.0m 厚）。公路工程作为长大线形工程，计算中可以作为平面问题处理，为充分减小左右边界对计算结果的影响，宽度上取坡脚外 30m 内的土体作为计算对象。

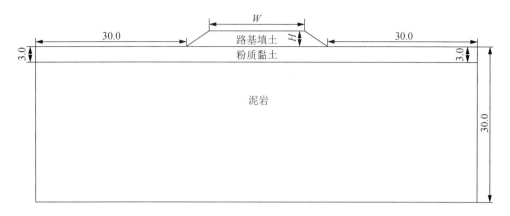

图 4-1 路基计算示意图（单位：m）

（2）材料参数

计算中各土层介质的热参数如表 4-1 所示，物理力学参数如表 4-2 所示。

表 4-1 各土层介质的热参数

项目	λ_f/[W/(m·K)]	c_f/[J/(m³·K)]	λ_u/[W/(m·K)]	c_u/[J/(m³·K)]	L/(J/m³)
路基填土	1.980	1.913×10^6	1.919	2.227×10^6	20.4×10^6
粉质黏土	1.351	1.879×10^6	1.125	2.357×10^6	60.3×10^6
泥岩	1.824	1.846×10^6	1.474	2.099×10^6	37.7×10^6

注：L—单位体积相变潜热，其他符号意义见表 3-1。

表 4-2 各土层介质的物理力学参数

项目	温度状态	密度/（kg/m³）	弹性模量/Pa	泊松比
路面	常态	2350	1.2×10^9	0.2
基层	常态	2200	8×10^8	0.2
路基填土	冻结	1750	3×10^7	0.2
	融化		1.5×10^7	0.25
粉质黏土	冻结	1650	1.2×10^7	0.25
	融化		6×10^6	0.3
泥岩	冻结	1600	1.8×10^7	0.25
	融化		1.3×10^7	0.25

（3）边界条件

基于地-气耦合的热学边界条件研究成果，根据野外观测资料及未来全球气候变化背景，得到路基顶面、路基边坡（路肩边界条件同于路基边坡）和天然地表等的上边界条件，可写成如下统一格式：

$$T = A + M\sin\left(\frac{2\pi t_h}{8760} + \frac{\pi}{2} + \alpha_0\right) + \frac{\Delta T t_h}{50\times365\times24} \tag{4-1}$$

式中，T 为特定边界的温度；A 为年平均温度；M 为温度年变化的振幅；ΔT 为未来

50年气温上升值，根据相关研究成果，取为2.6℃；t_h为时间（h）；α_0为初始相位，表示路基修筑完成时间。

根据地-气耦合的热学边界条件研究成果，10m宽和26m宽路基上边界的A值相对于气温的温增列于表4-3和表4-4中（忽略阴阳坡效应）。路基高度对M值影响较小，因此，只考虑M值随路基宽度的变化，如表4-5所示。

表4-3　10m宽冻土路基数值模型上边界条件参数A相对于气温的温增　　（单位：℃）

项目	路基高度			
	1m	2m	3m	4m
路基顶面	7.12	6.67	6.21	5.80
路基边坡	4.45	4.34	4.22	4.11
天然地表	2.61	2.59	2.52	2.49

表4-4　26m宽冻土路基数值模型上边界条件参数A相对于气温的温增　　（单位：℃）

项目	路基高度			
	1m	2m	3m	4m
路基顶面	8.29	7.61	7.09	6.66
路基边坡	4.93	4.70	4.57	4.40
天然地表	2.61	2.59	2.52	2.49

表4-5　冻土路基数值模型上边界条件参数M的取值　　（单位：℃）

路基宽度	天然地表	路基边坡	路基顶面
10m	11.55	13.73	15.00
26m	11.55	13.99	15.64

计算模型底部热流密度$q=0.06$W/m^2，其余边界均为绝热。

荷载方面，考虑路基自重与行车荷载联合作用下的路基变形特性，其中行车荷载按照《公路沥青路面设计规范》（JTG D50—2017）取单轴双轮组荷载BZZ-100，作用位置为一侧车轮荷载作用于路基正中心位置，与路基最大沉降处重合，以便于研究荷载联合作用下的最大沉降。对路基左右计算边界的水平位移进行约束，在路基底面对所有位移进行约束。

模型除施加路基、地基静力荷载外，还考虑添加行车荷载。荷载边界条件如下。

1）重力荷载：首先施加地基重力荷载，用于平衡地应力计算；然后添加路基自重荷载，用于变形计算。

2）行车荷载：添加单轴双轮组荷载，轮组间距2.0m，其中一侧车轮荷载作用于路基中心处，与路基最大沉降位置重合。

天然地表和边坡设为透水边界，沥青路面设为封闭边界，计算区域的左右两侧及下边界也均取为封闭边界。天然地表（-0.3m）的体积含水量年度变化值由现场实测数据获得（具体数值如图4-2所示），边坡的体积含水量年度变化值依据天然地表对应时间的数值做折减获得（减小5%）。

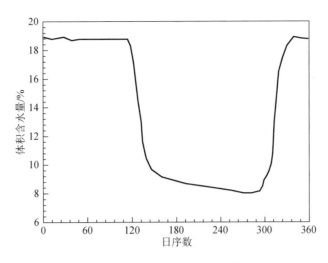

图 4-2　天然地表（-0.3m）的体积含水量年度变化值

2. 工况设计

为分析不同冻土地质条件下（高温冻土区、低温冻土区）路基尺度引发的热收支状况差异，计算工况设计分别以路基高度、路基宽度、冻土年平均地温和路基边坡坡度为自变量。工况设计如表 4-6 所示。类似的路基变形计算工况设计如表 4-7 所示。路基变形计算仅考虑路基宽度为 10m 和 26m 两种工况，分别代表窄幅路基和宽幅路基。

表 4-6　冻土路基尺度效应数值计算工况设计

项目	工况自变量及参数			
	路基高度/m	路基宽度/m	冻土年平均地温/℃	路基边坡坡度
公路/铁路对比	2.0	公路：10.0；铁路：7.2	-1.0	1：1.5
高度效应	1.0、2.0、3.0、4.0	10.0、26.0	-0.5、-1.0、-1.5、-2.0、-3.0	1：1.5
宽度效应	1.0、2.0、3.0、4.0	10.0、12.0、24.5、26.0	-0.5、-1.0、-1.5、-2.0、-3.0	1：1.5
坡度效应	10、26	10.0、26.0	-1.5	1：1.5、1：1.75、1：2
分幅效应	2.0	整幅：26；分幅：13	-1.5	1：1.5

表 4-7　冻土路基变形计算工况

年平均地温/℃	幅宽/m	路基高度/m
-0.5、-1、-1.5、-2、-3.0	10	1
		2
		3
		4
	26	1
		2
		3
		4

4.1.2　冻土路基热收支状态的指标及其验证

1.　冻土路基热收支状态的指标

现有冻土路基热状态研究多以标准的二级公路青藏公路为研究对象，主要围绕冻土路基温度场演化、病害机理、沉降变形等展开，多选择沉降变形、冻土上限变化、冻土地温变化等指标进行分析，对影响路基稳定性的内部热量传输和热收支状态很少涉及，尤其是对路基尺度变化引发的热收支状态的变化很少涉及。

本节从传热学的角度，对不同路基尺度的吸热量和热融敏感性等热收支状况进行研究，量化分析尺度效应对冻土路基热收支状态的影响，综合表征其变化特征，以期为冻土区高等级路基的设计和评价提供参考。

本研究基于 6 个热收支指标研究冻土路基热收支状态的尺度效应，各指标的名称及意义简述如下。

1）最大融化深度：路基基底下冻土融化深度在横向上呈不均匀分布，这里取其最大处，即特指路基运营期内（20 年）中心线下冻土融化深度。需要说明的是，本节的研究目的为衡量冻土融化程度，为避免路基高度的影响，不采用从路基顶面算起的人为冻土上限的概念，这里所指冻土融化深度以原天然地表为原点，向上为正，向下为负。

2）冻土年平均地温：地表以下温度随季节而变化，在某一深度以下，地温在一年内相对不变，这一深度被称为地温年变化深度，该深度处的地温即为冻土年平均地温，这里特指路基建成 20 年后中心线下的冻土年平均地温。

3）基底总吸热量：在路基运营期（20 年）内，每延米基底面上的总吸热量，即运营期内通过路基基底面的热量总和，用于表征路基工程引发的整体热量传输水平。

4）年平均基底总吸热量：基底总吸热量的年平均值，用以比较不同条件下的路基吸热量。

5）冻土融化潜热量：在路基运营期内（20 年），原天然上限下降形成融化盘时，冻土相变所产生的融化潜热，可用于表征路基工程引发的冻土融化所吸收的热量，从而反映冻土路基融沉危害程度。

6）热融蚀敏感系数：在路基运营期内（20 年），路基下冻土融化潜热量与路基基底总吸热量的比值。这个指标用于表征多年冻土地基对工程活动的相对敏感性和响应快慢程度。该比值越大，则冻土地基对工程活动的响应越快，路基工程所引发的冻土融沉风险越大。该指标用于反映冻土路基发生融沉的风险大小。

本研究提出的 6 个热收支指标用以反映冻土路基的热状态，而冻土路基的传热过程和热收支状态决定了路基的稳定性。青藏公路病害调查结果显示，热融沉陷约占青藏公路病害的 80%，热融病害是影响冻土区工程稳定性的主要问题。从病害的表现形式及原因分析，工程活动破坏原有能量平衡是引发病害的主要原因。因此，探明冻土路基运营过程的热状态，对于了解冻土路基病害发生和发展有重要的意义。

2.　冻土路基热收支状态指标的验证

为了验证计算模型的合理性，选取青藏公路头二九地区（高温冻土区）K3375 观

测断面监测数据，与计算结果进行对比。该监测断面路基高度为 1.5m，年平均地温
为-0.8℃，监测断面测孔布置如图 4-3 所示，冻土类型属富冰-含土冰层。该监测断面目
前拥有 2002～2014 年内 12 年的观测数据。以该断面 2002 年 10 月 15 日的地温作为上
述数值模型的初始值，计算了其后 12 年的地温场，下面以实测数据对数值仿真计算结
果进行验证。

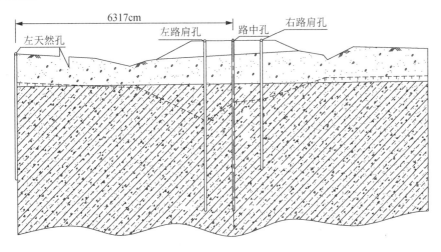

图 4-3　青藏公路 K3375 监测断面测孔布置

（1）最大融化深度和年平均地温

图 4-4 是路基修筑完成第 12 年（即 2014 年）10 月 15 日 K3375 监测断面天然孔和
路基中心孔处地温实测值和计算值的对比。从图 4-4 中可以看出，天然孔实测和计算
的最大融化深度分别为-3.03m 和-2.18m，相差仅为 0.85m。路中孔实测和计算的最大
融化深度分别为-5.19m 和-3.54m，二者相差为 1.65m。这主要是因为在计算中采用的是
新建路基理想条件，而实测断面为已有工程改建，因而二者有一定偏差。年平均地温方
面，计算值和实测值吻合较好，天然孔与路中孔仅相差 0.05℃和 0.04℃。可见，计算值
和实测值具有很好的一致性，表明所建立的计算模型是合理的，能够较好地模拟地温场
的分布。

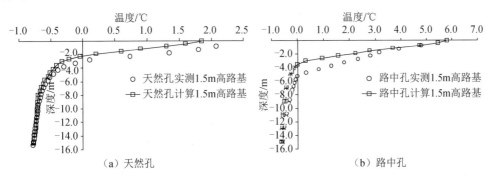

图 4-4　地温实测值和计算值的对比

（2）基底总吸热量

计算基底总吸热量需要从路基建成起的完整数据，为便于比较，这里选取基底年平均吸热量指标来进行验证。

对于观测数据，首先分别计算每个时间点基底处各观测孔的温度梯度，乘以导热系数得到热流密度，进而得到每个观测孔的热流密度随时间的变化曲线；然后将该曲线分别对时间和基底宽度积分，即可得到基底总吸热量。图 4-5 为路中孔和路肩孔基底热流密度随时间的变化曲线。计算结果表明，暖季基底的吸热量明显大于冷季，大致从每年的 4 月中旬开始，到 11 月中旬，热流密度为正值，表明路基处于吸热状态，吸热时间约持续 7 个月。计算得到该监测断面 12 年的基底总吸热量约为 1910MJ，基底年平均吸热量约为 159MJ。

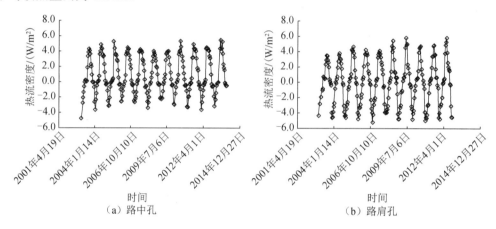

(a) 路中孔　　　　　　　　　　　　(b) 路肩孔

图 4-5　监测断面基底热流密度随时间的变化曲线

对于计算数据，提取基底处热流密度随时间的变化曲线（图 4-6），将其先后对时间和基底宽度积分，即可得到其总吸热量，再除以年限，即得到计算的基底年平均吸热量。计算得到基底总吸热量为 2982MJ（20 年），基底年平均吸热量为 149MJ。

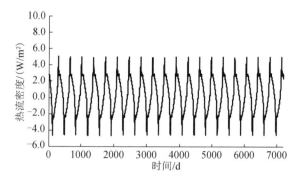

图 4-6　计算得到的基底热流密度随时间的变化曲线

（3）融化潜热量

根据融化潜热量的定义，首先比较观测和计算得到的第 12 年融化盘面积。由于实测断面在施工完成后地温场在横向上分布不均匀,其融化盘面积应取初始融化盘与第12年融化盘之间的部分,各自融化盘如图4-7所示。融化盘面积乘以冻土潜热值即得到融化潜热量,最终计算得到实测断面建成后第12年的融化潜热量为1065MJ。用同样的方法可以得到融化潜热量的计算值为1240MJ。

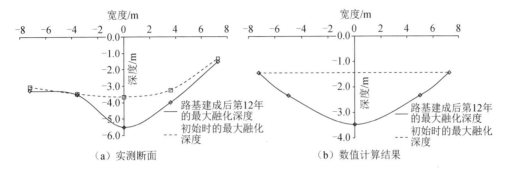

图 4-7 计算和实测路基下的融化盘

对比上述基底年平均吸热量和融化潜热量的实测值和计算值可以发现,实测值与计算值吻合较好,较为准确地反映了冻土路基的热收支状态。

（4）热融蚀敏感系数

冻土路基热融蚀敏感系数的计算值和实测值分别为 0.416 和 0.558,二者也较为接近。这个指标在一定程度上反映了冻土路基面临的融沉灾害的风险大小。

4.2 铁路工程与公路工程的尺度效应差异

铁路工程中路基结构形式与公路路基有很大差别,主要体现在上边界条件和尺度两个方面。一方面,铁路路基上部铺设 0.4m 厚的道砟层,属于开放边界,而公路路基顶面为封闭的黑色沥青路面;另一方面,铁路工程中,道砟顶面宽度为 3.4m,下部路基宽度为 7.2m,而在公路工程中,二级公路路基宽度为 10.0m,高速公路路基宽度超过 20.0m。为研究铁路路基与公路路基两种不同结构的热收支状况差异,本节采用数值仿真手段进行分析。计算中以高温冻土区为研究背景,选取冻土年平均地温为-1.0℃,路基高度为2m,其他条件均相同的铁路路基和公路路基进行计算和对比分析。铁路路基上部为 0.4m厚的道砟层,因此其边界条件不同于铺设沥青路面的公路路基,其顶面边界条件参数分别为 $A=2.0℃$ 和 $M=15.0℃$。

选择路基运营 20 年的热收支指标进行分析,表 4-8 为上述对比工况下铁路路基和公路路基热收支尺度效应指标,图 4-8 为修筑完成后第 20 年 10 月 15 日,二者路基中心线下地温曲线。由表 4-8 和图 4-8 可见,公路路基和铁路路基下冻土地温差异明显,尤其在浅地表处,公路路基下冻土地温明显高于铁路路基,二者最大融化深度相差0.98m,二者温差随深度增加而减小,年平均地温变化不大。在吸热量方面,公路路基基底总吸热量为铁路路基的 10 倍以上,而冻土融化潜热量更是铁路的 20 倍以上,热融蚀敏感系数为铁路的 1.36 倍。由此可见，相比于铁路路基而言，公路路基吸热量更大，下伏冻土融化更为严重，融沉病害风险也更高。原因在于，公路路基顶面为高吸热性的黑色沥青路面，而铁路路基顶面为道砟，前者的边界温度高于后者；公路路基宽度大于铁路路基，造成吸热面的增大，因此，尺度差异对热收支状态的影响非常明显。

表 4-8　铁路路基和公路路基热收支尺度效应指标对比

项目	最大融化深度/m	冻土年平均地温/℃	基底总吸热量/MJ	冻土融化潜热量/MJ	热融蚀敏感系数
铁路	-1.72	-0.72	229.81	46.42	0.22
公路	-2.70	-0.68	3212.34	972.04	0.30

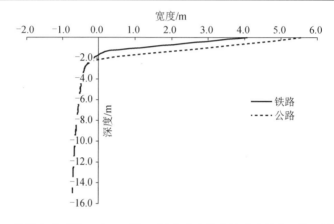

图 4-8　修筑完成后第 20 年 10 月 15 日公路路基和铁路路基中心线下地温曲线

4.3　冻土路基的高度效应

4.3.1　热收支状态的高度效应

高度效应必然受到路基宽度、路基坡度和年平均地温的影响，因此本节分析高度效应时，路基宽度分别取 10m（代表窄幅路基）和 26m（代表宽幅路基），路基坡度均取为 1∶1.5，初始年平均地温取-0.5℃、-1.0℃、-1.5℃、-2.0℃和-3.0℃。

1. 最大融化深度

依据冻土路基尺度效应数据库绘制的窄幅（10m）和宽幅（26m）路基不同地温条件下最大融化深度随路基高度的变化曲线如图 4-9 所示。由图 4-9 可见，无论是宽幅还是窄幅，在所计算的地温条件下，路基下冻土最大融化深度均随路基高度的增加而升高，基本呈线性变化，路基越高，初始年平均地温越低，则最大融化深度越浅。宽幅条件下，路基高度为 1m，初始年平均地温为-0.5℃时，最大融化深度最深，为-5.94m；路基高度为 4m，初始年平均地温为-3.0℃时，最大融化深度最浅，为-1.08m。由此可见，路基高度对最大融化深度的尺度效应有显著的影响。

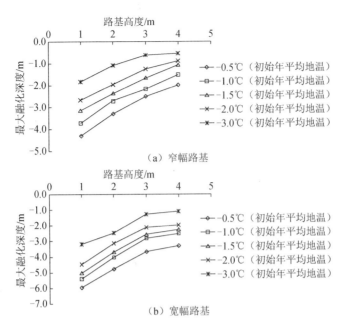

图 4-9 不同地温条件下最大融化深度随路基高度的变化曲线

2. 冻土年平均地温

依据冻土路基尺度效应数据库绘制的窄幅（10m）和宽幅（26m）路基不同地温条件下年平均地温随路基高度的变化曲线如图 4-10 所示。

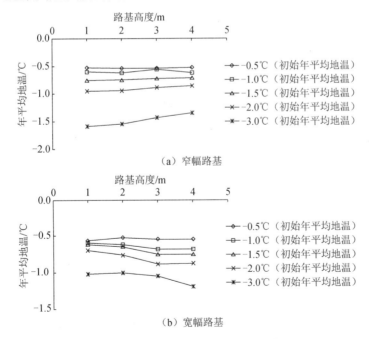

图 4-10 不同地温条件下年平均地温随路基高度的变化曲线

图 4-10 表明无论幅宽大小，还是地温高低，年平均地温受路基高度的影响较弱，

宽幅条件下，初始年平均地温为-3.0℃时，1m 高和 4m 高路基第 20 年的年平均地温分别为-1.02℃和-1.20℃。这是因为，平均地温所在的深度往往在原天然地表以下 10m 深处左右，距离上边界和下边界较远，该处地温变化滞后于边界处的温度变化，在 20 年的时间尺度内，其对上边界条件和路基高度变化的响应远不及融化深度敏感。另外，图 4-10 中的曲线也说明了初始年平均地温对高度效应的影响，在初始年平均地温由-3.0℃增加到-0.5℃的过程中，第 20 年的年平均地温随初始年平均地温的升高而升高，但升高速率越来越小。这是因为，初始年平均地温越高，初始冻土上限越深，冻融锋面位置距离上边界就越远，由于冻融锋面位置处剧烈相变作用产生强烈的放（吸）热，其下地温随边界温度的变化就越小。

3. 基底总吸热量

依据冻土路基尺度效应数据库绘制的窄幅（10m）和宽幅（26m）路基不同地温条件下基底总吸热量随路基高度的变化曲线如图 4-11 所示。

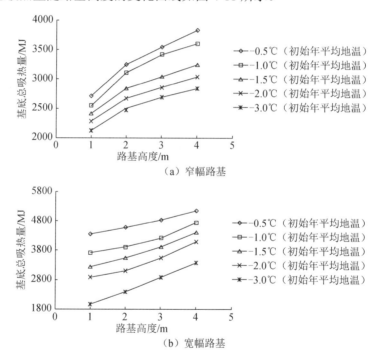

（a）窄幅路基

（b）宽幅路基

图 4-11　不同地温条件下基底总吸热量随路基高度的变化曲线

由图 4-11 可以发现，无论是窄幅还是宽幅路基，其基底总吸热量都是随路基高度的增大而增大。由前述最大融化深度的尺度效应分析可知，当路基高度增加时，路基体的热阻效应增强，其下最大融化深度变浅，而图 4-11 表明，路基增高后，其基底吸热量增大，窄幅条件下，初始年平均地温为-1.5℃时，1m 高和 4m 高路基的基底总吸热量分别为 2411MJ 和 3255MJ。这是因为，路基高度增加后，其基底面积也增大，对于宽度为 10m 的窄幅路基来说，路基高度为 1m 和 4m 时，其基底宽度分别为 13m 和 16m。比较 1m 高和 4m 高路基的基底总吸热量可以发现，路基高度增加了 3m，基底宽度增加了 23%，而基底总吸热量却增加了 35%。由此可见，高度效应对基底总吸热量有着明显的影响，其主要影响机制为路基高度变化引起的基底吸热面的变化。

4. 冻土融化潜热量

依据冻土路基尺度效应数据库绘制的窄幅（10m）和宽幅（26m）路基不同地温条件下冻土融化潜热量随路基高度的变化曲线如图 4-12 所示。窄幅条件下，4m 高路基的所有工况和 3m 高路基地温为-3.0℃时，人为上限有不同程度的抬升，不存在融化盘，因此图 4-12 中未列入。图 4-12 表明，路基下冻土融化潜热量随路基高度的增大而显著下降，窄幅条件下，初始年平均地温为-1.5℃时，1m 高路基和 3m 高路基的冻土融化潜热量分别为 1073MJ 和 312MJ。结合前述高度效应对最大融化深度的影响分析可知，路基高度增加时，路基体的热阻效应增加，其下最大融化深度变浅，冻土融化潜热量也变小，冻土融化程度显著减小。

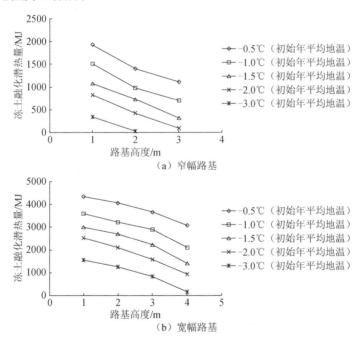

图 4-12 不同地温条件下冻土融化潜热量随路基高度的变化曲线

5. 热融蚀敏感系数

依据冻土路基尺度效应数据库绘制的窄幅（10m）和宽幅（26m）路基不同地温条件下热融蚀敏感系数随路基高度的变化曲线如图 4-13 所示。窄幅条件下，4m 高路基的所有工况和 3m 高路基地温为-3.0℃时，人为上限均有不同程度的抬升，因此图 4-13 中未列入。图 4-13 表明，冻土路基热融蚀敏感系数随路基高度的增加而减小，路基高度对热融蚀敏感系数的影响较为明显，窄幅条件下，初始年平均地温为-0.5℃时，1m 高和 3m 高路基的热融蚀敏感系数分别为 0.73 和 0.32。在初始年平均地温低于-1.0℃时，2.0m 以上的路基，其热融蚀敏感系数均小于 0.3。路基所吸收热量一部分用于冻土由冻结状

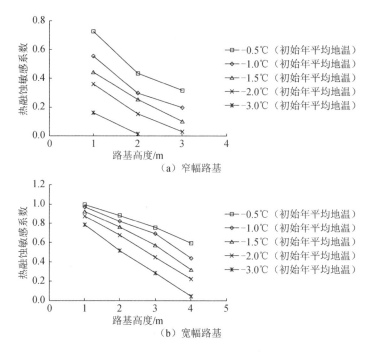

图 4-13　不同地温条件下热融蚀敏感系数随路基高度的变化曲线

态到融化状态的融化潜热，另一部分用于地温升高的显热，就路基工程稳定性而言，显然前一部分造成的危害更大。路基高度增加，热融蚀敏感系数减小。例如，在窄幅条件下，初始年平均地温为-0.5℃时，路基高度由 1m 增加到 3m 后，热融蚀敏感系数减小了 56%，表明所吸收热量用于冻土融化的比例也越小，这就从热收支的角度进一步证实了通过抬升路基高度可以有效降低其融沉风险。

　　总结对上述冻土路基热收支指标的分析，冻土路基的高度效应可以概括如下：路基高度增大后，路基填土的热阻效应致使下部冻土最大融化深度减小，融化盘面积增大，地温滞后效应则导致冻土年平均地温基本不变，因路基高度的增大而增大的基底面积导致基底总吸热量的增大，较浅的人为上限引起冻土融化潜热量减少，最终反应为热融蚀敏感系数的减小。例如，在窄幅条件下，年平均地温为-1.5℃时，路基高度由 1m 增加到 3m 后，最大融化深度抬升了 1.46m，年平均地温升高了 0.09℃，基底总吸热量增加了 26.3%，冻土融化潜热量减少了 71%，热融蚀敏感系数减小了 77.1%。路基宽度增大后，地温的滞后效应导致年平均地温基本不变，聚热效应引起最大融化深度加深，再加上路基基底吸热面积的增大，共同引起吸热量和冻土融化潜热量的增加，最终同样反应为热融蚀敏感系数的增大。例如，当路基高度为 2m，年平均地温为-1.5℃时，路基宽度由 10m 增加到 26m 后，最大融化深度下降了 1.33m，年平均地温升高了 0.09℃，基底总吸热量增加了 25.2%，冻土融化潜热量增加了 275.8%，热融蚀敏感系数增加了 204%。

4.3.2　变形状态的高度效应

1.　总应变

提取不同填方高度下 10m 宽路基第 10 年的 10 月总应变云图进行分析，结果如彩图 3

所示。提取 26m 宽路基第 10 年的 10 月总应变云图进行分析，结果如彩图 4 所示。

由彩图 3 和彩图 4 可知，随着路基高度的增加，最大应变值和应变区范围不断扩大，尤其是路基体内压密变形迅速增大，其中 10m 宽路基最大应变值从 2.4×10^{-3} 增大到 3.6×10^{-3}，26m 宽路基最大应变值从 3.8×10^{-3} 增大到 5.5×10^{-3}。但同时应看到，填方高度较高时，路基上限抬升，原地面融沉变形不断缩小；填方高度较低时，应变区域主要集中在原天然地面处；随着填方高度增大，变形区域逐渐上移，最大变形区域出现在路基体内。

综上所述，随着路基填方高度增大，路基体内压密变形不断增大，同时由于人为上限抬升，原天然地面处融沉变形不断缩小，尤其是当路基填方高度达到 4m 时，主要变形区域基本转移至路基体内。

2. 总沉降和差异沉降

为了量化评价填方高度变化带来的路基变形差异，提取第 10 年的 10 月路基总沉降曲线，并以总沉降、差异沉降（路中与路肩沉降差值）作为分析指标，对其进行分析，结果如图 4-14 和图 4-15 所示。

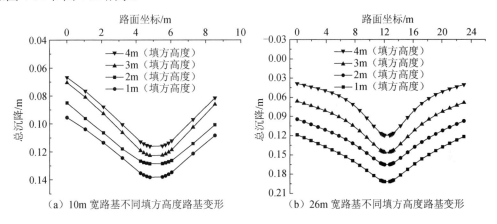

（a）10m 宽路基不同填方高度路基变形　　　　（b）26m 宽路基不同填方高度路基变形

图 4-14　不同填方高度路基总沉降曲线

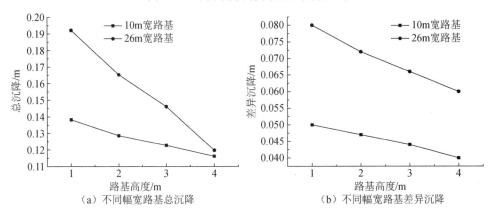

（a）不同幅宽路基总沉降　　　　　　　　（b）不同幅宽路基差异沉降

图 4-15　不同幅宽路基总沉降与差异沉降曲线

多年冻土路基变形由路基体压密变形和地基融沉变形两部分组成，路基填方高度增加一方面使压密变形增大；另一方面，高路基使冻土上限抬升，且融沉变形减少量大于压密变形增量，最终导致路基沉降随填方高度增大而减小。

如图 4-14 和图 4-15 所示，随着填方高度增加，10m 和 26m 宽路基总沉降量均不断减小，宽幅路基填方高度增大对总沉降量减少更为显著；从差异沉降角度分析，填方高度的增加虽然会增大路基总沉降量，但随着填方高度增加，同一横断面内其差异沉降不断减小。

4.4　冻土路基的宽度效应

4.4.1　热收支状态的宽度效应

宽度效应必然受到路基高度、路基坡度和年平均地温的影响，因此本节分析宽度效应时，路基高度取为 1m、2m、3m 和 4m，路基坡度均取为 1：1.5，年平均地温取-0.5℃、-1.0℃、-1.5℃、-2.0℃和-3.0℃。

1. 最大融化深度

不同地温条件下最大融化深度随路基宽度的变化曲线如图 4-16 所示。图 4-16 表明，在所有地温条件下，最大融化深度与路基宽度线性关系，即路基宽度越大，最大融化深度绝对值越大。初始年平均地温为-0.5℃，路基高度为 1m，路基宽度为 26m 时，最大融化深度绝对值最大，为 6.15m；初始年平均地温为-3.0℃，路基高度为 4m，路基宽度为 10m 时，最大融化深度绝对值最小，为 0.53m。这就从融化深度的角度揭示了宽幅路基显著的聚热作用——其吸热量更大，造成下部冻土融化更为严重。另外，宽度的增加也引起了融化盘面积的增大。例如，路基高度为 2m，年平均地温为-2℃时，10m 宽的窄幅路基和 26m 宽的宽幅路基融化盘面积分别为 $6.92m^2$ 和 $44.92m^2$，在基底面积增大 1 倍的情况下，融化盘面积增大了 5.5 倍，表现出了非线性的增大。因此，宽度效应对最大融化深度的影响规律预示着宽幅路基势必出现比窄幅路基更为严重的融沉问题。

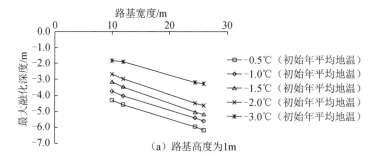

（a）路基高度为1m

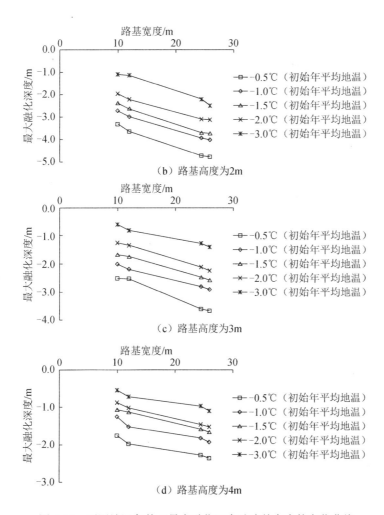

图 4-16　不同地温条件下最大融化深度随路基宽度的变化曲线

2. 冻土年平均地温

不同地温条件下冻土年平均地温随路基宽度的变化曲线如图 4-17 所示。图 4-17 表明，冻土年平均地温随路基宽度变化较小，变化幅度明显受初始年平均地温的影响，初始年平均地温越低，冻土年平均地温随路基宽度的增大速率增大。路基高度为 1m，初始年平均地温为-0.5℃时，20 年后 10m 宽路基和 26m 宽路基下的年平均地温分别为-0.52℃和-0.57℃；路基高度为 4m，初始年平均地温为-3.0℃时，20 年后 10m 宽路基和 26m 宽路基下的年平均地温分别为-1.35℃和-1.20℃。上述分析说明，除较低的初始年平均地温条件外，宽度效应对冻土年平均地温的影响较小。原因是显而易见的，根据前述路基高度效应对年平均地温影响的分析，地温年变化深度处对上边界条件的响应较弱，而宽度效应则主要表现为在浅地表附近的聚热效应，因此其影响范围也仅限于冻土上限附近的浅地表温度。

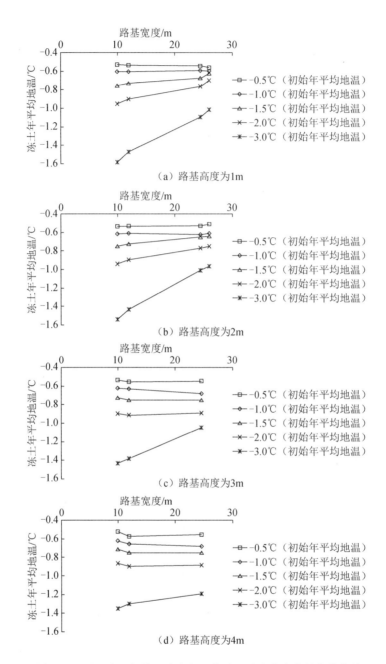

图 4-17　不同地温条件下冻土年平均地温随路基宽度的变化曲线

3. 基底总吸热量

不同地温条件下基底总吸热量随路基宽度的变化曲线如图 4-18 所示。图 4-18 表明，在所有路基高度条件下，基底吸热量随路基宽度线性增大，初始年平均地温为-0.5℃，路基高度为 2m 时，26m 宽路基和 10m 宽路基的基底总吸热量分别为 4586MJ 和 3212MJ。由前面的融化盘形态和最大融化深度的分析结果可知，造成基底总吸热量随路基宽度增

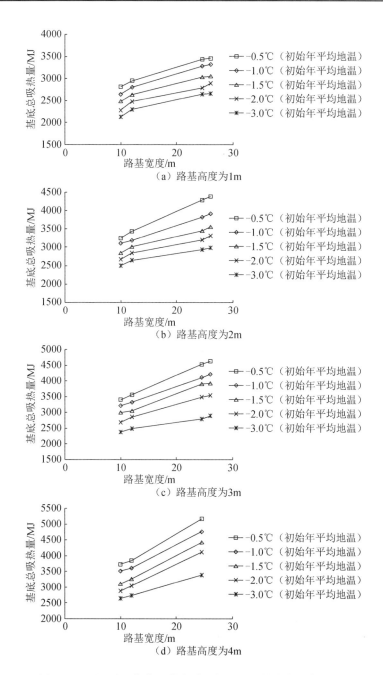

图 4-18　不同地温条件下基底总吸热量随路基宽度的变化曲线

加的原因主要为以下两个方面：一是路基宽度增加后，基底吸热面增大，对于高度为 2m 的路基来说，10m 宽的窄幅路基基底宽度为 16m，26m 宽的宽幅路基基底宽度为 32m，为窄幅路基的 2 倍；二是宽幅路基引发的中心聚热效应。路基高度为 2m 时，宽幅路基基底面积为窄幅路基的 2 倍，而基底总吸热量是窄幅路基的 1.4 倍。由此可见，宽度效应对基底总吸热量有着明显的影响，其主要影响机制为宽幅路基的中心聚热效应和路基宽度变化引起基底面积的变化。

4. 冻土融化潜热量

不同地温条件下冻土融化潜热量随路基宽度的变化曲线如图4-19所示。图4-19表明，在所计算的地温条件下，路基下冻土融化潜热量随路基宽度的增大线性增大，年平均地温为-1.5℃，路基高度为2m时，26m宽路基和10m宽路基的冻土融化潜热量分别为2358MJ和722MJ，前者是后者的3.3倍，而前者基底宽度是后者的2倍。根据计算，对应相同的地温和路基高度，宽幅路基冻土融化潜热量为窄幅路基的2.2倍以上。这说明冻土融化潜热量对路基宽度极为敏感，其原因可结合前述宽度效应对最大融化深度和融化盘影响的分析结果来说明，当路基宽度增加后，聚热效应增加，路基下最大融化深度增大，融化盘的深度和宽度都有所增大，因此造成冻土融化潜热量显著增大。

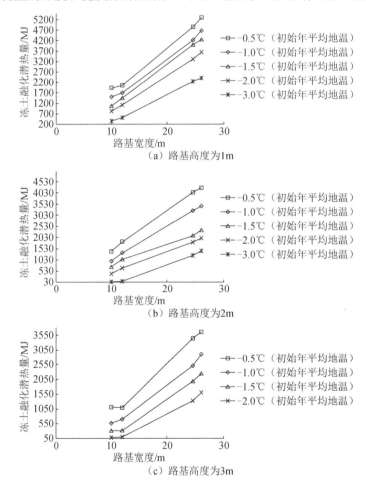

（a）路基高度为1m

（b）路基高度为2m

（c）路基高度为3m

图4-19　不同地温条件下冻土融化潜热量随路基宽度的变化曲线

5. 热融蚀敏感系数

不同地温条件下热融蚀敏感系数随路基宽度的变化曲线如图4-20所示。图4-20表明，随着路基宽度的增加，热融蚀敏感系数快速增大。总体上，窄幅路基的热融蚀敏感

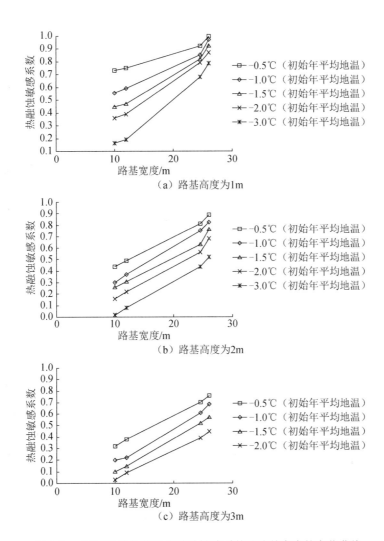

（a）路基高度为1m

（b）路基高度为2m

（c）路基高度为3m

图 4-20　不同地温条件下热融蚀敏感系数随路基宽度的变化曲线

系数普遍较小，多在 0.5 以下，而宽幅路基的热融蚀敏感系数普遍大于 0.5，在低路基条件下甚至接近 1。例如，路基高度为 2m，年平均地温为-1.5℃时，10m 宽路基和 26m 宽路基的热融蚀敏感系数分别为 0.25 和 0.76，后者较前者增大了 204%。这说明对于宽幅路基而言，聚热效应不仅引起了更大的吸热量，而且这些热量更多地用于冻土融化，势必引发更为严峻的融沉危害。

总结对上述冻土路基热收支指标的分析，宽度效应可以概括如下：路基宽度增大后，地温的滞后效应导致年平均地温基本不变，聚热效应引起最大融化深度加深，再加上路基基底吸热面积的增大，共同引起吸热量和冻土融化潜热量的增加，最终同样反应为热融蚀敏感系数的增大。例如，当路基高度为 2m，初始年平均地温为-1.5℃时，路基宽度由 10m 增加到 26m，最大融化深度下降了 1.33m，年平均地温升高了 0.09℃，基底总吸热量增加了 25.2%，冻土融化潜热量增加了 226.6%，热融蚀敏感系数增加了 204%。

4.4.2 水分状况的宽度效应

彩图 5 为 10m 及 26m 宽路基建成第 21 年 7 月 1 日的水分场云图。图 4-21 为 10m 及 26m 宽路基建成第 21 年 7 月 1 日不同方向上的体积含水量分布。由图可知，在两种路基尺度条件下，水分在冻土路基内部明显有向坡脚方向聚集的趋势，在坡脚附近明显形成了水分富集区域。此外，还可以看到路基内的体积含水量随着深度的增加呈现先增大后减小的单峰状分布，在 x 方向上由路中向天然地表方向逐渐增大，然后趋于平稳，并在坡脚附近达到最大值。这是由于沥青路面为封闭边界，而边坡和天然地表为透水边界，同时天然地表含水量大于边坡含水量，在边界条件和重力的共同作用下，水分逐渐向坡脚迁移。在垂直方向上，由于水分逐渐向冻结缘迁移，在冻土上限附近形成了含水量峰值区域。对比 10m 和 26m 路基内体积含水量分布规律可以看到，由于宽幅路基吸收热量更多，冻土下限位置更低，在路基及下伏 1～2m 冻土区域内 26m 宽路基的体积含水量要小于 10m 宽路基的体积含水量，且在-1m 深度水平方向上 26m 宽路基的体积含水量也明显小于 10m 宽路基的相同位置处的体积含水量。

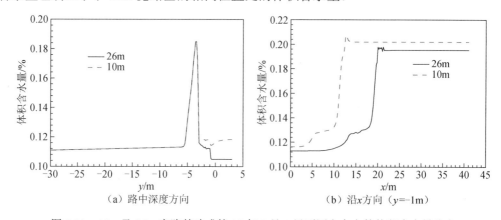

（a）路中深度方向　　　　　（b）沿x方向（y=-1m）

图 4-21　10m 及 26m 宽路基建成第 21 年 7 月 1 日不同方向上的体积含水量分布

综合分析数值计算结果，冻土路基水分场的分布与路基结构、工程地质条件等有密切联系。冻土路基的热扰动是引起基底水分重分布的重要因素。总体上，在路基深度方向，含水量随深度逐渐增大，在冻土上限附近达到最大。在路基横断面方向，水分向冻土路基左、右两侧坡脚处迁移、汇集，形成一定的聚水区域。青藏公路水分监测断面监测数据也证实了这一现象。此外，不同尺度冻土路基水分场数值计算结果表明，路基尺度变化对水分传输过程影响不大，无论是宽幅路基还是窄幅路基，其聚水区域都集中在路基边坡坡脚处，这一区域将是冻土路基诱发病害的危险区域，需要重点关注。

4.4.3 变形状态的宽度效应

1. 总应变

26m 和 10m 宽路基第 10 年四季（10 月、7 月、4 月、1 月）的应变分布如彩图 6 和彩图 7 所示。由彩图 6 和彩图 7 可知，1 月和 4 月期间，由于路基处于冻结状态，路基刚度较大,变形较小,窄幅路基变形主要分布在边坡附近及坡脚下方,其最大应力值为 11.2kPa;而宽幅路基主要变形区域则处于路基中心及边坡处,最大应力值为 16.1 kPa,相同季节工况下宽幅路基中部及坡脚附近最大应力值较窄幅路基提高 43.8%。此外,窄幅路基应变分布受行车荷载影响较大,明显向荷载方向偏移,宽幅路基则受荷载影响较小。

　　7 月和 10 月属于暖季,路基体内融化盘面积不断增大,应变也随之增加,其中窄幅路基应变峰值从 2.1×10^{-3} 增大到 2.4×10^{-3},宽幅路基应变峰值从 3.1×10^{-3} 增大到 3.9×10^{-3}。从应变大小分析,宽幅路基应变峰值约为窄幅路基的 1.51 倍;从应变增长趋势分析,窄幅路基应变最大值增加 14.3%,宽幅路基应变最大值增加 25.8%。

　　综上所述,一年四季中,路基应变最大值出现在暖季 10 月左右,路基变形最不利位置:10m 宽路基主要为边坡及坡脚下方,26m 宽路基除边坡及坡脚外,路基中心处也出现较大应变;季节性变化对路基变形分布有较大影响,其中 26m 宽路基对季节变化敏感性大于 10m 宽路基,说明在实际工程中,如修筑宽幅大尺度路基,更需注意其季节性变形差异所带来的潜在病害威胁。

　　2. 总沉降和差异沉降

　　图 4-22 和图 4-23 所示为窄幅路基和宽幅路基第 10 年 10 月顶部总沉降和差异沉降的分布。由图 4-22 和图 4-23 可知,随着初始年平均地温不断降低,10m、26m 宽路基总沉降量均不断下降。10m 宽路基温度每下降 0.5℃,总沉降最大减小 3cm,差异沉降量减小 0.2cm;26m 宽路基温度每下降 0.5℃,总沉降最大减小 3cm,差异沉降量减小 0.7cm。相同降温条件下,宽幅路基总沉降降幅较窄幅路基大 25%,宽幅路基差异沉降降幅较窄幅路基大 71%。由此可得,地温越低,路基总沉降和差异沉降均越小;从降低幅度上分析,宽幅路基变形对地温反应更为明显,分析其原因,地温降低导致路基体内融化上限抬升,融化夹层缩小,更有利于提高路基稳定性,尤其对于宽幅路基,吸收热量较大,降温带来的路基冷却直接造成路基刚度增加、稳定性提高。

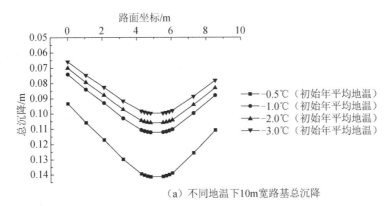

（a）不同地温下10m宽路基总沉降

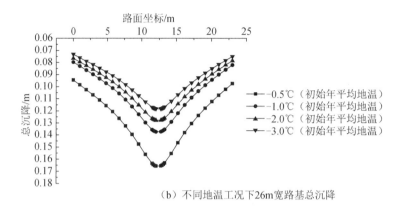

（b）不同地温工况下26m宽路基总沉降

图4-22　不同地温下路基总沉降曲线

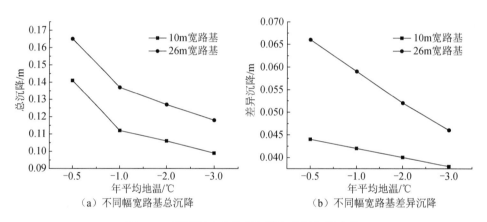

（a）不同幅宽路基总沉降　　　　　　　　　　（b）不同幅宽路基差异沉降

图4-23　不同幅宽路基总沉降与差异沉降曲线

4.5　冻土路基的坡度效应

坡度效应必然受到路基高度、路基宽度和年平均地温的影响，因此本节分析坡度效应时，路基高度取2m，路基宽度分别取10m（代表窄幅路基）和26m（代表宽幅路基），年平均地温取-0.5℃、-1.0℃、-1.5℃、-2.0℃和-3.0℃。最大融化深度、冻土年平均地温、基底总吸热量、冻土融化潜热量和热融蚀敏感系数随坡度的变化关系如图4-24所示。图4-24表明，随着路基坡度的减小，最大融化深度增大，冻土年平均地温升高，基底总吸热量增大，冻土融化潜热量增大，热融蚀敏感系数增大，但是增大幅度均不显著。因此，坡度效应对冻土路基能量状态的影响不显著。

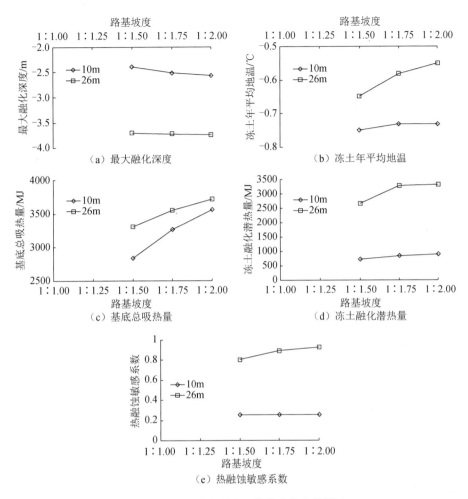

图 4-24　路基坡度效应对热收支状态的影响

4.6　冻土路基的分幅效应

在多年冻土区高速公路建设中，为减少公路工程对多年冻土的扰动和破坏，降低融沉风险，分离式路基是有效的建设形式。为对比整幅路基和分幅路基的尺度效应对路基热收支状态的影响，设计了一个典型地温和路基高度下的对比工况，分幅路基宽度为13m，根据以往计算得到的路基对坡脚外冻土地温的影响范围，为研究两幅之间的相互热影响，取两幅间距为1m，路基高度为2m，年平均地温为-1.5℃。对于分幅路基，考虑到施工的影响，两幅路基之间的天然地表部分边界条件同于边坡。

1. 地温分布

图 4-25 为整幅路基和分幅路基修建完成后第 20 年 10 月 15 日的地温分布。与图 4-25（a）中的整幅路基相比，图 4-25（b）中分幅路基中心线下的人为上限和-0.5℃

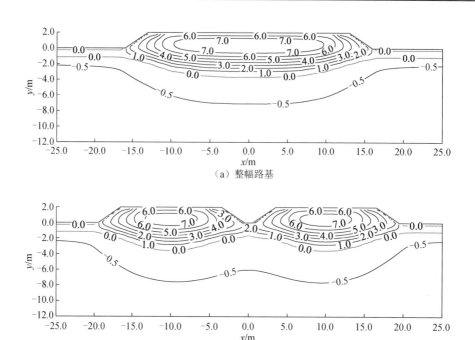

（a）整幅路基

（b）分幅路基

图 4-25 整幅路基和分幅路基修建完成后第 20 年 10 月 15 日的地温分布（单位：℃）

等温线位置变化不大，但是两幅之间区域的人为上限较之天然上限有所下降，并形成了两幅之间贯通的融化盘。两方面的原因导致了这一结果，一是两幅之间地表部分边界温度比原来天然地表的边界温度高；二是两幅之间横向和纵向的相互热影响。

2. 最大融化深度和年平均地温

计算得到的整幅路基和分幅路基修建完成 20 年后中心线下地温曲线如图 4-26 所示。从图 4-26 可见，路基建设形式由整幅变为分幅后，浅层地温略有降低，上限以下的深层地温几乎没有发生变化，最大融化深度由原来的-3.71m 抬升为-3.61m。由此可见，整幅和分幅的建设形式在最大融化深度和冻土年平均地温方面没有表现出明显的尺度效应。然而这种建设形式的变化却引起了融化盘面积的明显变化。根据计算，整幅路基和分幅路基融化盘面积分别为 58.2m² 和 92.9m²，分幅比整幅增加了 59.6%。

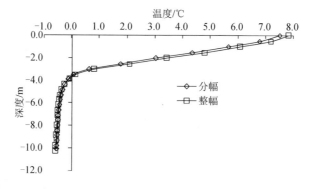

图 4-26 整幅路基和分幅路基修建完成 20 年后中心线下地温曲线

3. 基底总吸热量

整幅路基和分幅路基基底热流密度随时间的变化曲线如图 4-27 所示，对于分幅路基，基底热流密度和吸热量为两幅路基基底数值之和。将图 4-27 所示曲线对时间和基底宽度积分后得到整幅路基和分幅路基的基底吸热量分别为 3551MJ 和 3592MJ，后者比前者大 1.2%，而整幅路基和分幅路基的基底宽度分别为 32m 和 38m，后者比前者增大了 18.8%。由此可以看出，尽管整幅变为分幅后，基底吸热面积增大，但是整幅路基的聚热效应也得到了削弱，致使基底热流密度减小，因此总的结果是基底总吸热量减小。

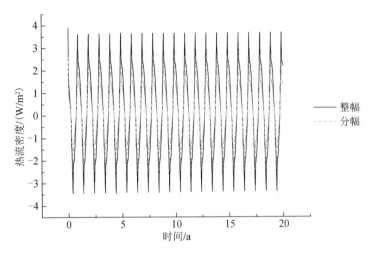

图 4-27　整幅路基和分幅路基基底热流密度随时间的变化曲线

4. 冻土融化潜热量

整幅路基和分幅路基修建完成 20 年后的融化盘形态如图 4-28 所示，图中纵坐标原点表示原天然地表处，即路基基底，纵坐标表示整幅路基中心线和分幅路基对称线。从图 4-28 可以看出，分幅路基融化盘较整幅路基浅，但是由于两幅直接形成了连贯的融化区域，其融化盘形态由原来的 V 形变为 W 形，融化范围增加。根据计算，整幅路基和分幅路基融化盘面积分别为 $58.2m^2$ 和 $92.9m^2$，分幅比整幅增加了 59.6%。进一步计算得到相应的整幅路基和分幅路基的冻土融化潜热量分别为 3283MJ 和 5601MJ，分幅比整幅增加了 70.6%。由此可见，尽管分幅建设形式削弱了整幅路基的聚热效应，路基下冻土融化深度有所抬升，但是由于基底面积的增加和幅间部分的连贯融化，融化盘面积和冻土融化潜热量都明显增大。

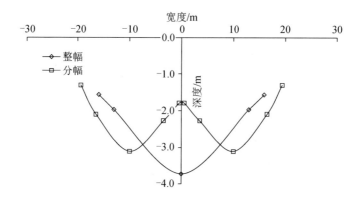

图 4-28　整幅路基和分幅路基修建完成 20 年后的融化盘形态

第5章 冻土路基的时间效应

冻土路基的时间效应，是指因冻土路基不同时间阶段吸热来源、吸热强度和荷载等外在条件随时间变化，造成的下伏冻土物理场状态变化及其最终导致的路基稳定性变化。由其定义可知，冻土路基的时间效应实质上描述的是时间变化与路基稳定性变化之间的因果关联，其系统输入为外界条件，系统输出为路基稳定性，视角为时间维度，而系统过程则包含了冻土对外界条件的响应及其自身变化对路基的反馈。

多年冻土区路基病害时间效应的研究对指导该地区路基建设及施工具有重要的指导意义。了解路基病害发展时间效果，有利于分期建设方案的制定，多年冻土地区路基建设可采用先修路基，待沉降发展结束后再进行路面施工，或者先进行路基和简易路面修筑，待施工期热量平衡后再重新进行路面修筑的方法。

5.1 冻土路基时间效应的研究方法

5.1.1 典型研究区段

为揭示冻土路基病害发展的时间效应，选取青藏公路多年冻土段为研究对象（西大滩至安多）。在青藏公路 G109 西大滩至安多段选取典型路段，并提取 1956～2015 年病害调查资料 4200 组、地温监测数据 2.1 万组、地质勘探资料 210 处，进行分析研究，研究区域内典型地区基本信息如表 5-1 所示。

表 5-1 青藏公路沿线部分多年冻土地温观测点资料

序号	青藏公路路段桩号	地区	年平均地温/℃	退化速率*/(cm/a)	含冰量	海拔/m	纬度/(°)	经度/(°)
1	K2887+500	西大滩	-0.64	0.11	少冰、多冰	4530	35.72N	94.08E
2	K2896+800	昆仑山	-2.35	—	富冰、饱冰	4700	35.65N	94.06E
3	K2933+500	斜水河	-1.66	0.13	—	4590	35.52N	93.76E
4	K2947+700	清水河	-0.49	—	—	4490	35.46N	93.63E
5	K3017+300	风火山	-1.99	—	—	4700	35.14N	93.04E
6	K3075+700	可可西里	-3.21	0.07	少冰、多冰	4790	34.69N	92.89E
7	K3109+230	乌丽	-4.50	0.05	—	4580	34.48N	92.73E
8	K3136+540	沱沱河	—	—	饱冰、含土冰层	4570	33.88N	92.23E
9	K3187+540	开心岭	-0.87	—	饱冰、含土冰层	4610	33.95N	92.36E

续表

序号	青藏公路路段桩号	地区	年平均地温/℃	退化速率*/ (cm/a)	含冰量	海拔/m	纬度/ (°)	经度/ (°)
10	K3312+000	唐古拉山	-1.11	0.19	富冰、饱冰	4950	33.10N	91.89E
11	K3363+810	扎加藏布	-1.06	0.16	饱冰、含土冰层	5000	32.71N	91.88E
12	K3393+950	头二九	-0.07	0.21	—	4990	32.49N	91.82E

*指平均每年多年冻土上限下降的高度。

由表 5-1 可知，青藏公路沿线多年冻土区平均海拔在 4500m 以上，年平均地温分布在-4.50～0℃，在铺筑沥青路面情况下，退化速率为 0.05～0.21cm/a，对外界吸热作用反应灵敏；路基含冰量以富冰、饱冰、含土冰层为主，冻结时土体强度较高，融化后强度急剧衰减，极易引发道路病害。

5.1.2 研究路段分级

搜集青藏公路沿线病害观测数据，将病害类型主要分为沉陷、纵裂、横裂、波浪 4 类，并根据病害对行车舒适性的影响，将其分为轻、中、重 3 个等级，其中轻度病害不影响行车舒适性及道路结构安全，可通过正常养护恢复使用性能；中度病害开始影响行车舒适性，继续发展将影响道路通行能力及行车安全；重度病害已经影响车辆通行，并对行车安全产生较大隐患，如表 5-2 所示。

表 5-2　青藏公路多年冻土区病害分级

病害类型	分级	外观描述	分级指标
沉陷	轻	深度浅，行车无明显不适感	深度<10cm
	中	深度较深，行车明显颠簸不适	深度 10～25cm
	重	深度深，严重影响行车通过	深度>25cm
纵裂	轻	缝壁无散落或轻微散落，无或少支缝	缝宽<2.5cm
	中	裂块明显，缝较宽，无或轻微散落或轻度变形	缝宽 2.5～25cm
	重	缝壁散落多，支缝多	缝宽>25cm
横裂	轻	缝壁无散落或轻微散落，无或少支缝	缝宽<2.5cm
	中	裂块明显，缝较宽，无或轻微散落或轻度变形	缝宽 2.5～25cm
	重	缝壁散落多，支缝多	缝宽>25cm
波浪	轻	波峰波谷高差小	高差≤15cm
	重	波峰波谷高差大	高差>15cm

依据调查样本病害率，将样本区域冻土段分为稳定区、基本稳定区、不稳定区、极不稳定区 4 类，其中，路基沉降稳定的为稳定区；路基基本稳定，以路面病害率为主，且病害率低于 20%的路段，为基本稳定区；路基沉陷段落 20%～30%，且由路基引发的次生病害严重的路段，为不稳定区；病害率超过 30%，且病害仍持续发展，道路已不满足二级公路通行指标，行车安全受到严重威胁的路段，为极不稳定区。以青藏公路北麓河段为例，病害率及其类别如表 5-3 所示。

表 5-3　北麓河 K3081～K3101 段病害率及其类别

病害类型	分级	长度/km	病害率/%	总病害率/%	病害类别
沉陷	轻	0.85	4.25		
	中	0.70	3.5		
	重	1.20	6.0		
纵裂	轻	0.15	0.75		
	中	0.05	0.25		
	重	0.10	0.5	26.75	不稳定区
横裂	轻	0.50	2.5		
	中	0.15	0.75		
	重	0.05	0.25		
波浪	轻	0.25	1.25		
	中	0.10	0.5		
	重	1.25	6.25		

由表 5-3 可知，北麓河 K3081～K3101 段轻度病害比例 8.75%，中度病害比例 5%，重度病害比例 13%，说明该区域道路以重度病害为主，且总病害率为 26.75%。综合分析病害调查资料，并依据各类病害所占比例，确定其病害分级为不稳定区。

5.1.3　病害段落相关影响因素分析

青藏公路自 1954 年通车以来，由于其所处环境恶劣、多年冻土不断退化，后期维护工作一直未曾中断，其维护工作可分为两部分，一部分为保障道路通畅，以及防止病害进一步发展而进行的日常性养护；另一部分为病害发展至一定程度时，对青藏公路进行集中整治、改建。在考虑路基病害维修历史影响时，仅考虑 4 次整治工程影响，对于日常性路面养护、边坡维护等工作不进行统计；其中 4 次整治工程分别为 20 世纪 60 年代为确保通车而进行的第一次整治，70～80 年代以黑色化为主要目的的第二次改建，90 年代为提高路基、保护冻土而进行的第三次整治，2002～2004 年为保障青藏铁路建设物资运输而进行的第四次整治。

病害相关影响因素中选取年平均地温、冻土退化速率、含冰量等进行分析，其中年平均地温决定多年冻土是否融化及其对外界气温变化的敏感程度，退化速率变化是路基稳定性及其相关路面次生病害发生的重要诱因，路基下伏冻土含冰量大小往往决定着上限退化后道路病害的严重程度。

为考虑年平均地温与道路病害关系，选取 79km 典型段落，其中，年平均地温低于 -3.0℃路段 20km，年平均地温为 -3.0～-1.5℃路段 20km，年平均地温为 -1.5～-0.5℃路段 20km，年平均地温为 -0.5～0℃路段 19km。选取路段、起止桩号、病害维修历史如表 5-4 所示。

表 5-4　不同地温分区典型病害路段资料

分区类别	年平均地温/℃	路段	起止桩号	病害维修历史			
				一期	二期	三期	四期
稳定区	<-3.0	可可西里	K3020～K3040	路基	路基	路面	路面
基本稳定区	-3.0～-1.5	昆仑山	K2911～K2931	路基	路基	路面	—
不稳定区	-1.5～-0.5	北麓河	K3081～K3101	路基	路基	路面	路基
极不稳定区	-0.5～0	沱沱河	K3140～K3159	路基	路基	路基	路基

为分析冻土上限变化对病害的影响过程,选取 55km 典型段落进行系统分析,其中退化速率小于 10cm/a 及退化速率为 10～15cm/a 地区,路基、路面病害表现较为一致,因此合并选取 20km 路段进行研究,退化速率 15～20cm/a 地区选取 15km 路段进行分析,退化速率大于 20cm/a 地区选取 20km 路段进行分析。选取路段、起止桩号、病害维修历史如表 5-5 所示。

表 5-5　不同退化速率下病害路段资料

分区类别	退化速率/(cm/a)	路段	起止桩号	病害维修历史			
				一期	二期	三期	四期
稳定区	<10	可可西里	K3070～K3080	路基	路面	—	路面
基本稳定区	10～15		K3059～K3069	路基	路面	—	路基
不稳定区	15～20	扎加藏布	K3323～K3338	路基	路基	路基	—
极不稳定区	>20	楚玛尔河	K2962～K2982	路基	路基	路基	路面

为了研究含冰量与路基病害的时间尺度关系,在选取不同地温、退化速率典型路段时,统计了各类含冰量路段所占比例,以冻土类型为依据,对含冰量段落进行统计,结果如表 5-6 所示。

表 5-6　不同含冰量路段所占比例

含冰量	年平均地温/℃				退化速率/(cm/a)			
	<-3.0	-3.0～-1.5	-1.5～-0.5	>-0.5	<10	10～15	15～20	>20
0～10%	35%	30%	0%	10%	0%	0%	0%	
10%～20%	46%	50%	0%	10%	30%	0%	0%	
20%～40%	19%	20%	65%	25%	16%	15%	18%	
40%～60%	0%	0%	35%	35%	45%	30%	14%	
>60%	0%	0%	0%	20%	9%	55%	68%	

对稳定区、基本稳定区、不稳定区、极不稳定区分区中,年平均地温、退化速率、含冰量等数据进行汇总分析,如表 5-7 所示。

表 5-7　各分区路段数据汇总分析

分区类别	年平均地温/℃	退化速率/（cm/a）	含冰量/%			病害时间效应周期/a				
			0~20	20~60	>60	<10	10~15	15~20	20~30	>30
稳定区	<-3.0	<10	49%	42%	9%	0%	20%	0%	0%	80%
基本稳定区	-3.0~-1.5	10~15	34%	50%	16%	15%	0%	10%	40%	35%
不稳定区	-1.5~-0.5	15~20	25%	32%	43%	35%	65%	0%	0%	0%
极不稳定区	-0.5~0	>20	16%	38%	46%	80%	20%	0%	0%	0%

　　根据统计结果，将道路从建设完成到下次维修之间的时间定义为病害时间效应周期，将病害时间效应周期统一划分为小于 10 年、10~15 年、15~20 年、20~30 年、大于 30 年 5 类，统计各时间段落内，调查路段病害发生率。

5.2　填土路基的时间效应

　　青藏公路研究路段病害分级见 5.1.2 节。

　　在考虑路基病害时间效应周期时，仅考虑大型整治工程影响，对于日常性路面养护、边坡维护等工作不进行统计，不同稳定性分区下多年冻土路基病害时间效应周期如表 5-8 所示。

表 5-8　不同稳定性分区下多年冻土路基病害时间效应周期

分区类别	年平均地温/℃	退化速率/（cm/a）	病害时间效应周期/a
稳定区	<-3.0	<10	>20
基本稳定区	-3.0~-1.5	10~15	10~20
不稳定区	-1.5~-0.5	15~20	5~10
极不稳定区	-0.5~0	>20	2~3

　　由表 5-8 可知，对于年平均地温低于-3.0℃、少冰、低退化速率的稳定区，样本统计显示 80%路段一次修筑后仅靠养护及正常罩面即可达到 20 年以上使用寿命，二次工程问题不显著；对于年平均地温为-3~-1.5℃、富冰饱冰、退化速率为 10~15cm/a 的基本稳定区，使用 10~20 年则需要进行二次工程；对于年平均地温为-1.5~-0.5℃的不稳定区，使用 5~10 年则需要进行二次工程；对于年平均地温-0.5~0℃、含土冰层、高退化段落路基，如未采取特殊措施，2~3 年内即产生严重路基病害，其二次工程基本等同于二次建设。

　　图 5-1 为冻土含冰量和道路稳定性分级的关系曲线。由图 5-1 可知，随着稳定性分区由稳定向极不稳定发展，少冰、多冰冻土段落所占比例逐渐减小，含土冰层段落比例开始提升；对于稳定区，含土冰层路段比例仅占 9%，而在极不稳定区这一比例上升至46%，与之相对应，道路平均寿命从大于 35 年降低至不足 11 年，高含冰量路段比例越高，道路病害时间效应周期越短，尤其在高温、高退化速率冻土区，含土冰层路基大多在路面铺筑 2~3 年内病害显著，5~10 年内便因病害严重而急需整治或改建。

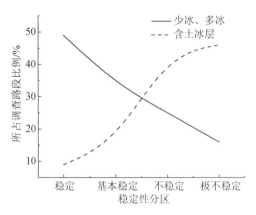

图 5-1　冻土含冰量和道路稳定性分级的关系曲线

5.3　特殊结构路基的时间效应

为防治冻土路基病害,提高路基稳定性,2003 年青藏公路整治改建工程中在部分病害路段设置了特殊结构措施,主要包括热棒、片块石、XPS 板、通风管等(图 5-2～图 5-5),也有部分地质条件恶劣段落采用两种措施复合进行处置。该类特殊结构于 2003 年建设完成,为分析特殊结构对冻土路基病害的影响过程,收集了这些路段 2003～2016 年的地温、变形监测数据 30 组,分析如表 5-9 所示。

图 5-2　热棒路基

图 5-3　片块石路基

图 5-4　XPS 板路基

图 5-5　通风管路基

表 5-9　青藏公路沿线特殊措施路段病害时间效应研究

特殊措施	监测年限	有效率		发生病害路面的比例			
		降温、隔热	预防路基病害	2 年	4 年	6 年	8 年
热棒	13	95%	70%	5%	30%	—	—
片块石	13	55%	80%	5%	10%	13%	20%
XPS 板	13	90%	60%	3%	15%	25%	40%
通风管	13	90%	70%	3%	16%	25%	30%
通风管+片块石	13	75%	80%	3%	8%	12%	20%
遮阳板、空心块护坡	12	—	80%	10%	15%	15%	20%

注：降温、隔热有效率指采用特殊处置措施后降温效果显著路段与样本总路段比值。预防路基病害有效率指采用特殊处置措施后未出现影响道路通行能力的路段与样本总路段的比值。

1. 热棒路基病害发育过程

热棒路基是指利用热棒的单向导热性，对路基快速冷却的一种处置手段，通常有路基双侧热棒及单侧热棒之分，双侧处置是指在路基左右两侧路肩处分别埋设热棒，单侧处置则仅在阳坡路肩处埋设热棒。在所调查的 10 处热棒路基样本中，仅有 1 处地温监测数据显示热棒未能起到良好的降温效果，该种措施在青藏公路沿线降温、阻热有效率为 95%。对于热棒正常工作路段，有 70% 段落病害得到有效缓解，尤其在高路基工况下，热棒效果更为明显，使用时间达到 13 年；30% 的路段在 4 年内表现出严重的纵裂、沉陷等病害，严重影响道路通行能力。采用热棒处置后最大问题是部分路段纵裂严重，这些纵裂往往贯通这个处置路段，并且发生位置均距离热棒 2～3m，如图 5-6 和图 5-7 所示。

图 5-6　热棒处置后纵裂位置测量　　　　　图 5-7　热棒处置与未处置路段

热棒虽然能有效降低路基温度，保护冻土上限，但这种对路基上限的保护具有高度的突变性，热棒周围的土体能迅速降温，尤其在冷季初期，能迅速在路基内形成凸形上限（图 5-8），且在冷暖交替季节，热棒附近上限不断波动，路基土体在冻融交替作用下，强度不断损失，更易发生如纵裂、局部沉陷等病害，且这些病害发生位置多在热棒周边的循环冻融区内，即距离热棒 2～3m 处。

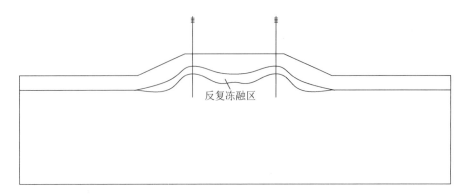

图 5-8　热棒路基病害机理分析

2. 片块石路基病害发育过程

片块石路基是指采用粒径 15～30cm 片块石作为填料处置路基，通过自然通风及内部对流调控路基温度。在所调查的片块石路基样本中，仅有 55%片块石路基起到了明显的降温效能。与热棒相比，片块石在降温效能上存在不足；但在与对比断面的分析中发现，80%片块石路基起到了有效的缓解病害作用，第 4 年 10%的片块石路基出现横裂、沉陷等病害，第 8 年 10%的片块石路基出现严重路面病害，影响道路通行，如图 5-9 和图 5-10 所示。

图 5-9　片块石路基第 4 年出现横裂　　　　图 5-10　积水工况下片块石路基效果

一方面，片块石路基通过块石层的通风及自然对流冷却路基，降低融化上限；另一方面，片块石路基通过本身强度增加路基刚性，并且在冲击碾压工艺下，基底部分碎石会被嵌入土层中（图 5-11），从而形成密度更高的土石混填，进一步增强路基稳定性。此外，对于积水不多路段，由于片块石路基孔隙性好，有利于阻断地表水向路基内扩散，进而达到稳定路基的作用。因此，虽然部分片块石路基降温效果不理想，但仍能达到较好的病害预防效果。

3. XPS 板路基病害发育过程

XPS 板路基是指通过在路基内埋设低导热系数材料，减缓路基热量向冻土层传递，进而达到保护冻土目的的处置措施。XPS 板一般埋设在路面基层以下或路基填料中，埋设层位与路基高度、材料强度等因素有关。在所调查的 XPS 板路基样本中，90% XPS 板

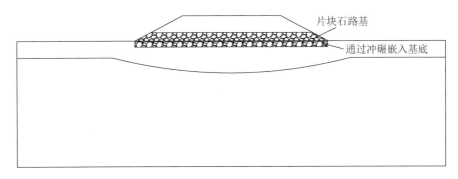

图 5-11　片块石路基病害机理分析

路基起到阻止路面吸收热量向冻土路基传递的作用，但仅 60%路段起到了预防病害发生的作用。XPS 板路基修筑初期，道路病害发生率较小（仅 3%～15%），病害形式主要以横裂、网裂、局部坑槽等为主；从第 4 年开始，病害发生率迅速提高；第 8 年达到 40%左右，其中多以 5～10cm 沉陷、局部坑槽为主。XPS 板作为一种被动阻热措施，可延缓冻土融化造成道路病害的时间，但不能从根本上消除病害，如图 5-12 和图 5-13 所示。

图 5-12　XPS 板路基局部坑槽

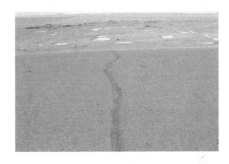

图 5-13　XPS 板路基横裂

　　XPS 板路基主要通过自身高热阻性，阻止路面热量向下传递，保护冻土上限，增强路基稳定性。埋入路基的 XPS 板，应满足一定模量要求，一方面可保证与土地协同变形；另一方面，可抵抗来自路面的行车荷载，保证自身长期不变形。当 XPS 板模量不足时，自身产生一定变形（图 5-14），这种变形向上传递，反映到路面多表现为开裂、局部轻度沉陷等病害。此外，边坡松散、路基沁水等不利工况的出现会加剧路基病害。

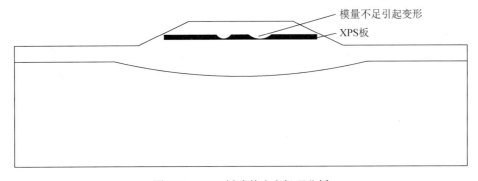

图 5-14　XPS 板路基病害机理分析

4. 通风管路基病害发育过程

通风管路基分普通通风管与透壁式通风管两种。透壁式通风管是指在通风管上增加透气小孔，一方面可增强路基土层的水分蒸发，增强路基降温的效果，另一方面有利于土层保持干燥而使路基稳定。在所调查的通风管路基样本中，90%通风管路基可以通过通风效应，引入外界冷量降低路基温度，尤其是部分采用了温控开关的试验路段，通风管风门可在暖季关闭，冷季打开，大大提高了降温效能；70%通风管路基可有效预防道路病害。通风管处置路段的病害，大多为轻度、中度病害，极少数为重度病害，路基以局部沉陷为主，路面以横裂、车辙、坑槽为主。另外，当通风管与片块石联合使用时，可将病害处置有效率提高至80%。同时应注意，受路面沉陷及风沙堆积影响，部分通风管已开始出现堵塞，与片块石相比，通风管具有更大的孔径，因此，即使部分堵塞，通风管仍有一定通风效果，但就长期而言，沉陷及风沙堆积对通风管工作效率的影响仍需进一步调查，如图 5-15 和图 5-16 所示。

图 5-15　通风管路基总体情况　　　　　图 5-16　通风管路基被风沙堆积堵塞

通风管路基主要通过预设混凝土通风管道与外界进行对流换热来调节路基温度。为了增强通风管路基对流效果，部分研究者通过通风管内开孔、与片块石联合使用等补充措施增强其温度调控能力。与热棒等温度调控不同，在通风管调控下，多年冻土上限具有更好的平顺性，在通风管进出风口位置，上限存在一定波动（图 5-17），但这种波动远小于热棒路基，因此单从上限平顺性角度分析，通风管路基具有较强优势。

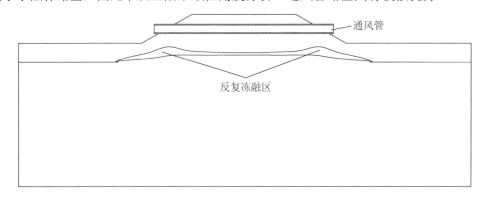

图 5-17　通风管路基病害机理分析

5.4　冻土路基的"二次建设"原则

多年冻土区路基施工特点及路基病害时间效应问题的研究表明，多年冻土区道路工程具有显著的二次工程需求。施工热量导入及预沉降时间不足等因素使完工后的路基需要一定的时间周期进行再平衡。针对这一问题，本节提出两种适用于多年冻土区的路基二次建设模式。

1. 基于冷量储备的分阶段施工模式

以消除施工期导入热量、预先储备充足"冷量"为指导思想。工程建设初期仅进行路基及道路基层施工，待路基经历数次冻融循环自身热量消散后，再进行路面工程施工。该模式可快速消除施工导入热量对路基的影响，能为预防道路运营期病害奠定良好基础，但由于未及时铺设路面，道路通行能力将受到较大影响。

2. 基于能量再平衡的分期建设模式

以保证道路运营、消除施工期热量影响为指导思想。工程建设初期进行路基及道路基层施工后，仅铺设简易路面以保证道路运营需求，待运行一定周期施工导入热量在冻融作用下完全再平衡后，再进行路面施工。该模式兼顾了运营期交通量需求，但建设周期较长。

以多年冻土区路基病害时间效应为基础，给出了多年冻土区特殊路基能量再平衡时间（表 5-10），为特殊路基二次工程施工提供参考。

表 5-10　多年冻土区特殊路基能量再平衡时间

特殊措施	能量再平衡时间/a
热棒	2~3
片块石	3~4
XPS 板	3~5
通风管	3~5
通风管+片块石	3~4

第6章　冻土路基的结构效应

根据环境因素、气候因素和地质影响等的不同，天然条件下的多年冻土表现为吸热状态或放热状态，相对应的冻土状态则表现为退化型或稳定型。修筑路基工程以后，这种吸、放热状态发生改变。就普通路基而言，由于黑色沥青路面的强吸热特点，路基表面吸热量大于天然地表，温度也高于天然地表，下伏冻土的吸热量也就更大，其退化趋势更为明显。

特殊结构路基，如通风管、片块石、热棒等是对冻土吸热状态的重要调控措施。这些措施通过强化或削弱路基与外界的热交换强度来调控地温，改变冻土吸、放热状态。在一些条件下，特殊结构能够减少冻土的吸热量；而在另外一些条件下，特殊结构甚至能够将其吸热状态调控为放热状态。

公路冻土路基的空间效应研究结果表明，在大尺度冻土路基条件下，由于黑色路面的强吸热效应、厚层路面的储热效应和宽幅路基的聚热效应，下伏冻土的吸热量较二级公路路基更大。基于同样的原因，特殊结构在宽幅条件下的工作效能也可能发生改变。基于此，本章首先阐述大尺度冻土路基聚热效应和聚冷效应这两个基本概念，在此基础上以通风管路基、片块石路基和热棒路基为代表建立起结构效应的分析方法。

6.1　大尺度冻土路基的聚热效应和聚冷效应

6.1.1　大尺度冻土路基的聚热效应

由于黑色沥青路面的强吸热作用和大尺度路基的聚热作用，多年冻土区宽幅路基的吸热量远大于窄幅路基与铁路路基，由此导致多年冻土地基退化进程加快，表现出明显的聚热效应。

图6-1为青藏公路头二九地区（高温冻土区）K3375监测断面监测数据。该监测断面路基高度为1.5m，年平均地温为-0.8℃，冻土类型属富冰-含土冰层。监测数据表明，在工程活动的影响下，路基地温曲线表现为明显的吸热型，公路路基的聚热效应非常显著。

铁路路基和公路路基热收支尺度效应指标对比如表6-1所示。由表6-1可见，公路路基基底总吸热量为铁路路基的10倍以上，而冻土融化潜热量更是铁路路基的20倍以上。公路路基的吸热量更大，下伏冻土融化后病害严重性更大，融沉病害风险也更高。原因在于，公路路基顶面为高吸热性的黑色沥青路面，是对保护冻土地基不利的"吸热毯"结构，而铁路路基顶面为道砟，是有利于散热的边界；而且公路路基宽度大于铁路路基，造成吸热面的增大，尺度差异引发的聚热效应更加明显。

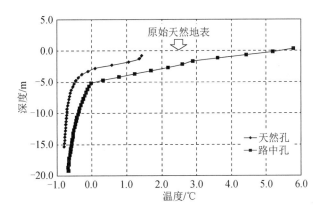

图 6-1　青藏公路头二九地区（高温冻土区）K3375 监测断面监测数据

表 6-1　铁路路基和公路路基热收支尺度效应指标对比

项目	最大融化深度/m	冻土年平均地温/℃	基底总吸热量/MJ	冻土融化潜热量/MJ	热融蚀敏感系数
铁路	-1.72	-0.72	229.81	46.42	0.22
公路	-2.70	-0.68	3212.34	972.04	0.30

　　与普通二级公路相比，高速公路宽幅路基引发的聚热效应将更加明显。在高温冻土区，和普通二级公路相比，宽幅路基的基底吸热量将增大 20%以上，路基下冻土融化潜热量增大 2.2 倍以上，路基地面的年平均热流量增加 1.6 倍以上，路基面临的热融病害严重性将增大 3 倍以上。

　　计算后得到的初始年平均地温为-1.5℃，路基高度由 1m 开始不断增加时基底总吸热量的变化曲线如图 6-2 所示。由图 6-2 可以看出，当路基高度由 1m 开始增大时，尽管路基热阻增大，但是基底宽度也随之增大，因此基底总吸热量表现出缓慢线性增大；当路基高度增大到 17m 左右时，路基厚度接近路面边界温度的影响深度，吸热量开始减小；路基高度为 20m 时，基底总吸热量最小；其后随着路基高度的进一步增大，路基厚度大于路面边界温度的影响深度，基底总吸热量因边坡面的增大和基底宽度的增大而增大。由此可见，一般填土路基表现出明显的聚热效应，原生冻土地基无扰动的极限填方高度超过 20m。

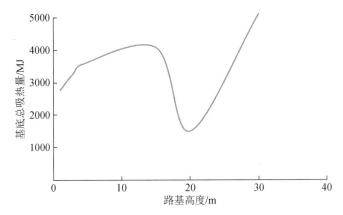

图 6-2　普通路基基底吸热量随路基高度的变化曲线

6.1.2　大尺度冻土路基的聚冷效应

实测资料表明，青藏工程走廊沿线年平均地温为-5～0℃，在寒季，最低温度可达-40℃以下，蕴含有丰富的冷能资源。针对冻土路基，若能将外界环境的冷能高效导入路基内部，则可有效提高路基工程的稳定性。

传统的冻土路基设计方法，只注重冻土人为上限的调控，以抬升路基下冻土上限为主要设计目标，以控制冻土地基不融化或以一定速率融化为主要原则，外界冷能并未有效导入，而往往是以抬升冻土地基温度为代价得到的。青藏公路实测资料表明，虽然在风火山等低温冻土地区公路路基下人为上限有所抬升，但是路基下冻土地温有不同程度上升，在青藏铁路中也有同样的现象出现。在路基下部形成的高温冻土区性质极不稳定，将是诱发工程病害的危险部位。

在应用以主动冷却为目标的部分特殊调控路基之后，外界冷能高效导入，冻土路基下部地温曲线将向放热型曲线发展，在抬升冻土上限的基础上，冻土地温也不断下降，路基下部热量传递过程如图 6-3 所示。因此在工程条件（路基结构降温效能）不变的条件下，随路基宽度增加，路基中心部位的放热热流将在保持最大量值的基础上得到进一步的扩展，使得路基整体的放热强度得到进一步的增强，路基内部聚集的冷能随之成倍增加，进而使宽幅路基下冻土地基降温范围及幅度相比窄幅路基更大，这种效应称为聚冷效应。由于该种效应的出现，在整体路基和原有工程措施作用效能不变的条件下，路基整体的降温强度、作用深度和范围均得到有效加强。聚冷效应的出现和效能的发挥，使整体式路基下的地温场较分离式路基下的地温场的降温效果更为突出。

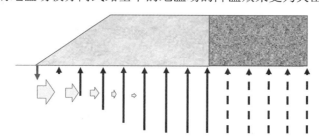

图 6-3　路基底部周围冻土热量传递过程示意图

聚热效应与聚冷效应是冻土路基在工程活动影响下表现出的两种不同的能量状态，反映了冻土地基在工程活动下的能量响应过程。当冻土地基能量状态处于吸热型时，路基尺度的增加将会加剧聚热效应；而当冻土地基能量状态处于放热型时，路基尺度的增加将会进一步加剧聚冷效应。为保证路基稳定性，采用降温效能突出的工程措施，可将路基的热收支状态由吸热型转变为放热型，那么冻土地基的能量状态也就可由聚热转变为聚冷，这对高速公路修筑原则的确定有重要意义。在工程措施可以有效发挥路基降温效能的前提下，高速公路宜首选整体式路基修筑方案，且只有通过该种修筑方式，才能最大限度地发挥工程措施的降温效能，由此达到事半功倍的结果。

6.2　通风管路基结构效应的分析方法

6.2.1　数值模型

1. 控制方程

管内流体的流动状态由雷诺数 Re 来确定，具体表示为

$$Re = \frac{V_m d}{\nu} \tag{6-1}$$

式中，V_m 为管内截面平均流速；d 为管内直径；ν 为流体运动黏度。当 $Re \leqslant 2300$ 时，流动保持层流状态；当 $2300 < Re < 10^4$ 时，流动处于由层流向湍流过渡的区域；当 $Re \geqslant 10^4$ 时，流动发展成为充分的湍流。根据具体计算模型相应的 Re 来判断流动状态。对于大部分情况而言，通风管内空气的流动为充分的湍流。引入脉动动能 κ 方程及其耗散率 ε 方程（κ-ε 方程湍流模型）。

连续性方程：

$$\frac{\partial v_x}{\partial x} + \frac{\partial v_y}{\partial y} + \frac{\partial v_z}{\partial z} = 0 \tag{6-2}$$

动量方程：

$$\begin{aligned}
&\rho \frac{\partial v_x}{\partial t} + \rho \left[\frac{\partial (v_x v_x)}{\partial x} + \frac{\partial (v_y v_x)}{\partial y} + \frac{\partial (v_z v_x)}{\partial z} \right] \\
&= -\frac{\partial p}{\partial x} + \frac{\partial}{\partial x}\left[(\mu + \mu_t)\frac{\partial v_x}{\partial x} \right] + \frac{\partial}{\partial y}\left[(\mu + \mu_t)\frac{\partial v_x}{\partial y} \right] + \frac{\partial}{\partial z}\left[(\mu + \mu_t)\frac{\partial v_x}{\partial z} \right] \\
&\quad + \frac{\partial}{\partial x}\left[(\mu + \mu_t)\frac{\partial v_x}{\partial x} \right] + \frac{\partial}{\partial y}\left[(\mu + \mu_t)\frac{\partial v_y}{\partial x} \right] + \frac{\partial}{\partial z}\left[(\mu + \mu_t)\frac{\partial v_z}{\partial x} \right]
\end{aligned} \tag{6-3}$$

$$\begin{aligned}
&\rho \frac{\partial v_y}{\partial t} + \rho \left[\frac{\partial (v_x v_y)}{\partial x} + \frac{\partial (v_y v_y)}{\partial y} + \frac{\partial (v_z v_y)}{\partial z} \right] \\
&= -\frac{\partial p}{\partial y} + \frac{\partial}{\partial x}\left[(\mu + \mu_t)\frac{\partial v_y}{\partial x} \right] + \frac{\partial}{\partial y}\left[(\mu + \mu_t)\frac{\partial v_y}{\partial y} \right] + \frac{\partial}{\partial z}\left[(\mu + \mu_t)\frac{\partial v_y}{\partial z} \right] \\
&\quad + \frac{\partial}{\partial x}\left[(\mu + \mu_t)\frac{\partial v_x}{\partial y} \right] + \frac{\partial}{\partial y}\left[(\mu + \mu_t)\frac{\partial v_y}{\partial y} \right] + \frac{\partial}{\partial z}\left[(\mu + \mu_t)\frac{\partial v_z}{\partial y} \right]
\end{aligned} \tag{6-4}$$

$$\begin{aligned}
&\rho \frac{\partial v_z}{\partial t} + \rho \left[\frac{\partial (v_x v_z)}{\partial x} + \frac{\partial (v_y v_z)}{\partial y} + \frac{\partial (v_z v_z)}{\partial z} \right] \\
&= -\frac{\partial p}{\partial z} + \frac{\partial}{\partial x}\left[(\mu + \mu_t)\frac{\partial v_z}{\partial x} \right] + \frac{\partial}{\partial y}\left[(\mu + \mu_t)\frac{\partial v_z}{\partial y} \right] + \frac{\partial}{\partial z}\left[(\mu + \mu_t)\frac{\partial v_z}{\partial z} \right] \\
&\quad + \frac{\partial}{\partial x}\left[(\mu + \mu_t)\frac{\partial v_x}{\partial z} \right] + \frac{\partial}{\partial y}\left[(\mu + \mu_t)\frac{\partial v_y}{\partial z} \right] + \frac{\partial}{\partial z}\left[(\mu + \mu_t)\frac{\partial v_z}{\partial z} \right]
\end{aligned} \tag{6-5}$$

κ方程：

$$\rho \frac{\partial \kappa}{\partial t} + \rho \left[\frac{\partial (v_x \kappa)}{\partial x} + \frac{\partial (v_y \kappa)}{\partial y} + \frac{\partial (v_z \kappa)}{\partial z} \right]$$

$$= \frac{\partial}{\partial x} \left[\left(\mu + \frac{\mu_t}{\sigma_\kappa} \right) \frac{\partial \kappa}{\partial x} \right] + \frac{\partial}{\partial y} \left[\left(\mu + \frac{\mu_t}{\sigma_\kappa} \right) \frac{\partial \kappa}{\partial y} \right] + \frac{\partial}{\partial z} \left[\left(\mu + \frac{\mu_t}{\sigma_\kappa} \right) \frac{\partial \kappa}{\partial z} \right]$$

$$+ \mu_t \left\{ \begin{array}{l} 2 \left[\left(\frac{\partial v_x}{\partial x} \right)^2 + \left(\frac{\partial v_y}{\partial y} \right)^2 + \left(\frac{\partial v_z}{\partial z} \right)^2 \right] \\ + \left(\frac{\partial v_x}{\partial y} + \frac{\partial v_y}{\partial x} \right)^2 + \left(\frac{\partial v_x}{\partial z} + \frac{\partial v_z}{\partial x} \right)^2 + \left(\frac{\partial v_y}{\partial z} + \frac{\partial v_z}{\partial y} \right)^2 \end{array} \right\} - \rho \varepsilon \qquad (6\text{-}6)$$

ε方程：

$$\rho \frac{\partial \varepsilon}{\partial t} + \rho \left[\frac{\partial (v_x \varepsilon)}{\partial x} + \frac{\partial (v_y \varepsilon)}{\partial y} + \frac{\partial (v_z \varepsilon)}{\partial z} \right]$$

$$= \frac{\partial}{\partial x} \left[\left(\mu + \frac{\mu_t}{\sigma_\varepsilon} \right) \frac{\partial \varepsilon}{\partial x} \right] + \frac{\partial}{\partial y} \left[\left(\mu + \frac{\mu_t}{\sigma_\varepsilon} \right) \frac{\partial \varepsilon}{\partial y} \right] + \frac{\partial}{\partial z} \left[\left(\mu + \frac{\mu_t}{\sigma_\varepsilon} \right) \frac{\partial \varepsilon}{\partial z} \right]$$

$$+ \frac{c_1 \varepsilon}{\kappa} \mu_t \left\{ \begin{array}{l} 2 \left[\left(\frac{\partial v_x}{\partial x} \right)^2 + \left(\frac{\partial v_y}{\partial y} \right)^2 + \left(\frac{\partial v_z}{\partial z} \right)^2 \right] \\ + \left(\frac{\partial v_x}{\partial y} + \frac{\partial v_y}{\partial x} \right)^2 + \left(\frac{\partial v_x}{\partial z} + \frac{\partial v_z}{\partial x} \right)^2 + \left(\frac{\partial v_y}{\partial z} + \frac{\partial v_z}{\partial y} \right)^2 \end{array} \right\} - c_2 \rho \frac{\varepsilon^2}{\kappa} \qquad (6\text{-}7)$$

湍流黏性系数方程：

$$\mu_t = c_\mu \rho \kappa^2 / \varepsilon \qquad (6\text{-}8)$$

能量方程：

$$\rho \frac{\partial T}{\partial t} + \rho \left[\frac{\partial (v_x T)}{\partial x} + \frac{\partial (v_y T)}{\partial y} + \frac{\partial (v_z T)}{\partial z} \right]$$

$$= \frac{\partial}{\partial x} \left[\left(\frac{\lambda_a}{c_p} + \frac{\mu_t}{\sigma_T} \right) \frac{\partial T}{\partial x} \right] + \frac{\partial}{\partial y} \left[\left(\frac{\lambda_a}{c_p} + \frac{\mu_t}{\sigma_T} \right) \frac{\partial T}{\partial y} \right] + \frac{\partial}{\partial z} \left[\left(\frac{\lambda_a}{c_p} + \frac{\mu_t}{\sigma_T} \right) \frac{\partial T}{\partial z} \right] \qquad (6\text{-}9)$$

式中，v_x、v_y、v_z 分别为空气在 x、y、z 方向上的质点速度分量；p 为空气压强；μ 为空气的动力黏度，仅与空气的物理性质有关；μ_t 为空气的湍流黏性系数，取决于流动状态，为空间坐标的函数；ρ 为空气密度；κ 为脉动动能；ε 为脉动动能的耗散率；T 为温度；t 为时间；σ_κ、σ_ε、σ_T、c_1、c_2、c_μ 为常数，它们的取值为 $\sigma_\kappa = 1.0$，$\sigma_\varepsilon = 1.3$，$\sigma_T = 0.9 \sim 1.0$，$c_1 = 1.44$，$c_2 = 1.92$，$c_\mu = 0.09$；λ_a、c_p 分别为空气的导热系数和定压比热容。

边界条件如下。

流体入流边界：

$$v_x\big|_{A_1}=v_{x_0}, \qquad v_y\big|_{A_1}=v_{y_0}, \qquad v_z\big|_{A_1}=v_{z_0}, \qquad T\big|_{A_1}=T_{f_0} \tag{6-10}$$

$$\kappa\big|_{A_1}=\kappa_0=0.01\times\left(v_{x_0}^2+v_{y_0}^2+v_{z_0}^2\right)/2, \qquad \varepsilon\big|_{A_1}=\varepsilon_0=c_\mu^{3/4}\kappa_0^{3/2}/l \tag{6-11}$$

式中，l 为湍流长度标尺，按混合长度理论计算；A_1 代表流体入流边界；T_{f_0} 为流体入流温度。

流体出流边界：

$$\frac{\partial v_x}{\partial \boldsymbol{n}}\bigg|_{A_2}=0, \quad \frac{\partial v_y}{\partial \boldsymbol{n}}\bigg|_{A_2}=0, \quad \frac{\partial v_z}{\partial \boldsymbol{n}}\bigg|_{A_2}=0, \quad \frac{\partial T}{\partial \boldsymbol{n}}\bigg|_{A_2}=0, \quad \frac{\partial \kappa}{\partial \boldsymbol{n}}\bigg|_{A_2}=0, \quad \frac{\partial \varepsilon}{\partial \boldsymbol{n}}\bigg|_{A_2}=0 \tag{6-12}$$

式中，$\boldsymbol{n}$ 为该边界法向矢量；A_2 代表流体出流边界。

固壁边界：

$$v_x\big|_{A_3}=0, \qquad v_y\big|_{A_3}=0, \qquad v_z\big|_{A_3}=0, \qquad \kappa\big|_{A_3}=0, \qquad \varepsilon\big|_{A_3}=0 \tag{6-13}$$

$$T\big|_{A_3}=T_{s0}, \qquad \text{或} -\lambda\frac{\partial T}{\partial \boldsymbol{n}}\bigg|_{A_3}=q, \qquad \text{或} -\lambda\frac{\partial T}{\partial \boldsymbol{n}}\bigg|_{A_3}=\alpha\left(T-T_a\right) \tag{6-14}$$

式中，A_3 代表固壁边界；T_{s0} 为该边界上的边界温度；q 为该边界上的热流密度；α 为对流换热系数；T_a 为气温。

在流固耦合截面上：

$$T_{A_3^+}=T_{A_3^-} \tag{6-15}$$

式中，A_3^+、A_3^- 代表耦合的流体、固体边界。

初始条件：

$$v_x\big|_{t=0}=v_x^0, \qquad v_y\big|_{t=0}=v_y^0, \qquad v_z\big|_{t=0}=v_z^0 \tag{6-16}$$

$$T\big|_{t=0}=T^0, \qquad \kappa\big|_{t=0}=\kappa^0, \qquad \varepsilon\big|_{t=0}=\varepsilon^0, \qquad p\big|_{t=0}=p^0 \tag{6-17}$$

式中，v_x^0、v_y^0、v_z^0 代表初始时刻 x、y、z 方向的流速；T^0、κ^0、ε^0、p^0 为初始时刻的温度、脉动动能、脉动动能耗散率、空气压强。

2. 几何模型

通风管路基计算几何模型示意图如图 6-4 所示。路基高度 H 和宽度 W 视具体工况而定，根据设计经验，通风管管心距离地面 0.8m。边坡坡度均为 1：1.5，计算区域按地层岩性分为两层，自上而下分别为粉质黏土（3.0m 厚）和泥岩（27.0m 厚）。模型左右两侧取坡脚外 30.0m 范围内土体，深度取 30.0m。

3. 材料参数

在海拔 4000 多 m 处，空气的定压比热容为 $c_p=1004\text{J}/(\text{kg}\cdot\text{K})$，导热系数为 $\lambda=2.0\times10^{-2}\text{W}/(\text{m}\cdot\text{K})$，动力黏滞系数为 $\mu=1.75\times10^{-5}\text{kg}/(\text{m}\cdot\text{s})$，密度为 $\rho=0.64\text{kg}/\text{m}^3$。计算模型各层固体介质的热参数如表 4-1 所示。

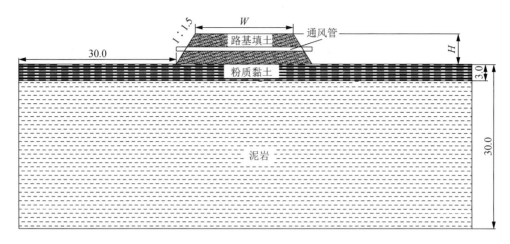

图 6-4 通风管路基计算几何模型示意图（单位：m）

4. 边界条件

（1）风速边界

青藏高原风速数据较少，因此选择代表性的北麓河试验段气象资料。在天然地表以上 10.85m 高度处，与路基垂直方向风的速度分量变化可近似表示为

$$v_{10} = 4.05 + 1.95 \sin\left(\frac{2\pi}{8760} t_{\mathrm{h}} + \frac{3}{2}\pi + \alpha_0\right) \tag{6-18}$$

式中，t_{h} 为以小时为单位的时间；α_0 为时间相位。

根据综合幂次律理论，模型入口风速可表示为

$$v = v_{10}\left(\frac{y}{y_{10}}\right)^{0.12} \tag{6-19}$$

式中，v 为任意高度垂直路基走向的风速；v_{10} 为 10.85m 高度处垂直路基走向的风速；y 和 y_{10} 分别为 v 与 v_{10} 对应的高度。

（2）温度边界

目前在冻土路基温度场计算中，对于上边界条件多采用附面层理论简化处理，此方法需要对路基下垫面进行长期观测，而目前缺乏此类专项观测数据。对黑色沥青路面的上边界条件多采用早期对青藏公路低等级道路条件下的观测数据，未考虑高速公路宽尺度、厚重交通路面结构（80cm 以上）的特点。本节基于开放系统，构建了地-气耦合换热数值模型，建立了多因素作用下冻土路基温度边界条件拟合关系式（详见第 2 章相关内容）。

边界条件见 4.1.1 节。

5. 初始条件

路堤填土区域的初始温度取施工时间浅地表土层温度。不考虑升温的天然地表温度，即去掉天然地表温度边界表达式［式（4-1）］的最后一项，作为泥岩和粉质黏土区

的上边界条件进行反复多年计算，直到年变化层以下的温度场基本保持稳定且相同节点温度在同一时刻逐年相同为止，将此时获得的温度场作为该计算区域的初始条件。计算得到的初始年平均地温为-1.5℃时的初始地温曲线，如图6-5所示。

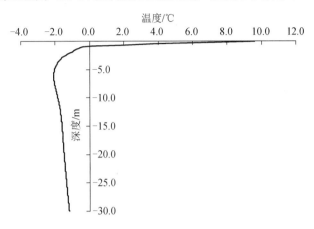

图 6-5　初始年平均地温为-1.5℃时的初始地温曲线

6. 模型验证

选取 G214 共和至玉树（结古）高速公路 K417+900 断面的通风管路基作为对象来验证上述数值模型。通风管内径为 40cm，净间距为 80cm，初始年平均地温为-0.6℃。该断面路基施工完成于 2012 年 10 月，随后设置了监测断面，并采集连续的监测数据。以该断面 2012 年 10 月的地温为初始温度，利用上述通风管路基数值计算模型对该断面施工完成 2 年后的地温进行了模拟计算。2014 年 10 月 15 日通风管断面路中孔和路肩孔地温曲线的实测值和计算值如图 6-6 所示，图中纵坐标原点为路基基底。从图 6-6 可以发现，无论是路中孔还是路肩孔，最大融化深度的计算值和实测值都十分接近，而冻土年平均地温的计算值和实测值较为接近，地温曲线的计算值整体上与实测值吻合良好，说明建立的通风管路基数值模型能够较好地模拟其温度场。

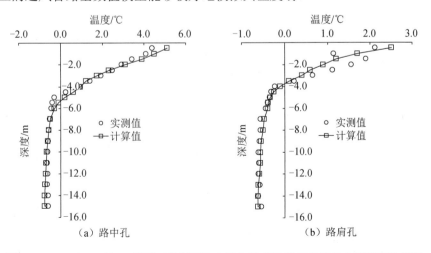

图 6-6　2014 年 10 月 15 日通风管断面路中孔和路肩孔地温曲线的实测值和计算值

6.2.2 通风管路基结构效应的数值分析

1. 数值计算工况设计

对于通风管路基而言，其主要结构参数包括路基高度、通风管管径（内径）及通风管净间距等。另外，通风管结构主要应用于高温冻土区。综合这两方面的考虑，为考察不同路基高度、通风管管径、通风管净间距和初始年平均地温下通风管路基的结构效应，本节设计的通风管路基数值计算工况表如表 6-2 所示，工况总数为 14 个。

表 6-2 通风管路基数值计算工况表

路基高度/m	通风管管径/cm	通风管净间距/cm	初始年平均地温/℃
2	40	80	-1.5
		40	-1.5
		40	-1.0
	40	80	-1.5
		80	-1.0
		120	-1.5
		120	-1.0
3		60	-1.5
		60	-1.0
	60	120	-1.5
		120	-1.0
		180	-1.5
		180	-1.0
4	40	80	-1.5

2. 最大融化深度和冻土年平均地温

路基高度为 2m，路基宽度为 26m，路基坡度为 1∶1.5，通风管管径为 40cm，净间距为 80cm，初始冻土年平均地温为-1.5℃的条件下，路基修建完成后第 20 年 10 月 15 日普通路基和通风管路基中心线（管间断面）下地温曲线对比如图 6-7 所示。图 6-7 中，纵坐标原点表示路基基底。从图 6-7 中可以看出，在通风管路基的降温作用下，路基下地温显著降低，任一深度处的地温均低于普通路基，在路基基底处，二者温差达到7.19℃。在指标的表现上，最大融化深度由-3.71m 处抬升到-0.53m 处，抬升了 3.18m；冻土年平均地温由-0.65℃降低到了-1.29℃，降低了 0.64℃。综合来看，在宽幅条件下，通风管表现出了高效的降温能力，在大幅抬升人为上限的同时也降低了冻土年平均地温，有利于保护冻土地基，削弱融沉病害，维护路基稳定性。

为考察不同设计参数下通风管路基的降温效能，表 6-3 和表 6-4 中分别列出了最大融化深度和冻土年平均地温的对比。表 6-3 中的数据对比表明，在所计算的管径和净间距条件下，通风管路基能够有效抬升最大融化深度，最大融化深度均抬升了 2m 以上。由表 6-4 中的数据对比可以看出，通风管路基有效降低了冻土年平均地温，不同通风管

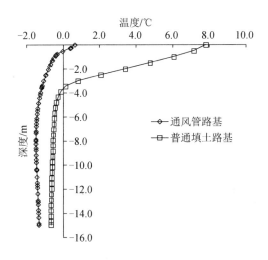

图 6-7 普通路基和通风管路基中心线下地温曲线对比

表 6-3 普通路基和通风管路基的最大融化深度对比

路基高度/m	通风管管径/cm	通风管净间距/cm	最大融化深度/m	
			普通路基	通风管路基
2	40	80	-3.71	-0.53
3	40	40	-2.57	-0.42
		80		-0.36
		120		-0.35
	60	60		-0.40
		120		-0.38
		180		-0.35
4	40	80	-2.26	-0.24

表 6-4 普通路基和通风管路基的冻土年平均地温对比

路基高度/m	通风管管径/cm	通风管净间距/cm	冻土年平均地温/℃	
			普通路基	通风管路基
2	40	80	-0.67	-1.29
3	40	40	-0.75	-1.67
		80		-1.53
		120		-1.40
	60	60	-0.75	-1.77
		120		-1.59
		180		-1.42
4	40	80	-0.76	-1.76

管径和净间距下,冻土年平均地温下降了 0.6℃以上。由此可见,在所计算的 40~60cm 的管径和 1~3 倍的管径净间距条件下,通风管表现出了优良的对地温的调控作用。

3. 基底总吸热量

路基高度为 2m，路基宽度为 26m，路基坡度为 1：1.5，通风管管径为 40cm，净间距为 80cm，初始冻土年平均地温为-1.5℃的条件下，普通路基和通风管路基基底热流密度随时间的变化曲线如图 6-8 所示。图 6-8 显示，在外界气温的周期性作用下，基底热流密度呈周期性变化，在 0 附近周期性振荡。在通风管的作用下，其振幅大幅增加，这意味着，通风管的作用导致冷季的放热和暖季的吸热同时增大。将这两条曲线分别对时间积分，可以得到通风管路基和普通路基 20 年内的基底总吸热量分别为 1302MJ 和 3551MJ，通风管使路基的吸热量减少了 63%。由此可见，通风管在调控路基的吸热量方面发挥了积极的作用。

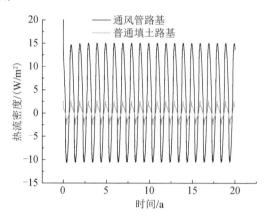

图 6-8　普通路基和通风管路基基底热流密度随时间的变化曲线

普通路基和不同工况下通风管路基的基底总吸热量对比如表 6-5 所示。对比表 6-5 中的数据可以发现，在不同的管径和净间距条件下，通风管均显著减少了宽幅路基的基底总吸热量。在计算的工况范围内，基底总吸热量至少减少了 58%。

表 6-5　普通路基和通风管路基的基底总吸热量对比

路基高度/m	通风管管径/cm	通风管净间距/cm	基底总吸热量/MJ	
			普通路基	通风管路基
2	40	80	3551	1302
3	40	40	3914	1525
		80		1548
		120		1637
	60	60		1661
		120		1538
		180		1586
4	40	80	4416	1371

基于上述分析，可以得出这样的结论：通风管路基能够有效地抬升最大融化深度，

降低冻土年平均地温，显著减少基底总吸热量，对路基下冻土的能量平衡状态表现出了高效的调控能力。

6.3　片块石路基结构效应的分析方法

6.3.1　数值模型

1. 控制方程

连续性方程：

$$\frac{\partial v_x}{\partial x} + \frac{\partial v_y}{\partial y} + \frac{\partial v_z}{\partial z} = 0 \tag{6-20}$$

动量方程（下述为非达西流模型，对于达西流，令 $B=0$ 即可）：

$$\frac{\partial p}{\partial x} = -\frac{\mu}{k} v_x - \rho B |v| v_x \tag{6-21}$$

$$\frac{\partial p}{\partial y} = -\frac{\mu}{k} v_y - \rho B |v| v_y - \rho_a g \tag{6-22}$$

$$\frac{\partial p}{\partial z} = -\frac{\mu}{k} v_z - \rho B |v| v_z \tag{6-23}$$

$$k = \frac{d_p^2 \varphi^3}{180(1-\varphi)^2} \tag{6-24}$$

$$B = \frac{\alpha(1-\varphi)}{d_p \varphi^3} \tag{6-25}$$

能量方程：

$$c_e^* \frac{\partial T}{\partial t} = \frac{\partial}{\partial x}\left(\lambda_e^* \frac{\partial T}{\partial x}\right) + \frac{\partial}{\partial y}\left(\lambda_e^* \frac{\partial T}{\partial y}\right) + \frac{\partial}{\partial z}\left(\lambda_e^* \frac{\partial T}{\partial z}\right)$$
$$- c_a \rho \left(\frac{\partial(v_x T)}{\partial x} + \frac{\partial(v_y T)}{\partial y} + \frac{\partial(v_z T)}{\partial z}\right) \tag{6-26}$$

采用 Boussinesq 近似来简化分析，即对空气密度仅考虑动量方程中与体积有关的项，其余各项中的密度作为常数。可表示为

$$\rho_a = \rho_0 \left[1 - \beta(T - T_0)\right] \tag{6-27}$$

式中，$v = \left(v_x^2 + v_y^2\right)^{1/2}$；$B$ 为非达西流的 Beta 因子（惯性阻力系数）；c_e^*、λ_e^* 分别为介质等效体积比热容 $[J/(m^3 \cdot K)]$ 和等效导热系数 $[W/(m \cdot K)]$；k 为多孔介质的渗透率（m^2）；μ 为空气的动力黏度 $[kg/(m \cdot s)]$；ρ_a、ρ 为空气密度的不同取值（kg/m^3）；p 为空气压力（Pa）；y 方向为重力方向；β 为空气的热膨胀系数（K^{-1}）；ρ_0、T_0 为空气密度（kg/m^3）和温度（℃）的参考值；d_p 为介质的有效平均粒径；φ 为介质的孔隙率；

α为与介质形状特征有关的参数,当石块平均粒径小于 15cm 时取 1.75,当石块平均粒径大于 15cm 时取 1.32。

边界条件:

封闭条件下各边界不可渗透,均可看作固体壁面边界,有

$$v_x\big|_A = 0, \qquad v_y\big|_A = 0, \qquad v_z\big|_A = 0, \qquad T\big|_A = T_{s0} \ \text{或} -\lambda\frac{\partial T}{\partial \boldsymbol{n}}\bigg|_A = q$$

或

$$-\lambda\frac{\partial T}{\partial \boldsymbol{n}}\bigg|_{A_3} = \alpha(T - T_a) \tag{6-28}$$

初始值:

$$v_x\big|_{t=0} = v_x^0, \qquad v_y\big|_{t=0} = v_y^0, \qquad v_z\big|_{t=0} = v_z^0, \qquad T\big|_{t=0} = T^0, \qquad p\big|_{t=0} = p^0 \tag{6-29}$$

2. 几何模型

片块石路基计算几何模型示意图如图 6-9 所示。路基高度 H、片块石厚度 H_c 和宽度 W 视具体工况而定。边坡坡度均为 1:1.5,计算区域按地层岩性分为两层,自上而下分别为粉质黏土(3.0m 厚)和泥岩(27.0m 厚)。模型左右两侧取坡脚外 30.0m 范围内土体,深度取 30.0m。

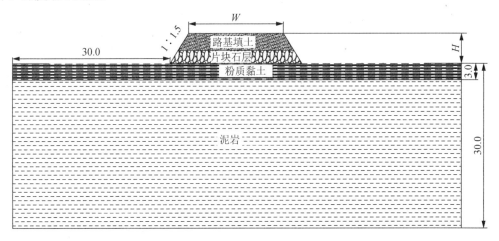

图 6-9 片块石路基计算几何模型示意图(单位:m)

3. 材料参数

片块石平均粒径为 20cm,渗透率为 $3.48\times10^{-6}\,\text{m}^2$。计算模型各层介质的其他热参数如表 4-1 所示,渗透率如表 6-6 所示。

表 6-6 计算模型中的介质渗透率

项目	路基填土	粉质黏土	泥岩
渗透率/m²	3.0×10^{-10}	3.0×10^{-11}	3.0×10^{-11}

4. 边界条件

温度边界按表 4-3～表 4-5 取值。

5. 初始条件

初始条件计算方法见 6.2.1 节。

6. 模型验证

选取 G214 共和至玉树（结古）高速公路 K418+460 断面的片块石路基作为对象来验证上述数值模型。该断面片块石厚度为 1.6m，路基高度为 3.9m，初始年平均地温约为-0.6℃。以该断面 2012 年 10 月的地温为初始温度，利用上述片块石路基数值计算模型对该断面施工完成 2 年后的地温进行了模拟计算。2014 年 10 月 15 日片块石路基路中孔和路肩孔地温曲线的实测值和计算值如图 6-10 所示，图中纵坐标原点为路基基底。图 6-10 中曲线表明，对于路中孔和路肩孔，随着深度增加，地温计算值与实测值的接近程度逐渐增加，二者表现出了一致的规律性，整体吻合程度良好，说明计算模型较好地模拟了片块石路基的地温场，具有较好的精度，具有理论和实际意义。

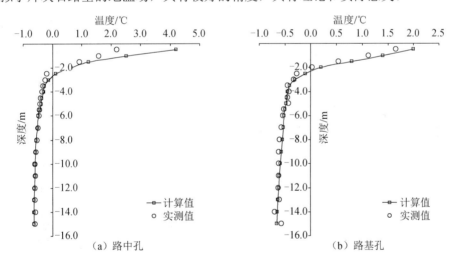

图 6-10　2014 年 10 月 15 日片块石路基路中孔和路肩孔地温曲线的实测值和计算值

6.3.2　片块石路基结构效应的数值分析

1. 数值计算工况设计

对于片块石路基而言，其主要结构参数包括路基高度和片块石厚度等，结合以往设计经验，片块石路基主要应用于高温冻土区。因此，为考察不同路基高度、片块石厚度和年平均地温条件下的片块石路基热收支特征，片块石路基数值计算工况表如表 6-7 所示，工况总数为 9 个。

表 6-7　片块石路基数值计算工况表

工况序号	路基高度/m	片块石厚度/m	年平均地温/℃
1	2	1.2	-0.5
2	2	1.2	-1.0
3	2	1.2	-1.5
4	2	0.9	-0.5
5	2	0.9	-1.0
6	2	0.9	-1.5
7	2.5	1.5	-0.5
8	2.5	1.5	-1.0
9	2.5	1.5	-1.5

根据表 6-7 的计算结果,即可构建片块石路基的热收支数据库。需要指出的是,片块石路基下冻土上限较天然上限均有不同程度的抬升,因此,路基下不存在融化盘,热收支指标中也就不包括冻土融化潜热量和热融蚀系数。

2. 最大融化深度和冻土年平均地温

路基高度为 2m,路基宽度为 26m,路基坡度为 1∶1.5,片块石厚度为 1.2m,初始冻土年平均地温为 -0.5℃的条件下,路基修建完成后第 20 年 10 月 15 日普通路基和片块石路基中心线下地温曲线对比如图 6-11 所示。图 6-11 中,纵坐标原点表示路基基底。从图 6-11 中可以看出,在片块石路基的降温作用下,路基下地温显著降低,任一深度处的地温均低于普通路基,在路基基底处,二者温差最大,达到 8.30℃,并随深度的增加而减小。在指标的表现上,最大融化深度由 -4.76m 处抬升到了 -0.88m 处,抬升了 3.88m;冻土年平均地温由 -0.53℃降低到了 -0.64℃,降低了 0.11℃。综合来看,在宽幅条件下,片块石表现出了高效的降温能力,大幅抬升了人为上限,有利于维护路基稳定性,但对于降低冻土年平均地温的效果一般。

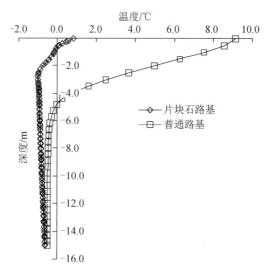

图 6-11　普通路基和片块石路基中心线下地温曲线对比

为考察片块石主要设计参数对其降温效能的影响，普通路基和不同工况下片块石路基的最大融化深度和年平均地温的对比分别列于表 6-8 和表 6-9。对比表 6-8 中的数据可见，片块石路基大幅抬升了冻土路基的最大融化深度，计算工况范围内，最大融化深度抬升了 3.5m 以上；部分工况下，最大融化深度甚至为正值，说明最大融化深度已抬升至路基基底以上。从表 6-9 可以看出，片块石路基不同程度地降低了冻土年平均地温，所计算工况范围内，冻土年平均地温最少降低了 0.11℃，最多降低了 0.94℃，初始地温越低冻土年平均地温降低幅度越大。片块石厚度则对冻土年平均地温的降低幅度没有明显影响。

表 6-8　普通路基和片块石路基的最大融化深度对比

路基高度/m	片块石厚度/m	初始年平均地温/℃	最大融化深度/m	
			普通路基	片块石路基
2	1.2	−0.5	−4.76	−0.88
2	1.2	−1.0	−4.00	0.01
2	1.2	−1.5	−3.71	−0.04
2	0.9	−0.5	−4.76	−0.6
2	0.9	−1.0	−4.00	0.03
2	0.9	−1.5	−3.71	0.04

表 6-9　普通路基和片块石路基的冻土年平均地温对比

路基高度/m	片块石厚度/m	初始年平均地温/℃	年平均地温/℃	
			普通路基	片块石路基
2	1.2	−0.5	−0.53	−0.64
2	1.2	−1.0	−0.64	−0.98
2	1.2	−1.5	−0.67	−1.61
2	0.9	−0.5	−0.53	−0.64
2	0.9	−1.0	−0.64	−0.98
2	0.9	−1.5	−0.67	−1.61

3. 基底总吸热量

路基高度为 2m，路基宽度为 26m，路基坡度为 1∶1.5，片块石厚度为 1.2m，初始冻土年平均地温为-0.5℃的条件下，普通路基和片块石路基基底热流密度随时间的变化曲线如图 6-12 所示。从图 6-12 中热流密度曲线的对比可以看出，片块石路基和普通路基基底的热流密度均随时间周期性变化，但是由于片块石的降温作用，其热流密度曲线振幅减小，表明片块石减小了路基的吸放热强度。将图 3-14 中的曲线分别对时间积分，得到片块石路基和普通路基的基底总吸热量分别为 27.7MJ 和 4585.9MJ，前者不到后者的 1%。由此可见，片块石路基大大削弱了路基的基底吸热量，对于调控地基能量平衡状态发挥了重要的积极作用。

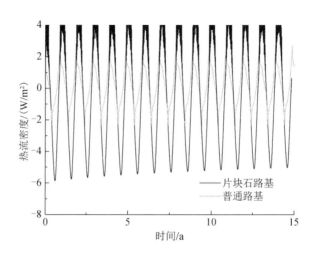

图 6-12　普通路基和片块石路基基底热流密度随时间的变化曲线

　　为考察片块石主要设计参数对其降温效能的影响，普通路基和不同工况下片块石路基的基底总吸热量对比如表 6-10 所示。对比表 6-10 所列普通路基和片块石路基的基底总吸热量数据可以看出，片块石路基极为显著地降低了路基基底总吸热量。在所计算的工况范围内，片块石路基的基底总吸热量与普通路基相比，至少降低为原来的 1/15，在部分工况条件下，基底热量状态甚至由吸热变为放热。另外，片块石厚度越大，初始冻土年平均地温越低，则片块石路基的基底总吸热量越小。

表 6-10　普通路基和不同工况下片块石路基的基底总吸热量对比

路基高度/m	片块石厚度/m	年平均地温/℃	基底总吸热量/MJ	
			普通路基	片块石路基
2	1.2	−0.5	4585.9	27.7
2	1.2	−1.0	3921.0	−41.8
2	1.2	−1.5	3551.2	−221.6
2	0.9	−0.5	4585.9	281.1
2	0.9	−1.0	3921.0	225.2
2	0.9	−1.5	3551.2	43.6

　　通过上述分析可以看出，片块石路基的降温效能表现为大幅抬升最大融化深度至路基基底附近，可显著改善路基的吸热状态和能量平衡状态，但是降低冻土年平均地温不明显。

6.4　热棒路基结构效应的分析方法

6.4.1　数值模型

　　热棒传热过程较为复杂，目前应用较多的数值模型有热阻模型和等效热流模型等，本节中的热棒数值模型采用热阻模型。

1. 热棒传热过程中的热阻

（1）蒸发段固体壁的导热热阻 R_1

$$R_1 = \frac{1}{2\pi\lambda l_e}\ln\left(d_o / d_i\right) \tag{6-30}$$

式中，λ 为管壁材料的导热系数；d_o 和 d_i 分别为热棒外径和内径；l_e 为蒸发段长度。

（2）蒸发段的蒸发换热热阻 R_2

$$R_2 = \frac{1}{A_{ei}\alpha_e} \tag{6-31}$$

式中，A_{ei} 为蒸发段内表面积；α_e 为蒸发换热系数。

（3）蒸发段到冷凝段的蒸汽流动换热热阻 R_3

热棒内部空腔里的蒸汽流动过程是借助于蒸汽分子的质量传输而实现热量传输的。因为管内流动压差很小，所以两段间的温差很小，在大多数情况下，可以认为是等温的。测量表明，正常工作的热棒两端的蒸汽温度几乎没有差别。因此，这一部分热阻可以忽略。

（4）冷凝段的凝结换热热阻 R_4

$$R_4 = \frac{1}{A_{ci}\alpha_c} \tag{6-32}$$

式中，A_{ci} 为冷凝段的内表面积；α_c 为冷凝换热系数。充液量小于管内总容积的 25% 时，有

$$\alpha_c = 0.943\left(\frac{\lambda_1^3 \rho_1^2 gr}{\mu_1 \Delta t_c l_c}\right)^{1/4} \tag{6-33}$$

式中，λ_1 为液体导热系数 [W/(m·K)]；ρ_1 为液体密度（kg/m³）；g 为重力加速度；r 为汽化潜热（kJ/kg）；μ_1 为液体动力黏度（Pa·s）；Δt_c 为冷凝段温差（℃）；l_c 为冷凝段长度（m）。

（5）冷凝段固体壁的导热热阻 R_5

$$R_5 = \frac{1}{2\pi\lambda l_c}\ln\left(d_o / d_i\right) \tag{6-34}$$

式中，λ 为管壁材料的导热系数；d_o 和 d_i 分别为热棒外径和内径；l_c 为冷凝段长度。

（6）冷凝段外壁与空气的换热热阻 R_6

$$R_6 = \frac{1}{A_{co}\alpha_a} \tag{6-35}$$

式中，A_{co} 为冷凝段的外表面积；α_a 为冷凝段与空气的对流换热系数。

（7）蒸发段壳壁至冷凝段壳壁间的轴向导热热阻 R_7

热棒壳壁一般很薄，常用壳壁材料，即使是金属，由计算也不难发现，其热阻与其他环节的热阻相比，数量级要小得多。因此在热棒传热计算时，这部分传热量可以忽略

不计，即认为 $R_7 \to \infty$。

忽略了 R_3 和 R_7 之后，热棒传热的总热阻为

$$R = R_1 + R_2 + R_4 + R_5 + R_6 \qquad (6\text{-}36)$$

热棒传递的热量为

$$Q = \frac{T_1 - T_2}{R} \qquad (6\text{-}37)$$

式中，T_1、T_2 分别为蒸发段外壁温度和气温。

2. 几何模型

热棒路基数值计算几何模型示意图如图 6-13 所示（双侧热棒）。路基高度 H 视具体工况而定。边坡坡度均为 1∶1.5，计算区域按地层岩性分为两层，自上而下分别为粉质黏土（3.0m 厚）和泥岩（27.0m 厚）。模型左右两侧取坡脚外 30.0m 范围内土体，深度取 30.0m。

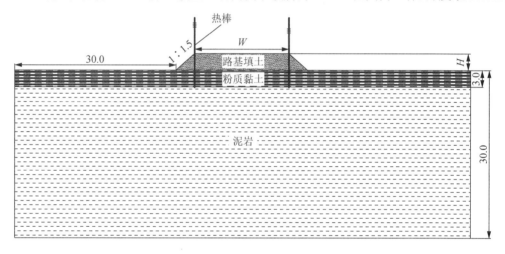

图 6-13　热棒路基数值计算几何模型示意图（单位：m）

3. 材料参数

计算模型各层介质的热参数如表 4-1 所示。

4. 边界条件

热棒的尺寸相对于路基较小，因此在计算中将其简化为随外界不断变化的热流边界条件。热棒蒸发段的热通量为

$$q = h_{\mathrm{eff}} \Delta T = h_{\mathrm{eff}} (T_s - T_a) \qquad (6\text{-}38)$$

式中，ΔT 为蒸发段地温与气温的温差；T_s 为蒸发段地温；T_a 为蒸发段气温；h_{eff} 为热棒的等效换热系数，可由下式计算得到：

$$h_{\mathrm{eff}} = \begin{cases} \dfrac{1}{\pi d_o l_e R} = \dfrac{1}{\pi d_o l_e \cdot \sum R_i}, & \text{工作状态} \\ 0, & \text{停止状态} \end{cases} \qquad (6\text{-}39)$$

判断热棒是否处于工作状态的标准就是蒸发段与冷凝段的温差是否大于热棒的启动温差 T_{start}，即

$$(T_s - T_a) > T_{start}, \quad 工作状态$$
$$(T_s - T_a) \leqslant T_{start}, \quad 停止状态$$

$$(6\text{-}40)$$

温度边界按表 4-3～表 4-5 取值。

5. 初始条件

初始条件计算方法见 6.2.1 节。

6. 模型验证

以青藏公路楚玛尔河地区 K2939+120 处热棒路基监测断面为研究对象来验证上述数值模型。路基高度为 2.0m，路面宽度为 10.0m，路基坡率为 1：1.5。根据试验段钻孔资料，计算区域按土的岩性分为 4 层：砂砾土（路堤填土）、含卵中细砂、含砾亚黏土、泥岩。在计算中，计算宽度为路基坡脚各向外延伸 30.0m，计算深度为天然地面以下 30.0m，沿公路纵向，取计算长度为 5.0m（图 6-14）。

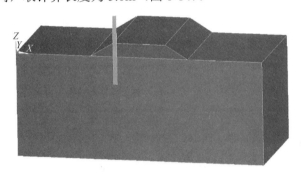

图 6-14　热棒路基验证数值计算模型

该试验路监测设备于 2003 年 12 月安装完毕，在热棒地面以下 5.0m 处安装了测温探头，监测热棒蒸发段的温度变化情况。将数值计算结果与现场实测资料进行对比，以便对计算模型进行检验，如图 6-15 所示。

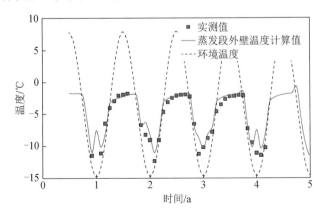

图 6-15　热棒蒸发段外壁温度计算值与实测值对比曲线

图 6-15 为热棒蒸发段外壁温度计算值与实测值对比曲线。从图 6-15 中可以看出，热棒蒸发段温度从每年 10 月初开始迅速降低，而从每年 1 月开始逐渐升高，在每年 4～9 月基本保持不变。实测值与计算值有很好的一致性，这表明建立的热棒路基计算模型是合理的，具有很好的理论和实际意义。

6.4.2　热棒路基结构效应的数值分析

计算工况取路基高度为 2.0m，路面宽度为 10.0m，路基坡度为 1：1.5，热棒长度为 12.0m，其中蒸发段长度为 6.0m，绝热段长度为 2.0m，冷凝段长度为 4.0m，纵向间距为 4.0m，初始年平均地温为-1.0℃。由于热棒为点状结构，在其影响下路基温度场沿路基走向分布不均匀，为了综合分析热棒路基的降温效果，分别选择热棒路基纵、横两个方向的若干断面进行分析。在横断面方向，选择埋设热棒断面、距热棒 1.0m 和 2.0m 处共 3 个断面；在纵断面方向，选择左、右路肩和路中共 3 个断面。

（1）单侧和双侧热棒（直插）

图 6-16 为单侧直插热棒路基修筑后第 20 年 10 月最大融深季节的温度场分布。虽然不断受到外界环境升温作用的影响，但由于热棒的制冷作用，路基下冻土上限下降并不明显。较冻土天然上限，路基下 0℃线最大下降了约 1.0m，最大融深处偏离路基中心约 2.5m。虽然 0℃线长期变化并不明显，但是-0.5℃线明显下移，较天然地基下降了约 3.65m，且同样向右路肩偏移。而在埋设热棒的左路肩侧，下部等温线与天然地基相比变化不大，略有抬升。纵断面温度场分布（图 6-17）反映了同样的现象，在左路肩侧，受热棒的影响，在距热棒将近 4.0m 的范围内依然为稳定的低温冻土区域。

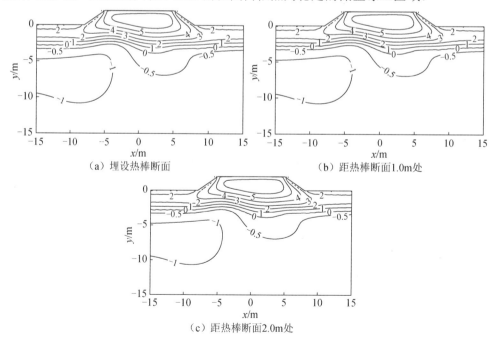

（a）埋设热棒断面　　　　　　　　　（b）距热棒断面1.0m处

（c）距热棒断面2.0m处

图 6-16　第 20 年 10 月单侧直插热棒路基横断面温度场分布（单位：℃）

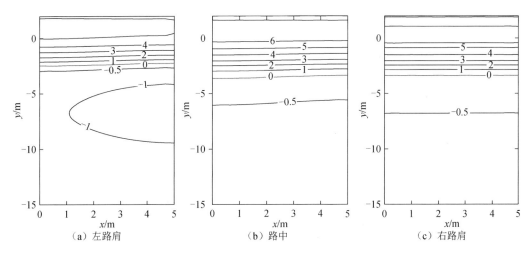

图 6-17　第 20 年 10 月单侧直插热棒路基纵断面温度场分布（单位：℃）

由于双侧热棒路基的计算模型对称，仅取半幅进行分析。

图 6-18 反映了双侧直插热棒的长期降温效果。虽然在外界环境升温作用的影响下，路基下伏多年冻土不断升温，但是路基下人为上限依然保持在较高的水平（较天然上限高约 50cm）。此外，路基下部-1.5℃线虽然已经退化，但是大部分区域地温依然小于-1.0℃，保持了较好的热稳定性。图 6-18 中-1.2℃线主要出现在路肩到坡脚区域，而在路中则有一定程度的退化。

单侧热棒路基下路中多年冻土退化明显，人为上限已下降到-3.53m 处，且地温明显升高，大部分地温大于-1.0℃（图 6-17）。从图 6-19 的纵断面温度分布可以看出，双侧热棒路基运行 20 年后，路中人为上限保持在-2.73m 处，且路基下大部分区域地温小于-1.0℃，有效地抵御了外界环境的升温影响。

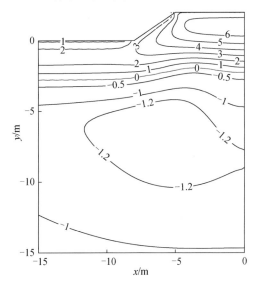 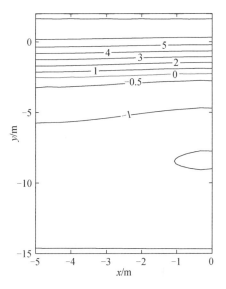

图 6-18　第 20 年 10 月双侧直插热棒路基　　　图 6-19　第 20 年 10 月双侧直插热棒路基
　　　　横断面温度场分布（单位：℃）　　　　　　　纵断面温度场分布（单位：℃）

（2）直插和斜插热棒（单侧）

图 6-20 为斜插式热棒路基修筑后第 20 年 10 月最大融深季节的温度场分布。虽然外界温度不断升高，但是在热棒的作用下，左坡脚下部的冻土人为上限略有抬升（较天然上限抬升了约 20cm），基本保障了左侧边坡的稳定性，与直插式热棒相比，温度场结果变化不大。纵断面温度场分布（图 6-21）表明，虽然斜插式热棒路基路中人为上限与直插式热棒路基（图 6-17）变化不大，但是-0.5℃线明显抬升，显示了较好的制冷效果。

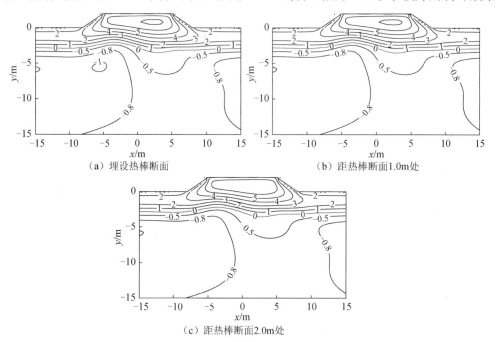

（a）埋设热棒断面　　　　　　　　（b）距热棒断面1.0m处

（c）距热棒断面2.0m处

图 6-20　第 20 年 10 月单侧斜插热棒路基横断面温度场分布（单位：℃）

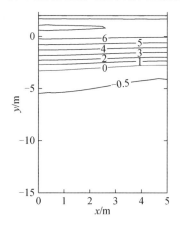

图 6-21　第 20 年 10 月单侧斜插热棒路基纵断面（路中）温度场分布（单位：℃）

（3）冻土上限和传输功率分析

以上分析了单侧直插式、单侧斜插式和双侧直插式热棒路基的温度场变化过程。可以看出，热棒路基对于改善路基温度场、降低路基地基温度、维持冻土上限具有明显效果。为分析这几种结构形式的热棒路基的降温效果，统计得到了热棒路基的冻土人为上限变化，并与天然地基进行了对比，如表 6-11 所示。从表 6-11 可以看出，热棒路基下冻土人为上限较普通路基有明显抬升，但又随路基结构形式的不同而有所变化。单侧热棒路基仅可保证埋设热棒侧的路基热稳定性，对于另一侧路肩下多年冻土的退化保护有限，最大融深一般出现在该侧，且路基温度场也常表现出明显的不对称性。计算结果表明，在路基运行 20 年后，单侧直插式与斜插式热棒路基冻土人为上限较天然上限分别下降了 1.00m 和 0.62m。双侧热棒路基的短期和长期冷却作用都很明显。在路基运行 20 年后，冻土人为上限保持在-2.00m 左右，表现了良好的冷却作用。另外，斜插式热棒由于蒸发段偏向于路中，能更好地保护路中多年冻土，减小黑色沥青路面的聚热效应带来的热侵蚀。计算结果表明，斜插式热棒路基第 20 年的冻土人为上限较直插式热棒路基高约 0.40m。

表 6-11　不同结构形式的热棒路基冻土上限变化　　　　　　　　　　（单位：m）

路基类型	冻土上限		
	第 2 年	第 5 年	第 20 年
单侧直插式	-1.82	-2.47	-3.84
单侧斜插式	-1.76	-2.35	-3.46
双侧直插式	-1.54	-1.68	-2.28
双侧斜插式	-1.44	-1.53	-1.88
普通路基	-1.81	-2.85	-4.94
天然地基	-2.31	-2.44	-2.84

为分析不同形式热棒路基的降温效能，得到热棒热流密度的变化规律，对热流密度进行积分，便可得到热棒的年度传输能量及年平均功率。根据计算结果，统计得到了单侧直插式、单侧斜插式、双侧直插式和双侧斜插式热棒路基的年均传输能量及年平均功率，如表 6-12 所示。

表 6-12　不同结构形式的热棒路基年均传输能量和年平均功率

路基类型	年均传输能量/MJ	年平均功率/W
单侧直插式热棒路基	1736.48	55.82
单侧斜插式热棒路基	1462.41	47.02
双侧直插式热棒路基	1525.11	49.04
双侧斜插式热棒路基	1474.33	47.40

从表 6-12 可知，直插式热棒的年度传输能量略大于斜插式热棒路基，其年平均功率也相应较大。这主要是由于斜插式热棒蒸发段偏向于路基中心，主要传输由路面吸收的热量，而直插式热棒则同时受黑色沥青路面和路基边坡的影响，其年度传输能量略大。

第7章 冻土路基能量平衡设计理论与方法

多年冻土工程建设的基本原则，一般为保护冻土（保持冻结）和控制融化速率两种原则。保护冻土的设计原则就是采取有效的综合工程措施，使路基保持最小临界高度，使路基建成后保持路基下多年冻土不被融化，以确保工程稳定性。控制融化速率的设计原则就是指多年冻土区的路基在使用年限内由下伏多年冻土上限的下降导致的路基产生的融沉变形在设计容许变形范围以内的原则。

传统的保护冻土措施主要是通过设置一定高度的路基填土或设置保温材料阻隔外界热量传入，这在一定条件下可达到保护冻土的目的。然而在高温极不稳定冻土区（年平均地温大于-1.0℃），冷却路基措施保护下的多年冻土也有不同程度的退化。青藏铁路监测资料表明，此类地区的各种路基结构都表现出不同程度的沉降。虽然冷却路基下的冻土上限下降程度较普通路基有所减小，但是路基下仍存在大范围的高温冻土区，冻土的升温趋势十分明显，这将是路基病害发生的潜在危险区域。对于此类地区，采用保护冻土的设计原则有较大难度，可以采用控制融化速率的设计原则。

进一步分析可以发现，保护冻土和控制融化速率的设计原则，本质上都是采用一定的工程措施，减缓或者消除外界传入的热量，保证多年冻土地基的相对稳定，从而确保冻土工程的稳定性。基于此工程问题，本节提出了多年冻土地区公路能量平衡设计理念，以描述因公路工程建设而引发的多年冻土地基能量变化状态为研究基础，以平衡因自然环境变化和人为工程建设等导致的外界"有害"能量导入与工程处置措施对冻土地基中"有害"能量的导出为基本指导思想，从空间和时间两个维度分析多年冻土地区公路工程的能量平衡过程，以此作为多年冻土公路工程的设计依据。

7.1 青藏工程走廊冻土工程风险评价方法

7.1.1 多年冻土热融蚀敏感性预估模型

多年冻土对于外界热扰动作用的响应快慢程度可用季节融化深度与潜在季节融化深度的比值来表示，称为热融蚀敏感性，其定义式如下：

$$S_{TE} = \frac{X}{X_p} \tag{7-1}$$

式中，S_{TE}为热融蚀敏感性；X为季节融化深度；X_p为潜在季节融化深度。

季节融化深度即冻土活动层厚度。潜在季节融化深度则是指冻土在负温条件下，暖季的全部循环热量用于融化冻土层所需要的潜热量，而不考虑用以升高冻土地温所需的显热量，即冻土所能融化的最大可能深度。潜在季节融化深度可采用 Kudryavtsev 公式进行计算。

冻土年平均地温、活动层厚度与热融蚀敏感性参数的相关性如表 7-1 所示。

表 7-1　冻土年平均地温、活动层厚度与热融蚀敏感性参数相关性

项目		冻土年平均地温	活动层厚度	冻土热融蚀敏感性
年平均地温	Pearson 相关性	1	0.733*	0.952*
	显著性	—	0.000	0.000
	样本数 N	26	26	26
活动层厚度	Pearson 相关性	0.733*	1	0.811*
	显著性	0.000	—	0.000
	样本数 N	26	26	26

* 表示在 0.01 水平（双侧）上显著相关。

由表 7-1 可知，冻土热融蚀敏感性与冻土年平均地温和活动层厚度为显著相关，对其进行线性回归，得到冻土热融蚀敏感性多元线性回归模型为

$$S_{\text{TE}} = 0.806 + 0.107t_{\text{p}} + 0.036X \tag{7-2}$$

式中，t_{p} 为冻土年平均地温（℃）。

将多年冻土热融蚀敏感性预测模型预测值与 Kudryavtsev 公式计算值进行对比（图 7-1）发现：二者结果极为吻合，预测模型的 $R^2=0.935$，说明该模型是较为合理可靠的。采用 Kudryavtsev 公式进行热融蚀敏感性计算需要的参数过多，且部分参数难以获取，不适合做大区域的计算，而采用本模型只需要获取多年冻土年平均地温和活动层厚度这两个特征参数即可。

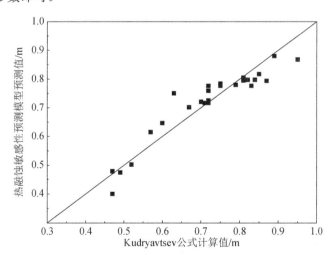

图 7-1　热融蚀敏感性预测模型预测值与 Kudryavtsev 公式计算值的比较

应用本预测模型，利用前期得到的青藏工程走廊多年冻土地温、活动层厚度现状区划图，对每个格栅进行计算，得到多年冻土热融蚀敏感性现状区划如彩图 8 所示，图中

热融蚀敏感性划分标准如表 7-2 所示。

表 7-2　热融蚀敏感性划分标准

类型	不敏感型	弱敏感型	敏感型	极敏感型
S_{TE}	≤0.54	0.54～0.66	0.66～0.80	>0.80

与文献数据相比，由于本节考虑了活动层厚度对热融蚀敏感性的影响，相对而言本预估模型准确性更高。

由彩图 8 可知，不敏感型多年冻土主要分布于昆仑山、风火山、唐古拉山等大型山脉高海拔地区；除多年冻土区南北界以外，极敏感型冻土主要分布于楚玛尔河、沱沱河、通天河等常年性河流河床、漫滩及河流阶地区域。

7.1.2　多年冻土地温、活动层厚度的数值计算方法

1．计算模型

对于包含路基、地基、路侧积水和大气在内的开放系统地-气耦合换热数值模型中的传热过程（计算模型如图 7-2 所示），本节数值计算采用二维非稳态、湍流模型，地面与环境辐射的求解耦合在边界条件中进行设置，流体和固体在界面处发生共轭传热。

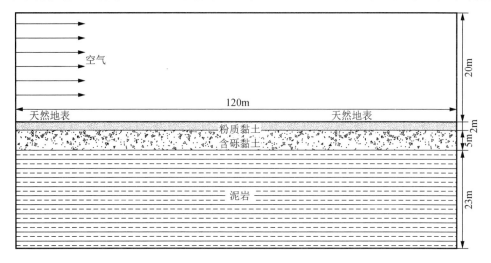

图 7-2　冻土传热计算模型示意图

（1）空气区

详见 2.3.1 节。

（2）冻土区

冻土区包括活动层及下伏多年冻土层，其主要传热方式为热传导，本节采用显热容法考虑相变热对路基传热的影响，控制方程为

$$c^* \frac{\partial T}{\partial t} = \frac{\partial}{\partial x}\left(\lambda^* \frac{\partial T}{\partial x}\right) + \frac{\partial}{\partial y}\left(\lambda^* \frac{\partial T}{\partial y}\right)$$

（7-3）

式中，c^* 和 λ^* 分别为各层固体材料的等效体积比热容和等效导热系数。

依据联合国政府间气候变化专门委员会（Intergovernmental Panel on Climate Change，IPCC）相关报告，将气温年升温速率设为 0.022℃/a，其余物理性质参数和边界条件的设置可参见作者发表的相关文献。

2. 冻土年平均地温与活动层厚度变化规律

采用开放边界条件下的冻土地热耦合模型，对升温条件下的多年冻土地温与冻土活动层厚度进行模拟，得到不同工况条件下多年冻土年平均地温和活动层厚度与气温温升的相关关系如图 7-3 和表 7-3 所示。

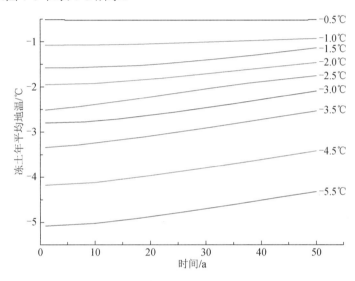

图 7-3　不同地温条件下冻土年平均地温变化

表 7-3　不同地温条件下活动层厚度变化

项目	地温/℃								
	−0.5	−1.0	−1.5	−2.0	−2.5	−3.0	−3.5	−4.5	−5.5
20 年后活动层厚度/m	0.76	0.54	0.44	0.35	0.31	0.24	0.18	0.13	0.09
50 年后活动层厚度/m	1.60	1.35	1.13	0.92	0.81	0.69	0.58	0.48	0.43

冻土年平均地温越高，其地温变化幅度越小，这是因为此时外界热扰动（气温温升）带来的热量主要用于冻土的潜热吸收。从表 7-3 中也可看出，冻土年平均地温越高，其活动层厚度变化幅度越大，也印证了前面的分析。

7.1.3　青藏高速公路工程风险区划

1. 青藏高速公路作用下多年冻土热融蚀敏感性区划

在前述计算模型的基础上，计算模型如图 7-4 所示，铺设 3m 高度的普通路基作为外界人为热扰动。

对铺设宽幅路基后冻土路基温度场进行计算，得到不同工况条件下多年冻土 12 年内人为上限相对天然上限变化量（融化深度）的年际变化规律如图 7-5 所示。由图 7-5 可知，多年冻土层融化深度与其热融蚀敏感性具有强烈相关性，随着热融蚀敏感系数的增大，多年冻土对外界热扰动影响更为敏感，在同样热扰动状况条件下，其多年冻土层融化深度逐渐增大；且随时间推移而增大，在其后期融化速率越来越慢，说明此时外界热扰动已逐渐深入其内部。

计算 20 年后不同热融蚀敏感性条件下的融化深度，得到其与冻土年平均地温、活动层厚度和热融蚀敏感系数的相关关系如图 7-6～图 7-8 所示。

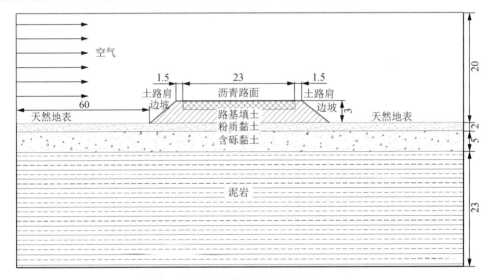

图 7-4 冻土路基模型示意图（单位：m）

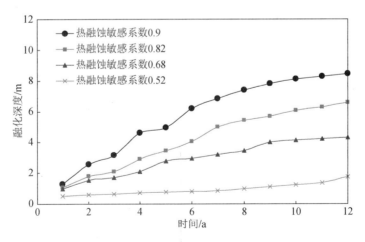

图 7-5 融化深度年际变化

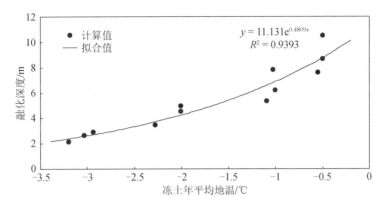

图 7-6　融化深度与冻土年平均地温的相关关系

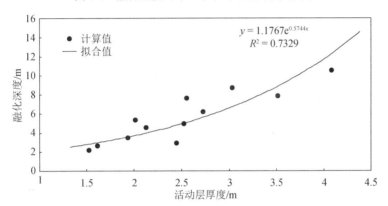

图 7-7　融化深度与活动层厚度的相关关系

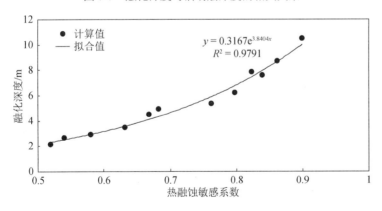

图 7-8　融化深度与热融蚀敏感系数的相关关系

由图 7-6 可知，在低温段计算值与拟合值符合良好，但在高温段计算值较为发散，即认为用冻土年平均地温来预测融化深度在高温段存在较大误差。从融化深度与活动层厚度的拟合曲线（图 7-7）也可看出，其 R^2 仅约为 0.73，相对采用冻土年平均地温来预测融化深度的效果要更差一些。另外也可看出，随着热融蚀敏感系数的增大，其融化深度基本呈现出指数增长规律，对其进行拟合得到变化量与热融蚀敏感性的关系如下式所示，R^2约为0.979（图7-8），说明计算式拟合程度较高。

$$\Delta h = 0.3167e^{3.84S_{TE}} \qquad (7-4)$$

2. 多年冻土热融蚀敏感性分布预测

采用式（7-2），计算未来20年和50年后多年冻土热融蚀敏感性，得到青藏工程走廊多年冻土区热融蚀敏感性分布图，如彩图9所示。

由彩图9可知，随着气候逐步变暖，昆仑山、可可西里、风火山和唐古拉山等地的不敏感型冻土将大幅退化为弱敏感型冻土，而楚玛尔河高平原、北麓河盆地、乌丽、通天河、沱沱河等地的敏感型冻土也将急剧退化为大片极敏感型冻土。各类型冻土在未来50年内比例变化如表7-4所示，可以看出50年后，极敏感型冻土将增长1倍以上，敏感型和极敏感型冻土将占整个走廊内多年冻土区的57%以上；而不敏感型冻土将下降为不足原有的一半，即认为青藏工程走廊内多年冻土将变得更为脆弱，人类工程活动等热干扰将极大破坏现有多年冻土分布。

表 7-4　青藏工程走廊多年冻土热融蚀敏感性分布比例预测

类型	现状	未来 20 年	未来 50 年
不敏感型	22.23%	14.80%	8.01%
弱敏感型	13.76%	14.43%	8.08%
敏感型	21.11%	25.18%	20.81%
极敏感型	16.53%	19.22%	36.73%

3. 宽幅路基作用下多年冻土融化深度分布区划

应用预测模型［式（7-4）］，利用彩图9的青藏工程走廊热融蚀敏感性区划图，对每个格栅进行计算，走廊内修筑宽幅路基20年后的多年冻土融化深度区划如彩图10所示。

由彩图10可知，融化量较小的多年冻土区域主要分布于昆仑山、风火山、唐古拉山等大型山脉高海拔地区，其融化深度不足3m，甚至在1m以内；除多年冻土区南北界以外，融化深度较高的冻土区域主要分布于楚玛尔河、沱沱河、通天河等常年性河流河床、漫滩及河流阶地区域，其融化深度一般在5～10m，宽幅路基的修筑对多年冻土具有强烈的扰动。

对其融化深度进行统计分类，得到各融化深度所占区域比例如表7-5所示，可以看出融化深度主要在1～5m，占整个多年冻土区面积83.46%，小于1m及大于6m的分别占8.18%和3.28%。

表 7-5　青藏工程走廊多年冻土融化深度分布比例

项目	融化深度/m				
	<1	1～3	3～5	5～6	>6
比例/%	8.18	50.35	33.11	5.08	3.28

4. 青藏工程走廊内多年冻土公路工程风险区划

根据 2014～2015 年对青藏工程走廊多年冻土区进行的野外钻孔研究，结合以往研究结果，给出了走廊内多年冻土含冰量类型区划图，如彩图 11 所示。

对青藏工程走廊内不同含冰量类型区域平均融沉系数进行分类取值，如表 7-6 所示。

表 7-6　不同含冰量类型区域平均融沉系数

项目	含冰量类型区域				
	少冰冻土	多冰冻土	富冰冻土	饱冰冻土	含土冰层
平均融沉系数	0.01	0.03	0.065	0.175	0.25

将彩图 10 所得各格栅融化深度与平均融沉系数相乘进行格栅运算，则可得到青藏工程走廊内融沉量分布，如彩图 12 所示。对其不同融沉量区域进行统计，得到不同融沉量所占冻土区域比例统计结果，如表 7-7 所示。

1）青藏工程走廊内冻土公路风险呈现两极分化的基本规律，融沉量不大于 0.2m 区域占比 51.27%，融沉量处于 0.2～0.5m 的区域占比 8.68%，融沉量超过 0.5m 区域达到 40.05%。

2）对比走廊内公路工程风险区划图（彩图 12）和冻土含冰量类型区划图（彩图 11）可知，在以 3m 普通填土路基修筑高速公路条件下，含冰量分布是冻土公路工程风险的决定性因素，基本所有的饱冰冻土区域均为高风险区域，即认为在该类区域不能采取普通填土路基方案。

表 7-7　不同融沉量所占冻土区域比例统计结果

项目	融沉量/m				
	<0.1	0.1～0.2	0.2～0.3	0.3～0.5	>0.5
占冻土区域比例/%	32.01	19.26	5.45	3.23	40.05

3）融沉量在 0.1m 以下的低风险区域主要处于昆仑山、五道梁、风火山、唐古拉山等低温低含冰量区域，说明在融沉风险较低的区域工程风险主要取决于其热融蚀敏感性，即冻土对外界热扰动的敏感性。

5. 青藏工程走廊内多年冻土公路工程风险预测

依据未来 20 年后的热融蚀敏感性区划［彩图 9（a）］和冻土含冰量类型区划（彩图 11），可预测出未来 20 年后走廊内冻土公路工程风险如彩图 13 所示。

由彩图 13 可知，随着气候逐步变暖，走廊内冻土热融蚀敏感性增强，导致其冻土公路工程风险逐渐增强。20 年后不同融沉量所占冻土区域比例如表 7-8 所示。可以看出 20 年后，青藏工程走廊内冻土公路工程风险变化并不明显，这是由于虽然热融蚀敏感性增强，但冻土含冰量类型并未发生变化。

表 7-8 20 年后不同融沉量等级所占冻土区域比例

项目	融沉量/m				
	<0.1	0.1~0.2	0.2~0.3	0.3~0.5	>0.5
占冻土区域比例/%	29.02	21.24	5.15	2.91	41.68

7.2 冻土路基能量平衡设计理论

对于多年冻土天然地基，多年冻土与外界环境之间保持动态的能量平衡状态，冻土上限保持在相对稳定的水平。而开展工程活动之后，人为改变了原来天然地表的传热条件，破坏了原有地基的水、热能量平衡状态，引起多年冻土上限下降、地温升高等退化行为，造成一系列工程病害，影响冻土工程的稳定性（图 7-9）。目前在冻土工程中常用的保护冻土和控制融化速率的设计原则，其本质就是通过一定的工程措施修复或者弱化工程活动造成的冻土地基能量失衡状态，维持多年冻土的相对稳定状态，从而保证工程结构物的稳定性。

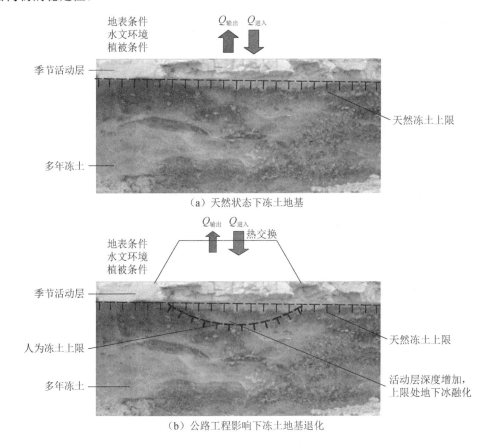

（a）天然状态下冻土地基

（b）公路工程影响下冻土地基退化

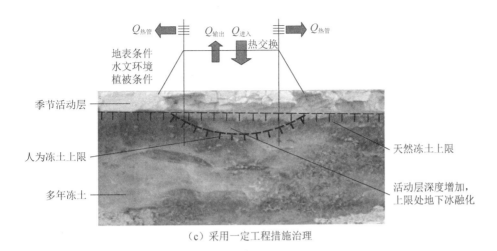

（c）采用一定工程措施治理

图 7-9　多年冻土地基能量变化过程

多年冻土地区公路能量平衡设计理念主要围绕多年冻土地基能量变化过程开展研究，以多年冻土地基-工程活动能量相互作用为纽带，以工程构筑物和冻土地基的稳定性与能量变化过程相互关系为主线，重点研究多年冻土地基的能量收支过程及工程措施的能量调节程度，以达到保证工程构筑物稳定性所需的冻土地基能量平衡状态为设计目标。

该设计理念主要包含 3 个方面的内容。

1. 公路工程的稳定性与能量变化过程的相互关系

多年冻土地区公路工程的稳定性与下伏冻土地基的状态息息相关，工程活动使外界热量过多进入地基，造成冻土地基的退化，诱发一系列病害，继而严重影响公路工程的稳定性。为了更加科学地评估公路工程的稳定性，需要对工程活动的能量变化过程进行深入分析。

多年冻土地基对于公路工程的空间效应反应灵敏。青藏公路病害调查结果表明，路基尺度的变化与路基病害的关系密切，多年冻土区路基病害主要表现为低路基的热融沉陷和高路基的纵向裂缝。相关数值计算表明，黑色沥青路面的吸热、封水作用使通过路基工程表面进入冻土地基的热量远大于天然地表，路基尺度变化引发的基地吸热和放热变化是诱发路基病害的主要原因。以目前青藏公路二级公路（路基宽度为 10.0m）为研究对象进行数值模拟计算。计算结果表明，路基基底吸热和放热比为 3.71，当路面宽度增加 1 倍后，路基基底热流量将增加 60%，而这部分"有害"能量的过多导入，导致下伏多年冻土地基退化过程加快 0.6 倍，引起冻土地基承载力下降，变形过大，严重影响上部结构的稳定性。

除此之外，公路工程的建设还会引发公路基底热流分布的不均匀，使下伏多年冻土退化差异较大。例如，公路路基下形成的融化盘；由路基阴阳坡效应引发的融化盘偏移；桥涵通风作用使小桥涵中部多年冻土上限上升，而涵端上限下移等。这些问题都将会诱发公路不均匀变形、差异沉降、路基边坡滑塌、桥涵两端和洞口产生开裂下沉等病害（图 7-10）。

（a）冻土地基纵向退化差异引发波浪　　　　　（b）涵洞基地退化差异引发冻胀病害

图 7-10　多年冻土地基退化差异引发公路病害

因此，研究公路工程引发的外界能量导入和分布，以及与工程稳定性的相互关系是该设计理念的首要问题。

2. 工程措施对于冻土地基能量状态的调节程度

工程措施对于冻土地基能量状态的调节程度主要是从冻土地基能量收支角度，研究工程措施对于打破平衡后的冻土地基能量状态的调节修复程度。为了保证公路工程的稳定性，必需改善工程活动影响下冻土地基的能量状态，使其维持在相对稳定的状态，延缓或弱化多年冻土的退化过程。在工程中，常采用各种被动或主动冷却措施保障冻土地基的稳定性。

青藏公路整治改建工程中在纵向裂缝较为发育的楚玛尔河平原设计了热棒路基（图 7-11），用以确保路基工程的稳定性。2004～2011 年的监测资料表明，热棒路基年度传输能量为 1400～1900MJ，有效地导出了冻土地基内的"有害"能量，路基下人为上限在运营期内保持在天然上限水平（图 7-12），保证了路基工程的稳定性。片块石路基、通风管路基等多年冻土区广泛应用的特殊结构措施的作用本质都是对冻土地基中"有害"能量的导出。

 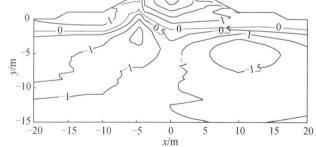

图 7-11　青藏公路热棒路基试验工程　　　图 7-12　热棒路基运行第 8 年 10 月温度场（单位：℃）

除此之外，工程措施对冻土地基能量的调节还包括对公路基底不均匀热流的调整。例如，针对阴阳坡效应路基设置的阳坡侧遮阳板、碎石护坡、单侧热棒路基等，在涵洞

基础洞口设置的热棒（图 7-13）等。此类调整可以有
效改善基底多年冻土发育的不均匀性，改善公路工程
的局部稳定性。

3. 多年冻土公路工程的设计目标和影响因素

多年冻土公路工程的设计目标是根据公路工程的
稳定性与能量变化过程的相互关系，利用工程措施对
冻土路基能量的调节作用，阻止"有害"能量的导入
或者将其导出，维持冻土地基能量的相对稳定状态，
从而确保公路工程的稳定性。

图 7-13　利用热棒技术处理涵基冻胀

其设计目标主要通过时间和空间两个维度实现。

在时间维度上，主要有短期目标、中期目标和长
期目标，时间维度不同，对稳定性的要求也有所差异。
短期目标主要为确保施工期的稳定性，只要确保施工期内公路工程建设顺利完成即可，
对冻土地基能量的平衡状态要求相对较低。中期目标为确保公路运营期内的稳定性，保
证在公路运营期内的日常维护即可满足使用要求，对于冻土地基能量的平衡也以此确
定。长期目标即保证在公路远景设计年限内，通过正常的升级改造，就可以满足新的运
营要求，冻土地基的能量状态调整也以远景升级改造需求确定。

在空间维度上，则主要通过路基高度、宽度等路基尺度的变化，全幅和分幅等修建
方式的异同，以及路基与桥涵、隧道等构造物建设形式的不同调节冻土地基的能量状态，
使其维持相对稳定。

需要指出的是，时间维度和空间维度的需求通常不是孤立的，两者是互相联系的，
也经常受到其他因素（工程的投资、等级、冻土地质条件等）的影响。例如，对于埋藏
较浅、厚度较薄的多年冻土，若在短期和中期对公路的通行要求不高，则可以主要在时
间维度进行处理，如先铺设简易路面通行，待三五年后多年冻土融化，再进行建设。若
在时间维度上要求较高，则主要在空间维度上处理，如挖除换填等。因此，在具体的设
计中，需要综合考虑当地的实际情况，分析各种因素，在时间和空间两个维度中寻找一
个平衡点，以最优的设计方案确保冻土-公路工程体系的能量平衡，满足设计要求。

路基高度的变化直接影响路基顶面所吸收热量的传递过程。从传热学角度看，如果
将路基视为分层均匀的传热介质，其热阻为

$$R = \sum_{i=1}^{n} \frac{1}{A_i \lambda_i} \tag{7-5}$$

式中，n 为介质总层数；A_i 和 λ_i 分别为第 i 层路基填料的横截面面积（在宽度不变的条
件下，仅与路基高度有关）和导热系数。

由式（7-5）可见，路基高度对冻土能量平衡特征的影响体现在两个方面：高度和
导热系数。冻土工程中常用的保温板路基就是以导热系数远小于路基填料的保温材料来
等效一定厚度的填料。以 XPS 板为例，其导热系数为 0.0258W/m^2，按照热阻等效原则，
取路基填料导热系数为 $1.8\ \text{W/m}^2$，则 10cm 厚的 XPS 板大约相当于 7.0m 高的路基填料。

XPS 板对下部地基平衡能量的调整能力与 7.0m 厚的路基填土相当，其原理就是增加路基高度，阻止外界"有害"能量的进入。

下面以路基工程为例阐述路基尺度对冻土能量平衡特征的影响。影响冻土能量平衡特征的路基尺度因素包括路基高度、路基宽度、路基坡度及保温护道等。选取路基高度和路基宽度作为代表，采用数值分析的方法分析路基尺度对冻土能量平衡特征的调节作用。根据数值计算结果，下部冻土吸热量随填土路基高度的变化状况如图 7-14 所示。图 7-14 显示，路基越高，热阻越大，通过其进入地基的"有害"能量就越少。可见，加高路基能够延缓地基冻土吸热，延缓和阻止地基冻土吸收的"有害"能量。

因此，加高路基和采用保温板都是在空间维度上有效减少"有害"能量吸入的方式。

路基宽度对冻土能量平衡特征的影响主要体现在路基加宽后，沥青路面吸热面增大，通过路基基底进入地基的"有害"能量增多，路基中心区域的聚热效应加剧，基底能量分布不均匀，造成冻土地基形成融化盘等不均匀退化现象。图 7-15 所示下部冻土吸热量随填土路基宽度的变化状况说明，路基宽度对冻土吸热量的影响小于路基高度的影响。基于这一规律，对于工程应用中的宽幅路基，可以将全幅修建转化为分幅修建方式。图 7-16 为共和至玉树（结古）多年冻土高速公路分幅路基。相对于全幅修建形式，分幅修建形式的本质是减小了路基宽度，削弱了路基中心区域的聚热效应，不仅减小了"有害"能量总量，而且减小了融化盘的深度。数值模拟结果发现，将 23m 宽的全幅路基改为净间距为 2m、幅宽均为 10m 的分幅路基形式后，下部冻土吸热量减少了 15.8%。

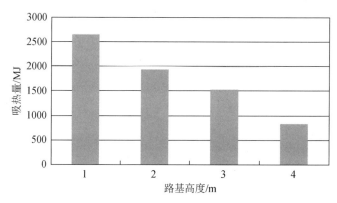

图 7-14　下部冻土吸热量随填土路基高度的变化

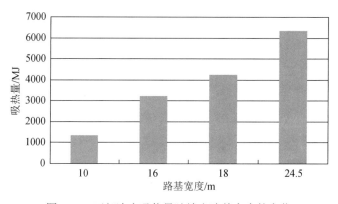

图 7-15　下部冻土吸热量随填土路基宽度的变化

图 7-16　共和至玉树（结古）多年冻土高速公路分幅路基

在极不稳定的高温高含冰量冻土地区，冻土地基对吸热量极为敏感，工程活动极易破坏冻土地基的能量平衡状态，而增高路基、减小幅宽和特殊处置等路基措施难以维持冻土地基的稳定性。在这种情况下，可以考虑"以桥代路"的旱桥方案。图 7-17 为青藏铁路多年冻土区旱桥。以桥梁工程通过多年冻土区，桩基对冻土地基的扰动明显减小，且无黑色路面的吸热作用，冻土地基回冻过程明显缩短，这也是典型的在空间维度上实现冻土地基能量平衡的过程。

图 7-17　青藏铁路多年冻土区旱桥

时间维度不同，对稳定性的要求也有所差异。

短期内的外界热量来源主要是施工扰动，能量平衡目标主要为确保施工期的稳定性。因此，对该阶段消除"有害"能量的特殊处置措施的要求是适应性强、降温迅速、能够在较短的冻融循环周期内有效地平衡"有害"能量。例如，在隧道施工中，洞口开挖后，冻土直接暴露于空气中，极易受热融化而造成热融滑塌，为了维持短期的施工安全和工程稳定性，就需要采用热棒的快速制冷作用短期内解决能量平衡问题。

中期的吸热来源为工程构筑物上边界的吸热及气候变暖的影响，能量平衡目标为确保公路运营期内的稳定性。该阶段吸热过程一般较为缓慢和稳定，且对冻土环境、水文环境和地质环境等依赖性较强。因此，该阶段的能量平衡目标是尽量减少"有害"能量的进入。该阶段的特殊处置措施应该具有易于养护、较好的长效降温能力、适应性强、能够在一定程度上适应气候变暖和可靠性高等特点。工程中常用的通风管、片块石等路基形式由于具有结构简单、对气温条件的适应性强、长期降温效能良好等特点，适用于中期阶段的能量平衡。对于片块石路基，基于实测数据的推算表明，高度为 3m、宽度为 10m 的路基在采用厚度为 1.5m 的块碎石层后，考虑外界气温升高的影响，其结构损坏程度低，降温效能较为稳定，每年消除路基吸入的"有害"能量约为 200MJ，运营 20 年后的片块石路基下冻土上限基本维持在天然上限附近，中长期降温效果明显。片块石路基以其在气温升高的条件下仍能有效消除"有害"能量而适用于中期阶段。

长期的吸热来源则主要考虑气候变暖的影响，能量平衡目标为保证在公路远景设计年限外，通过正常的升级改造，就可以满足新的运营要求。对该阶段平衡能量的特殊处置措施的要求是可靠性高、易于维修和升级改造、能够抵抗气候变暖。

7.3 冻土路基热收支数据库的构建

多年冻土路基能量平衡设计的基础是冻土路基的能量平衡状态，为此，建立了以最大融化深度、冻土年平均地温、基底总吸热量、年平均基底吸热量、冻土融化潜热量和热融蚀系数 6 个指标为核心，以不同路基尺度条件下，片块石路基、通风管路基、热棒路基和复合路基等特殊结构路基主要结构参数和冻土地温等为自变量的特殊结构路基热收支数据库，实现了在统一模型下不同尺度、不同地温、不同特殊结构的量化指标实时查询，也为能量平衡设计奠定了基础。所建立的各特殊结构的热收支数据库如下。

1. 通风管路基

对于通风管路基而言，其主要结构参数包括路基高度、通风管管径（内径）及净间距、地温等，工况总数为 14 个。

（1）最大融化深度

初始年平均地温分别为-1.5℃和-1.0℃时，通风管路基最大融化深度数据表如表 7-9 和表 7-10 所示。

表 7-9　通风管路基最大融化深度数据表（初始年平均地温为-1.5℃）

路基高度/m	通风管管径/cm	通风管净间距/cm	最大融化深度/m
2	40	80	-0.53
3	40	40	-0.42
		80	-0.36
		120	-0.35
	60	60	-0.40
		120	-0.38
		180	-0.35
4	40	80	-0.24

表 7-10　通风管路基最大融化深度数据表（初始年平均地温为-1.0℃）

路基高度/m	通风管管径/cm	通风管净间距/cm	最大融化深度/m
3	40	40	-0.47
		80	-0.45
		120	-0.42
	60	60	-0.46
		120	-0.44
		180	-0.42

（2）冻土年平均地温

初始年平均地温分别为-1.5℃和-1.0℃时，通风管路基冻土年平均地温数据表如

表 7-11 和表 7-12 所示。

表 7-11　通风管路基冻土年平均地温数据表（初始年平均地温为-1.5℃）

路基高度/m	通风管管径/cm	通风管净间距/cm	冻土年平均地温/℃
2	40	80	-1.29
3	40	40	-1.67
		80	-1.53
		120	-1.40
	60	60	-1.77
		120	-1.59
		180	-1.42
4	40	80	-1.76

表 7-12　通风管路基冻土年平均地温数据表（初始年平均地温为-1.0℃）

路基高度/m	通风管管径/cm	通风管净间距/cm	冻土年平均地温/℃
3	40	40	-1.16
		80	-1.02
		120	-0.91
	60	60	-1.26
		120	-1.07
		180	-0.93

（3）基底总吸热量

初始年平均地温分别为-1.5℃和-1.0℃时，通风管路基基底总吸热量数据表如表 7-13 和表 7-14 所示。

表 7-13　通风管路基基底总吸热量数据表（初始年平均地温为-1.5℃）

路基高度/m	通风管管径/cm	通风管净间距/cm	基底总吸热量/MJ
2	40	80	1302
3	40	40	1525
		80	1548
		120	1637
	60	60	1661
		120	1538
		180	1586
4	40	80	1371

表 7-14　通风管路基基底总吸热量数据表（初始年平均地温为-1.0℃）

路基高度/m	通风管管径/cm	通风管净间距/cm	基底总吸热量/MJ
3	40	40	1584
		80	1611
		120	1708

路基高度/m	通风管管径/cm	通风管净间距/cm	基底总吸热量/MJ
3	60	60	1722
		120	1598
		180	1651

（4）年平均基底吸热量

初始年平均地温分别为-1.5℃和-1.0℃时，通风管路基年平均基底吸热量数据表如表 7-15 和表 7-16 所示。

表 7-15　通风管路基年平均基底吸热量数据表（初始年平均地温为-1.5℃）

路基高度/m	通风管管径/cm	通风管净间距/cm	年平均基底吸热量/MJ
2	40	80	65.1
3	40	40	76.3
		80	77.4
		120	81.9
	60	60	83.1
		120	76.9
		180	79.3
4	40	80	68.6

表 7-16　通风管路基年平均基底吸热量数据表（初始年平均地温为-1.0℃）

路基高度/m	通风管管径/cm	通风管净间距/cm	年平均基底吸热量/MJ
3	40	40	79.2
		80	80.6
		120	85.4
	60	60	86.1
		120	79.9
		180	82.6

2. 片块石路基

片块石路基的主要结构参数包括路基高度、片块石厚度和初始年平均地温等，工况总数为 9 个。

（1）最大融化深度

片块石路基最大融化深度数据表如表 7-17 所示。

表 7-17　片块石路基最大融化深度数据表

工况序号	路基高度/m	片块石厚度/m	初始年平均地温/℃	最大融化深度/m
1	2	1.2	-0.5	-0.88
2	2	1.2	-1.0	0.01
3	2	1.2	-1.5	-0.04

工况序号	路基高度/m	片块石厚度/m	初始年平均地温/℃	最大融化深度/m
4	2	0.9	−0.5	−0.6
5	2	0.9	−1.0	0.03
6	2	0.9	−1.5	0.04
7	2.5	1.5	−0.5	−0.49
8	2.5	1.5	−1.0	0.05
9	2.5	1.5	−1.5	1.51

（2）冻土年平均地温

片块石路基冻土年平均地温数据表如表 7-18 所示。

表 7-18　片块石路基冻土年平均地温数据表

工况序号	路基高度/m	片块石厚度/m	初始年平均地温/℃	冻土年平均地温/℃
1	2	1.2	−0.5	−0.64
2	2	1.2	−1.0	−0.98
3	2	1.2	−1.5	−1.61
4	2	0.9	−0.5	−0.64
5	2	0.9	−1.0	−0.98
6	2	0.9	−1.5	−1.61
7	2.5	1.5	−0.5	−0.64
8	2.5	1.5	−1.0	−0.98
9	2.5	1.5	−1.5	1.61

（3）基底总吸热量

片块石路基基底总吸热量数据表如表 7-19 所示。

表 7-19　片块石路基基底总吸热量数据表

工况序号	路基高度/m	片块石厚度/m	初始年平均地温/℃	基底总吸热量/MJ
1	2	1.2	−0.5	27.7
2	2	1.2	−1.0	−41.8
3	2	1.2	−1.5	−221.6
4	2	0.9	−0.5	281.1
5	2	0.9	−1.0	225.2
6	2	0.9	−1.5	43.6
7	2.5	1.5	−0.5	39.8
8	2.5	1.5	−1.0	−2.7
9	2.5	1.5	−1.5	−179.2

（4）基底年平均吸热量

片块石路基基底年平均吸热量数据表如表 7-20 所示。

表 7-20　片块石路基基底年平均吸热量数据表

工况序号	路基高度/m	片块石厚度/m	初始年平均地温/℃	基底年平均吸热量/MJ
1	2	1.2	−0.5	1.4
2	2	1.2	−1.0	−2.1
3	2	1.2	−1.5	−11.1
4	2	0.9	−0.5	14.1
5	2	0.9	−1.0	11.3
6	2	0.9	−1.5	2.2
7	2.5	1.5	−0.5	2.0
8	2.5	1.5	−1.0	−0.1
9	2.5	1.5	−1.5	−9.0

3. 通风管-片块石复合路基

通风管-片块石复合路基热收支数据表如表 7-21 所示。

表 7-21　通风管-片块石复合路基热收支数据表

路基宽度/m	最大融化深度/m	冻土年平均地温/℃	基底总吸热量/MJ
10.0	−1.58	−0.92	−80
26.0	0.05	−1.35	−120

4. XPS 板-热棒复合路基

XPS 板-热棒复合路基热收支数据表如表 7-22 所示。

表 7-22　XPS 板-热棒复合路基热收支数据表

路基宽度/m	最大融化深度/m	冻土年平均地温/℃	基底总吸热量/MJ	热棒总吸热量/MJ
10.0	−0.68	−1.61	2026	−13606
26.0	−0.65	−1.61	2527	−15359

7.4　多年冻土区高速公路能量平衡设计方法

根据能量平衡理论，得到冻土路基的基本设计思路如下：冻土路基的设计目的为消除环境升温和工程建设等对多年冻土的热侵蚀，这一部分热量可称为"有害"能量，是需要通过工程措施治理消除的。结合冻土路基的热收支分析，工程病害的防治要从病害的严重性与可能性两方面入手，冻土路基的总吸热量、冻土融化潜热量和热融蚀敏感系数与病害严重性和敏感性直接相关，为保证路基热稳定性，冻土路基的设计可直接从以上热收支指标入手，通过工程措施，使其下降到合理水平。具体来讲，工程活动所带来的热侵蚀所引发的冻土地基融化盘与冻土融化潜热、热融蚀敏感系数等直接相关，因此只需要计算出融化盘面积，再根据地层热物理参数就可得到冻土路基的设计需求（由于冻土的显热与潜热比较小，在设计计算时可不考虑，最后用一定的安全系数控制即可）。考虑一定安全储备后，即可得到冻土路基的设计目标值；之后结合热收支指标与路基结构的关系，通过两者的相互匹配，就可得到相应冻土路基的相关设计参数（高度、宽度、坡度等几何尺寸及特殊结构路基参数）。

在实际的设计计算过程中，可采用满足冻土路基热稳定性计算，并结合变形验算的方法开展。其设计计算流程如下。

（1）收集基础资料

基础资料包括气象资料、工程地质资料和路基结构参数等。

（2）设计计算过程

1）根据当地气象资料和相关工程经验，预估普通冻土路基的热收支状况，得到人为上限的变化过程、路基融化盘的形态和各项热收支指标。

2）根据计算得到冻土路基热收支指标，分析其热融病害的严重性与可能性，并评估初选冻土路基的热稳定性，根据设计目标和安全运营要求，选择合适的设计原则，确定合理的热收支水平，据此评估初选路基的合理性。

3）判断初选的路基结构热收支状态是否满足设计要求。若不满足，则根据设计原则确定的热收支水平，结合冻土路基尺度效应的热收支分析，确定新的路基结构参数（路基高度、宽度、坡度等）。若填土路基不满足设计要求，则选择特殊结构路基，结合特殊结构路基的热收支分析，确定合理的设计参数（通风管管径、净间距、埋置深度等），实现参数化设计。

7.5　能量平衡设计流程及算例

7.5.1　能量平衡设计流程

依据 7.4 节提出的典型特殊结构路基设计计算流程，如图 7-18 所示。

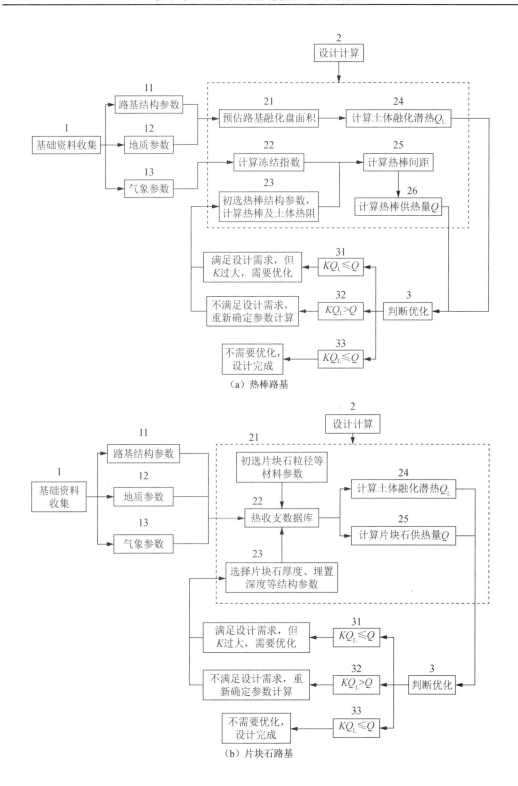

（a）热棒路基

（b）片块石路基

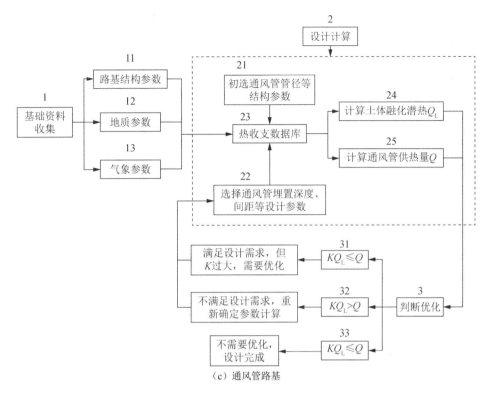

图 7-18　典型特殊结构路基设计计算流程

7.5.2　能量平衡设计算例

为说明基于能量平衡的冻土路基设计理论，下面通过热棒路基设计流程，详细说明本设计方法。

1. 收集基础资料

1）气象资料。需要收集区域的日平均气温（或月平均气温）数据，并由此计算出设计区域的冻结指数。冻结指数为冻结期所有温度低于 0℃日数的日平均温度的和。一般冻结指数按下式计算：

$$\text{FI} = \int_{t_0}^{t_1} |T| \, \mathrm{d}t, \quad T < 0 \, ℃ \tag{7-6}$$

或

$$\text{FI} = \sum_{i=1}^{N_{\text{F}}} |T_i|, \quad T_i < 0 \, ℃ \tag{7-7}$$

式（7-6）中，FI 为冻结指数，相应于气温 T，从冷季开始（t_0）积分到冷季结束（t_1）。式（7-7）为计算冻结指数的经验公式，将冻结指数简单地确定为温度低于冻结点的所有日数的日平均气温绝对值的总和，式中，$i = 1, 2, 3, \cdots, N_{\text{F}}$，为年内温度低于冻结点的日数；$T_i$ 为日平均气温，日平均气温取日最高气温与日最低气温的算术平均值，即 $T_i = (T_{i\max} + T_{i\min}) / 2$。

另外，还需要收集设计区域的风速资料，包括月平均风速，用于热棒散热器翅片的设计。

2）工程地质资料。工程地质资料包括地层岩性、多年冻土类型、含冰量、天然上限的深度（人为上限的深度）和年平均地温，以及地基的热物理参数（热传导系数）。

3）路基结构参数。路基结构参数包括路基的高度、宽度、坡度等。

2. 设计计算过程

1）根据当地气象资料和路基结构参数，预估普通公路路基（无调控措施）的热状况，得到人为上限的变化过程和路基融化盘的形态，进一步分析得到需要抬升的冻土上限和融化盘的面积。这一步可以通过数值计算得到，在后面将详细介绍。

2）根据当地气象资料和其他工程经验，初选热棒的直径、长度、散热器面积、翅片数目等，初步确定热棒的纵向净间距 S。

热棒的设计目标主要为回冻路基融化盘，即热棒的产冷量主要用于冻结融化盘土体相变潜热（由于冻土的显热与潜热相比较小，在设计计算时可不考虑），而其供冷量则主要由当地的气象条件决定。与传热影响范围相对应的就是热棒的冻结半径（热棒产冷量能够冻结土体最大径向半径值），其直接决定了热棒设计的纵向净间距。

热棒路基的设计采用保护冻土的设计原则，其设计目标为保持人为上限不低于原始天然上限。在时间 t 内热棒的冻结半径为 r_f，经过 dt 后，冻结半径为 $r_f + dr_f$，土体融化潜热为 $Q_L = L\rho_d w$，其中 L 为冰水相变潜热，$L=334$kJ/kg；ρ_d 为土体干密度；w 为含水量（含冰量）。则在 dt 时间内，冻结土体的潜热为

$$Q_L[\pi(r_f + dr_f)^2 - \pi r_f^2]L \approx 2\pi L Q_L r_f dr_f \qquad (7\text{-}8)$$

放出的潜热由热棒在 dt 时间内传导，而 dt 内热棒的产冷量为 $\dfrac{T_s - T_a}{R_s + R_a}dt$，其中，$T_s$ 为年平均地温；T_a 为工作时间内平均气温；R_s 为热棒影响范围内的土体热阻；R_a 为热棒的热阻，有

$$R_s = \frac{\ln\left(\dfrac{2r_f}{D}\right)}{2\pi\lambda L} \qquad (7\text{-}9)$$

式中，r_f 为热棒间距；D 为热棒外径；λ 为土体的热传导系数。

由式（7-8）和式（7-9）有

$$2\pi L Q_L r_f dr_f = \frac{T_s - T_a}{R_s + R_a}dt \qquad (7\text{-}10)$$

初始条件为当 $t=0$ 时，冻结半径为热棒的半径值 r_t。代入式（7-10），并整理，积分求解得到如下计算冻结半径的超越方程：

$$FI = Q_L\left[\pi L R_a(r_f^2 - r_t^2) + \frac{r_f^2}{4\lambda}\left(\ln\frac{r_f}{r_t} - 1\right) + \frac{r_t^2}{4\lambda}\right] \qquad (7\text{-}11)$$

式中，FI 为冻结指数，可由式（7-6）或式（7-7）计算得到，或者查阅当地气象资料得到。式（7-11）也是《冻土地区建筑地基基础设计规范》（JGJ 118—2011）所推荐的热

棒基础计算公式。

求解超越方程，即可初步得到热棒的纵向净间距。对于热棒路基，热棒的纵向净间距不能过大，否则，相邻热棒中间部分的路基热稳定性就会受到影响。另外，热棒的净间距也不宜过小，以防止热棒之间相互影响，减弱冷量的扩散，产生群桩效应。由于热棒的群桩效应机理较为复杂，本节不具体计算。有研究表明，热棒净间距大于 3.6m 时，群桩效应较小，对于热棒计算不会产生明显误差。同时，现场实测资料和热工计算表明，当热棒净间距大于 3.0m 时，群桩效应对热棒产冷量的影响一般在 10% 左右。

3）根据计算所得需要抬升的冻土上限、融化盘面积和热棒的纵向净间距，计算出所需要的耗冷量 $Q_{需}$。

4）绘出气温和年平均地温 T_s 的变化曲线，从图中确定寒季热棒的工作时间 t、工作时间内平均气温 T_a 及工作温差（T_s-T_a）。

5）根据初选确定的热棒结构参数，计算热棒的热阻 R_a，并计算热棒影响范围内的土体热阻 R_s。

6）由工作温差、热棒和土体的热阻计算出热棒的功率 $P_设$ 及产冷量 $Q_设$，并根据工程等级要求选定安全系数 K。若 $Q_设 \geq KQ_需$，则满足设计需求；若 $Q_设 < KQ_需$，则不满足设计需求，需要调整热棒结构参数。返回步骤 1），重新确定热棒结构参数，进行试算，直到满足设计需求。

7）若热棒结构参数满足设计要求，但 $Q_设$ 远大于 $KQ_需$ 时，表明初选的结构参数远超过设计需求，造成一定浪费，需要对设计进行优化。返回步骤 1），重新确定热棒结构参数，进行试算，直到 $Q_设$ 略大于 $KQ_需$。

以上就是热棒路基设计的一般流程，具体过程如图 7-19 所示。

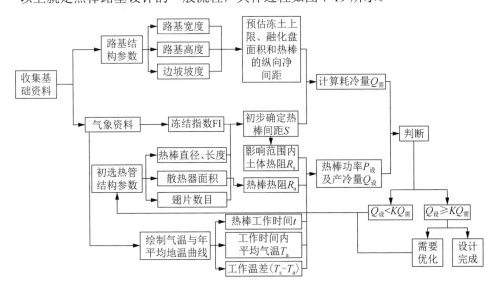

图 7-19　热棒路基设计流程

在热棒路基的设计计算中，为估算其热收支状态，需要得到路基下融化盘的形态及关键参数。下面将分析不同地温、不同路基高度条件下冻土上限的变化过程及融化盘的形态变化，给出热棒路基的适用条件及设计目标。

（1）冻土路基融化盘形态分析

利用经典的热传导理论，计算不同地温、不同路基高度条件下冻土路基温度场，并提取最大融化深度季节的冻融界面，如图 7-20 和图 7-21 所示。

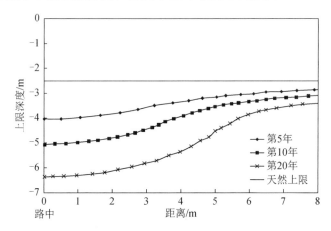

图 7-20　年平均地温为-0.5℃、路基高度为 1.0m 的冻土地基冻融界面

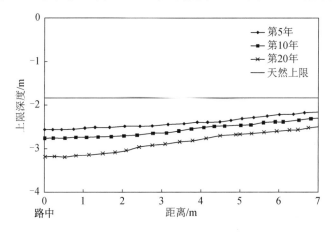

图 7-21　年平均地温为-2.0℃、路基高度为 1.0m 的冻土地基冻融界面

在高温冻土区域（年平均地温高于-1.5℃），融化盘呈现下凹状，在整个路基横断面范围内形成较大融化区域，尤其是路基中心处，由于黑色沥青路面的聚热作用，冻土上限下降较为明显。如图 7-20 所示，路基高度为 1.0m，在年平均地温为-0.5℃时，第 20 年路中人为上限下降到-6.36m 处，较原天然上限下降了 3.86m，融化盘的面积约为 16m^2。随路基高度的增加，融化盘的面积有所减小。

在低温冻土区域（年平均地温低于-1.5℃），融化盘曲率变小，在整个路基横断面范围形成近似三角形的融化区域，融化盘面积较高温冻土区明显减小。如图 7-21 所示，路基高度为 1.0m，在年平均地温为-2.0℃时，第 20 年路基人为上限下降到-3.19m 处，较原天然上限下降了 1.40m，在坡脚处人为上限下降到-2.57m 处，融化盘的面积约为

$7.41m^2$。且随路基高度的增加，路基高度对于冻土的保护作用增强，融化盘的面积减小较为明显。

从冻土路基融化盘的形态可以看出，整体上融化盘近似于盆状，冻土上限在路中部位下降最大，随着远离路中，上限逐渐抬升，一般在远离坡脚 1~2m 处抬升到自然水平，冻融界面整体形态可用二次抛物线拟合。热棒路基的设计过程必须充分考虑融化盘的形态变化。对于高温冻土区，冻融界面曲率较大，融化盘不仅深度较大，而且底部较宽，影响范围较大，因此面积也相应较大。这类地区冻土路基的稳定性易受到外界环境升温及人类工程活动的影响，一旦破坏，后期治理难度增大，一般仅靠抬升路基高度和采用被动防护措施很难保证路基稳定性，需考虑采用主动冷却措施。对于低温冻土区，冻融界面曲率减小，虽然融化盘在路中部分较深，但底部影响范围相对较小，总体面积也较小；且在此类地区，抬升路基高度对于减小融化盘面积有较好的效果。因此，对于此类地区，冻土路基采用被动冷却方案就可保证路基稳定性，不推荐采用热棒路基。

以保证路基安全运行 20 年为热棒路基的设计目标，以第 20 年路基人为上限低于天然上限 1.0m 以上为标准，作为热棒路基的适用条件（也可作为其他特殊结构路基的适用条件），如表 7-23 所示。

表 7-23　热棒路基适用条件

路基高度/m	年平均地温				
	-0.5℃	-1.0℃	-1.5℃	-2.0℃	-3.0℃
1.0	√	√	√	√	×
2.0	√	√	√	×	×
3.0	√	√	√	×	×
4.0	√	√	×	×	×

注：√表示路基融化盘发展状况适用于热棒路基，×表示不推荐使用热棒路基。

热棒路基的设计以保证路基下人为上限与原天然上限一致为设计目标，则在设计中保证路基稳定性所需要的耗冷量$Q_{需}$即为消除普通路基下融化盘面积所需的耗冷量，可按照下式计算：

$$Q_{需} = L\rho_d wA = \frac{2}{3}L\rho_d wlh \qquad (7\text{-}12)$$

式中，L 为冰水相变潜热，L=334kJ/kg；ρ_d 为土体干密度；w 为含冰量；A 为融化盘面积；l 为基底宽度；h 为需要抬升的路中冻土上限。

（2）冻土路基上限变化及影响因素分析

1）冻土路基下冻土人为上限在路基运营期内逐渐变化，且随地温条件、路基结构等条件的不同，其变化规律也不尽相同。总体来讲，高温冻土区（年平均地温高于-1.5℃）的融化速率大于低温冻土区（年平均地温低于-1.5℃），如路基高度为 1.0m 的路基，在年平均地温为-0.5℃时，其融化速率达 19.9cm/a；而在年平均地温为-2.0℃时，融化速率仅为 7.0cm/a。由此可见，高温区多年冻土的退化形式十分严峻，工程活动对冻土环境的扰动对多年冻土的退化起到了决定性的作用。

2）路基高度也是影响冻土融化速率的一个关键因素。正如上节分析，增加路基高度可以有效增加路基热阻，减缓冻土融化速率。在年平均地温为-1.0℃时，1.0m 高的路基融化速率为 14.7cm/a，而当路基高度提高到 4.0m 时，融化速率减小为 9.8cm/a，路基高度效应较为明显。

3）随路基运营时间的增加，冻土上限的下降也逐渐增大。这主要是由外界环境升温作用和黑色沥青路面聚热作用两方面因素引起的。

分析计算结果，统计得到了不同地温、不同路基高度条件下冻土上限的变化速率，如表 7-24 所示。在进行热棒路基设计时，首先要考虑其适用条件。本节综合考虑多年冻土的融化规律，结合融化盘分析结果，以冻土上限年变化率为 5.0cm/a 作标准。冻土上限年变化率大于 5.0cm/a 的路基可以考虑采用热棒路基，小于此标准则推荐采用被动冷却方式，如抬升路基高度、保温板路基等。

表 7-24　不同地温、不同路基高度条件下冻土上限的变化速率　　　　（单位：cm/a）

路基高度/m	年平均地温				
	-0.5℃	-1.0℃	-1.5℃	-2.0℃	-3.0℃
1.0	19.9	14.7	9.9	7.0	—
2.0	19.8	13.4	8.4	4.7	—
3.0	18.6	11.2	6.0	1.6	—
4.0	17.4	9.8	3.4	—	—

注：灰色区域表示适用于热棒路基的地区。

为验证计算结果的准确性，收集整理了青藏公路沿线地温监测资料。分析结果表明，路中人为上限逐年下降，低温区（唐北 1、2、3、8 号监测断面，年平均地温为-2.7～-1.8℃，路基高度为 1.6～3.4m）的融化速率为 2～6cm/a，高温区（唐北 4、5 号与唐南 1、2 号监测断面，年平均地温为-0.9～-0.1℃，路基高度为 2.1～3.5m）则为 16～32cm/a，计算结果与观测值较为吻合。

以上分析表明，冻土路基下地基的融化深度 ΔH 受路基运营时间、路基高度及年平均地温的影响。有研究表明，ΔH 与路基运营时间呈线性关系：

$$\Delta H = \begin{bmatrix} a & b \end{bmatrix} \begin{bmatrix} t \\ 1 \end{bmatrix} \quad (7\text{-}13)$$

式中，ΔH 为融化深度；t 为路基运营时间；a、b 为系数。

式（7-13）中系数分别与路基高度 H 呈线性关系：

$$\begin{bmatrix} a \\ b \end{bmatrix} = \begin{bmatrix} c & d \\ e & f \end{bmatrix} \begin{bmatrix} H \\ 1 \end{bmatrix} \quad (7\text{-}14)$$

式中，H 为路基高度；c、d、e、f 为系数。

式（7-14）中系数又分别与年平均地温呈线性关系：

$$\begin{bmatrix} c \\ d \\ e \\ f \end{bmatrix} = \begin{bmatrix} a_1 & b_1 \\ a_2 & b_2 \\ a_3 & b_3 \\ a_4 & b_4 \end{bmatrix} \begin{bmatrix} T \\ 1 \end{bmatrix} \qquad\qquad (7\text{-}15)$$

式中，a_i、b_i 为系数，$i=1\sim 4$；T 为年平均地温。

整理式（7-13）～式（7-15），可得

$$\Delta H = [(a_1 T + b_1)H + (a_2 T + b_2)]t + [(a_3 T + b_3)H + (a_4 T + b_4)] \qquad (7\text{-}16)$$

式中，$a_1=-0.008$，$a_2=0.103$，$a_3=0.356$，$a_4=-0.378$，$b_1=0.004$，$b_2=0.234$，$b_3=-0.277$，$b_4=0.549$。

在进行热棒设计计算时，需要用式（7-12）计算冻土路基保持稳定所需的耗冷量 $Q_{需}$，式中需要抬升的路中冻土上限可以利用当地气象、地质勘探资料通过数值预报的方式确定，也可查表 7-24 或利用式（7-16）计算确定。

第8章 大尺度冻土路基稳定技术

在冻土路基工程稳定技术研究方面，现有研究均是基于二级及以下等级公路路基（路基宽度小于等于 10m）或铁路路基开展的。与二级公路相比，高速公路路基总吸热面积将增加 3 倍以上，路堤填筑材料总体积热容将增加 3.0～4.0 倍。现有的冻土路基稳定性调控手段对于高速公路宽幅路基是否有效，尚需进行进一步的研究和实践验证。

本章在大尺度冻土路基尺度效应理论研究的基础上，从参数优化和结构改进两个角度提出现有主要措施降温效能在大尺度路基条件下的优化、强化及效能提升技术；运用强化对流、强制通风、阻热导冷、定向热诱导等方法，提出系列新型大尺度冻土路基稳定技术，揭示其工作机制和降温效能。

8.1 冻土路基稳定技术发展概论

随着对多年冻土认识的不断深入和冻土工程建设的发展，我国冻土路基稳定技术大致可以分为 3 个阶段：被动保护阶段、主动保护阶段和组合调控阶段。

1. 被动保护阶段

这一阶段的研究主要围绕青藏公路的几期整治改建展开。1979～1984 年的青藏公路第二期研究中，根据我国的具体条件，将就地取材、提高路基作为保护冻土的基本措施。为此，扩建了五道梁、可可西里两个较长期的观测场，对多年冻土地区已竣工的 300 多 km 沥青路面进行了大量钻探、调查，并选定了 20 余段代表路段埋设了地温、变形观测仪器设备，进行了 3～6 年的观测。根据观测资料的分析提出了多年冻土地区路基变形发展阶段及特征，提出了估算沉降量的办法和防止、控制变形量的主要措施。1985～1999 年的青藏公路第三期研究中开展了隔热材料在路基中应用的可行性研究。通过对聚苯乙烯隔热层路基试验路的设计、施工和竣工后 3 年多的观测，分析了在多年冻土地区路基填高受到限制时采用隔热层路基的可行性与合理性，提出了隔热层合理埋置深度的计算方法和设计、施工注意要点，为在多年冻土地区推广应用该结构保护冻土提供了宝贵经验。

抬高路基与采用隔热材料这两种技术的本质是相同的，即通过增大路基热阻减少通过路基进入下伏冻土的热量，以此减缓冻土融化，减小路基融沉变形。被动保护措施能够在一定时期内延缓冻土的退化，但是长期来看，尤其是在近年来气候变暖问题越发突出的背景下，无法从根本上改变冻土的吸热状态，下伏冻土仍处于一个缓慢、漫长的退化过程，对路基的长期稳定性是不利的。

2．主动保护阶段

2001～2006 年青藏铁路多年冻土工程的建设进一步提高了冻土工程的研究水平，研究借鉴了青藏公路的研究成果和建设、养护经验。在研究中考虑了全球气候变暖对高原铁路工程的影响，确立了"主动降温、冷却地基、保护冻土"的设计思想，实现了对冻土环境分析由静态转变为动态，对冻土保护由被动保温转变为主动降温，对冻土工程措施由单一措施转变为多管齐下、综合施治的"三大转变"，提出了基于热传导、辐射和对流的成套冻土路基工程技术（片块石气冷技术、碎石护坡技术、热棒措施、通风管措施、隔热保温措施）。

2000～2007 年的青藏公路第四期研究为适应西藏交通运输量的迅速增长和青藏铁路建设期重载运输的需求、应对全球气候升温对多年冻土的影响及为国家规划的青藏高速公路建设提供前瞻性技术储备，开展了多年冻土地区公路修筑成套技术研究。

主动冷却技术通过改变冻土地基与外界的不同换热方式的强度来增大冻土在冷季的散热量，或者减小在暖季的吸热量，或者二者兼而有之。大量的试验和数值研究表明，这些技术能够有效地保护冻土，维护路基稳定性，并且能够适应气候变暖背景，具有长期适用性。主动冷却技术已经在青藏铁路、青藏公路和青康公路中得到了大量成功应用。

3．组合调控阶段

2010 年开工建设的共和至玉树（结古）高速公路穿越青藏高原南缘高温不稳定多年冻土区域 250 多 km，是世界上首条在多年冻土地区修建的高等级公路。"宽、厚、黑"是共和至玉树（结古）高速公路冻土路基面临的三大挑战，即路基尺度宽，整幅路基宽度超过 20m，分幅路基宽度为 13m 左右，均大于现有的冻土路基宽度，这将引起宽幅路基的聚热效应；沥青路面结构层厚，高速公路沥青路面结构层厚度是青藏公路等二级公路的 2 倍左右，这将引起路面结构层的储热效应；黑色沥青路面，黑色的沥青路面具有更强的吸热特征，这将引起强烈的吸热效应。高速公路冻土路基的三大热效应对冻土路基稳定技术提出了新的挑战。为此，研究人员在深入分析总结现有单一冷却技术的优缺点的基础上，提出了系列强化组合措施。例如，XPS 板-热棒复合路基充分发挥 XPS 板的暖季隔热性能和热棒的冷季降温效能，达到更高效的散热储冷；（透壁）通风管-片块石复合路基则利用通风管进一步强化片块石的对流换热效应。

组合调控措施在共和至玉树（结古）高速公路的建设中得到了应用，2017 年 8 月 1 日共和至玉树（结古）高速公路正式建成通车，从目前的观测数据来看，这些组合调控措施应用效果良好。

8.2　已有稳定技术的综合评价

8.2.1　降温机理分析

1．隔热层路基

隔热层路基是指在路基体内加入一层导热系数远小于土体的保温材料，从而达到增加路基热阻、减少路基吸热的目的（图 8-1）。忽略路基体内的气体运动及其对流传热，根据傅里叶导热定律，单位时间内通过路基某截面的热量，正比于导热系数和温度梯度。路基土体导热系数的量级一般为 1.0 W/（m·K），而常用的路基隔热材料，如 EPS、XPS 板等，其导热系数的量级为 10^{-2} W/（m·K），比前者小两个数量级。因此铺设路基隔热层后，路基的吸热量将大大减小。

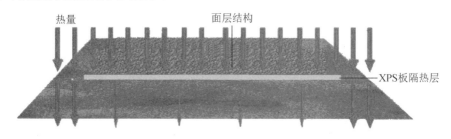

图 8-1　隔热层路基保温机理示意图

由隔热层路基的作用原理可知，隔热材料厚度越大，隔热效果越好。但实际应用中需考虑造价等因素，在满足强度和变形要求等条件的基础上，隔热板埋设位置越高，其隔热效果越好。

2. 热棒路基

目前在寒区工程中应用的热棒主要是依靠重力回流工质的重力式热棒。图 8-2 为两相重力式热虹吸热棒的工作原理。工质在蒸发段吸取热源供给的热量后蒸发，蒸汽向上流动，通过绝热段后，在冷凝段将汽化潜热放出而凝结为液体，液体由于重力的作用回流到下半部蒸发段完成一个工作循环。借助于工质连续不断的循环，重力式热虹吸热棒将下半部热源的热量源源不断地传递到上半部冷源。根据估算，同样的几何尺寸下，热棒的导热效率是铜的 200～500 倍，可见热棒是一种新型、高效的传热元件。热棒应用于冻土工程中时，在冷季时，置于冻土地基中的蒸发段温度高于环境温度，热棒启动工作，能够以较高的效率将地基中的热量导出，降低其温度；而在暖季，外界气温较高，热棒达不到启动条件，停止工作。可见，热棒最显著的特点是散热效率高，能够达到快速散热的功能要求。此外，它具有明显的"热二极管"特征，即在冷季散热而在暖季不吸热。

根据热棒的工作原理可知，其传热过程主要由以下环节组成：①热棒蒸发段固体壁的导热过程；②热棒蒸发段的蒸发（沸腾）换热过程；

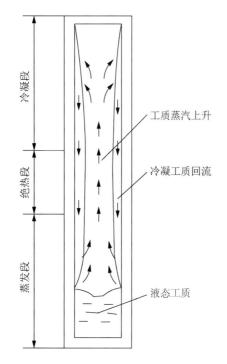

图 8-2　两相重力式热虹吸热棒的工作原理

③热棒冷凝段的凝结换热过程；④热棒冷凝段固体壁的导热过程；⑤热棒蒸发段到冷凝段固体壁的轴向导热过程；⑥热棒冷凝段外壁与冷源间的换热过程。根据目前青藏高原冻土工程所采用的热棒换热分析可知，冷凝段与外界的换热热阻占到总热阻的 85.6%，即热棒的传热过程主要受外部热阻的影响，冷凝段的换热能力决定了热棒的整体换热能力。此外，除了自身设计参数外，外界风速也是影响热棒换热效率的重要影响因素。

3. 片块石路基

片块石路基是利用空气在路基片块石层内的流动来改变路基传热方式的一种通风路基。在开放状态下，冬季以通风作用为主的强迫对流和较弱的片块石层侧向空气自然对流的复合过程是片块石冷却路基的作用机理（图 8-3）。这一复合过程主要与风速和风向有关。当风速较大时，片块石层内产生强迫通风效应；当风速较小时，在阴坡侧片块石层一定厚度内产生自然对流效应。而夏季因风速和风向条件，片块石层主要以热传导过程为主，但夏季风速和风向条件有利于片块石结构层内部产生一定的隔热作用。在封闭状态下，由于阻断或大幅度地减弱了风的影响，片块石路基结构弱化了强迫对流过程；同时由于片块石路基上部填土的影响，片块石层顶底板温差不足以驱动自由对流过程。因此，在封闭状态下片块石层内部主要以热传导过程为主，片块石层内的空隙起到了一定的隔热保温作用。

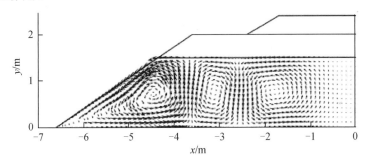

图 8-3　片块石层自然对流过程示意图

由片块石路基的工作原理可以看出，其显著特点是无需借助外界动力，具有"热二极管"特征。影响其降温能力的因素有内部因素（包括粒径分布、孔隙率、厚度、宽度等）和外部因素（包括气温和地温等）。

4. 通风管路基

通风管路基的工作原理如下：空气流经置于路基体内部的通风管道（常为混凝土管），与管壁发生较为强烈的强制对流换热，从而带走路基土体中的热量（图 8-4）。尽管通风管不可避免地在暖季带入热量，但由于青藏高原年平均气温为较低的负温，且冷季的风速较高，从年周期上来看，通风管带走的热量大于带入的热量，净散热量较高。

从通风管的工作原理可以看出，通风管降温效能的发挥受到地形、风速和风向等的影响。此外，如能通过一定的措施加强其冷季通风，同时限制暖季通风，则其降温效能将得到大大提升。

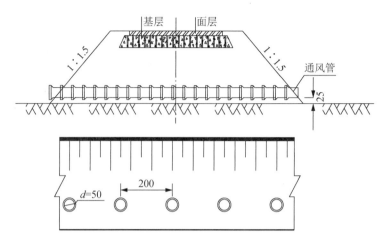

图 8-4　通风管路基的典型布设方式（单位：cm）

8.2.2　降温效能分析

1. 隔热层路基

图 8-5 是青康公路姜路岭至清水河段 PU 隔热层上、下面中心测点温度变化的统计结果。由统计结果可知，PU 隔热层上、下的温度相差 15～28℃，且道路运行 4 年后，路基中隔热层的隔热作用和减小温差的作用没有明显变化。说明 PU 隔热层在实际道路工程中的长期可靠性较好，其隔热性能在运营过程中基本保持稳定，可以保证在多年冻土区路基工程中长期可靠使用。

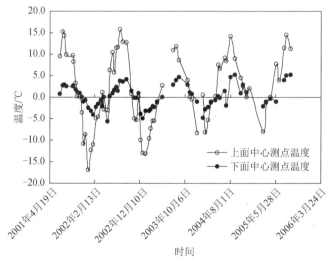

图 8-5　青康公路姜路岭至清水河段 PU 隔热层上、下面中心测点温度变化

图 8-6 为青藏公路 K2933+500 和 K2933+700 两个断面地温经过一个变化周期以上的地温等值线图。由图 8-6 可以看出，在隔热层断面 0℃温度等值线最深到路面设计标

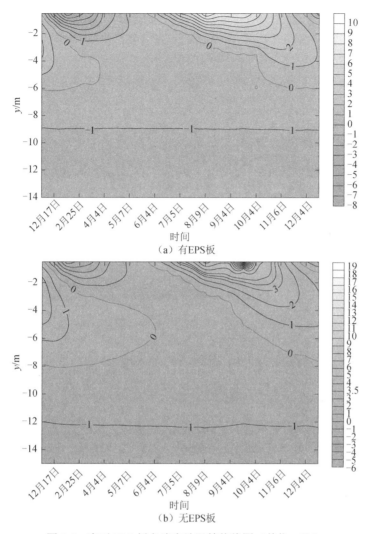

图 8-6 有无 EPS 板左路肩地温等值线图（单位：℃）

高下 6m，而对比监测断面 0℃温度等值线最深到路面设计标高下 8m，即隔热层路基能使冻土上限抬高 2m 左右。

图 8-7 为青藏公路 K2897+150 隔热层上、下表面相关温度的变化。由图 8-7 可见，隔热层上表面平均温度为-1.29℃，下表面平均温度为 0.05℃。上表面温度波动较大，暖季最高温度达到 18.31℃，冷季最低温度达到-18.36℃，温度年较差在 34℃左右。而下表面暖季最高温度为 5.26℃，冷季最低温度为-5.97℃，温度年较差在 7.16℃左右。因而可知，在冻土路基中设置隔热层后，下部土体地温年振幅将大大减小。

2. 热棒路基

图 8-8 为路基修建后第 6 年 10 月的温度场。可以看出，0～8m 深度范围内热棒路基地温明显低于普通路基。在左路肩侧（阳坡侧），热棒路基的地温最低可达-1.5℃，比同时期普通路基地温最大降低了 3.0℃，比同时期天然孔地温降低了约 1.0℃。在右路肩

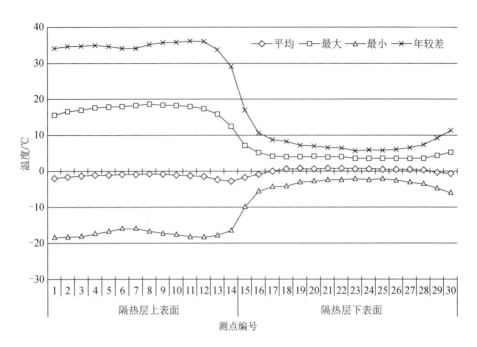

图 8-7　青藏公路 K2897+150 隔热层上、下表面相关温度的变化

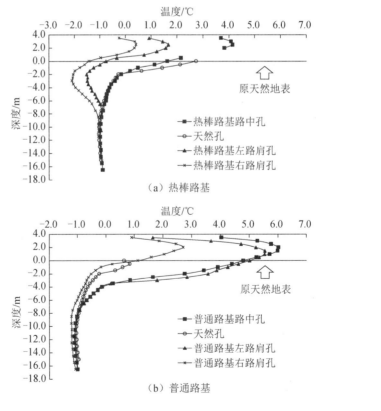

图 8-8　路基修建后第 6 年 10 月的温度场

侧（阴坡侧），尽管存在显著的阴阳坡效应，普通路基的地温也在-1.0℃左右，但热棒路基的地温最低达到了-2.1℃。在远离热棒的路中位置，热棒路基路中孔冻土上限基本与天然孔位于相同水平。

图 8-9 为路基建成第 11 年热棒路基与普通路基左路肩孔的地温对比。可以看到，热棒路基左路肩孔的温度下降明显，热棒路基的左路肩孔在原天然地面下 5m 处，地温已经稳定在-1.5℃左右，而普通路基左路肩孔的-5.0m 处地温观测数据则为-0.8～-0.5℃。以上分析说明，热棒的降温冷却效果非常明显，在路基运营期间，热棒附近的地温低于普通路基地温，并保持长期稳定。

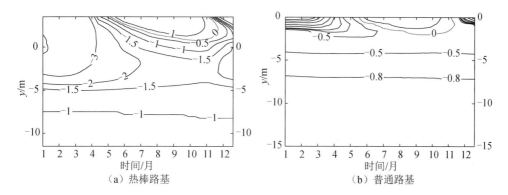

图 8-9　路基建成第 11 年热棒路基与普通路基左路肩孔的地温对比（单位：℃）

3. 片块石路基

图 8-10 为片块石路基和普通路基下多年冻土上限随时间的变化曲线（图中曲线空白部分是由数据缺失造成的）。由图 8-10 可以看出，在 2003 年，片块石路基路中处的冻土上限大约在路面下 6.15m 处，而普通路基路中的冻土上限为 7.48m；到 2011 年时，片块石路基路中处的冻土上限下降到 6.9m 处，而普通路基路中处的冻土上限下降到 8.88m 处。分析得出，在道路运营的 9 年中，片块石路基路中冻土上限下降了 0.75m，多年冻土融化速率为 8.33cm/a，普通路基路中处冻土上限下降了 1.40m，冻土融化速率为 15.56cm/a。另外观测数据显示，从 2003 年到 2011 年，片块石路基年平均地温从-0.69℃上升到-0.65℃，升温速率为 0.0044℃/a；普通路基年平均地温由-0.48℃升到-0.40℃处，

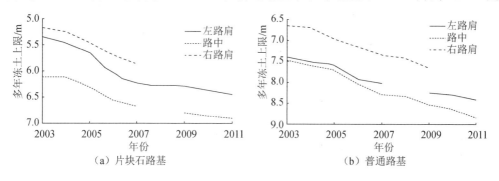

图 8-10　片块石路基和普通路基下多年冻土上限随时间的变化曲线

升温速率为 0.0089℃/a。可见，片块石路基相对于普通路基冻土融化速率和地温升温速率较低，在多年冻土区筑路，片块石路基对保护多年冻土和降低多年冻土的退化速度有明显效果。

由图 8-10 还可以看到，片块石路基多年冻土上限明显比普通路基浅，对比不同监测部位多年冻土上限，可以看到片块石路基左右路肩多年冻土上限差异明显小于普通路基，这在一定程度上可以减少路基阴阳坡效应造成的不均匀沉降，从而减少路基路面破坏。因此，片块石路基可以在一定程度上降低路基下多年冻土的融化深度，减缓多年冻土的融化速率，减小路基的不均匀沉降，从而提高多年冻土区路基的稳定性。

4. 通风管路基

图 8-11 为 2013 年 8 月 13 日和 2014 年 8 月 13 日通风管路基和普通路基路中孔地温曲线。由图 8-11（a）可以看出，试验路监测断面于 2013 年 9 月铺设完成沥青路面前后，通风管路基 2013 年路中孔地温曲线与 2014 年基本重合，天然孔冻土上限深度为 -1.5m，路中孔冻土上限深度为 -3.5m，与同期天然孔地温相比，地表下 6m 以内的土层升温约 0.3℃，6m 以下土层地温未出现明显变化。上述地温曲线特征表明，通风管路基在观测期内已经在新的热边界条件下达到平衡，冻土地温未出现明显升温过程，冻土上限也保持稳定。图 8-11（b）表明，在黑色路面的强吸热作用下，观测期内对比普通路基冻土上限出现明显下降过程，2013～2014 年冻土上限下降量约为 1.5m。综上可见，通风管路基自建设完成时，下伏多年冻土热状况已很快进入一个新的平衡时期，且下伏多年冻土未见明显退化过程，这对保持路基稳定性，减少路基病害有十分积极的作用。

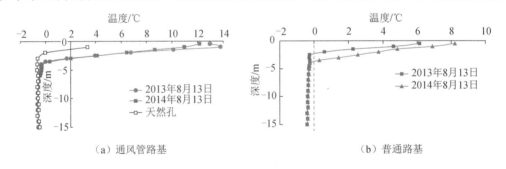

（a）通风管路基　　　　　　　　　　（b）普通路基

图 8-11　通风管路基和普通路基路中孔地温曲线

8.2.3　服役性能分析

1. 分析方法

为了建立多年冻土区特殊路基服役性能评价体系，对现有工程技术措施的使用效果进行系统评价，本节在对青藏线路段病害状况及病害成因进行系统调查的基础上，将影响路基服役性能的病害进行了分类，并将其严重程度统一区划为轻、中、重 3 个等级，划分依据如表 5-2 所示。

本节借鉴软土地区公路病害的评价标准，考虑到多年冻土区公路病害分布的复杂性，根据以往对青藏公路沉陷病害研究经验和成果的积累，制定了青藏公路多年冻土地

区沉陷病害的评价标准。表 8-1 是根据以上标准对青藏公路 K2871～K3422 段病害进行
分级统计的结果。

表 8-1　青藏公路 K2871～K3422 段路基病害统计

病害类型	分级	统计属性	病害量	病害总量	病害率/%
波浪	—	长度/km	117	117	18.84
沉陷	轻	面积/m²	37402	81966	18.86
	中	面积/m²	31329		
	重	面积/m²	13235		
	最大沉陷量	深度/m	0.6		
路基纵向裂缝	轻	长度/km	9.8	109.3	17.6
	中	长度/km	47.1		
	重	长度/km	52.4		
	最大裂缝宽度	宽度/mm	500		
路基横向裂缝	轻	长度/km	18.8	25.2	4
	中	长度/km	9.9		
	重	长度/km	6.5		
翻浆	轻	面积/m²	0	10050	0.23
	中	面积/m²	0		
	重	面积/m²	10050		

路基破损状况采用路基状况指数（ECI）进行评价，路基状况指数由路基破损率（DR）
计算得出

$$\text{ECI} = 100\% - 15\text{DR}^{0.412} \qquad (8\text{-}1)$$

$$\text{DR} = D / A \times 100\% = \sum\sum D_{ij} K_{ij} / A \times 100\% \qquad (8\text{-}2)$$

式中，D 为调查路段内的折合破损面积；A 为调查路段的路面总面积；D_{ij} 为第 i 类损坏、
j 类严重程度的实际破损面积；K_{ij} 为第 i 类损坏、j 类严重程度的换算系数（具体取值如
表 8-2 所示）。

表 8-2　青藏公路路基破损换算系数

病害类型	分级	换算系数
沉陷（i=1）	轻（j=1）	0.4
	中（j=2）	0.6
	重（j=3）	1
纵裂（i=2）	轻（j=1）	0.4
	中（j=2）	0.6
	重（j=3）	0.8
横裂（i=3）	轻（j=1）	0.2
	中（j=2）	0.3
	重（j=3）	0.4
波浪（i=4）	轻（j=1）	0.4
	重（j=3）	0.8

2. 现有青藏公路特殊结构冻土路基服役性能综合评价

本节系统整理了青藏公路沿线常用特殊结构冻土路基自 2003 年以来的地温、变形、病害监测数据，通过调查道路使用状况、分析病害机理，同时结合监测数据，采用路基状况指数对实施特殊措施路段实际效果进行综合评价，结果如表 5-9 所示。

由表 5-9 可知，各类特殊措施中，热棒路基降温、隔热有效率最高，达到 95%，但仍有 30%热棒路段会在修筑后 4 年内出现严重纵裂、沉陷病害；片块石路基降温、隔热有效率仅为 55%，但由于块石路基自身强度较高，且具有良好的阻水性，其预防路基病害有效率高达 80%，当片块石与通风管联合使用时，可将其降温、隔热有效率从 55%提升至 75%；XPS 板路基降温、隔热有效率为 90%，但由于其并非主动制冷措施，且自身强度较低，预防路基病害有效率仅为 60%，但能有效延缓病害发生时间，部分路段甚至在道路铺设 8 年后，才开始出现病害；通风管路基降温、隔热有效率高达 90%，且能使路基体内温度曲线更为平顺，但由于通风管在风沙及路基变形条件下容易阻塞，一定程度上影响了使用效果，有 70%的通风管路基可有效阻止道路病害发生。

8.2.4 施工控制分析

1. 施工难点分析

结合共和至玉树（结古）高速公路、花石峡至大武公路的施工实践经验，不同的工程措施具有以下施工难点。

（1）XPS 板路基弯沉超标问题

XPS 板自身材质、下承层强度和平整度、埋设位置均会对 XPS 板路基顶面弯沉产生较大影响，而 XPS 板自身材质和下承层强度对 XPS 板的影响更为突出。为了达到较好的路基顶面弯沉控制效果，除了选用符合设计要求的 XPS 板材料外，XPS 板下承层指标还必须严格控制如下：XPS 板下承层弯沉代表值小于路基顶面设计弯沉的 0.8 倍，压实度、平整度应达到路基顶面验交标准。以共和至玉树（结古）高速公路为例，要求 XPS 板下承层弯沉代表值小于 164×0.01mm，方可埋设 XPS 板，这在实际操作过程中比较难以实现，有时还需要自卸车满载碾压才能实现。

（2）片块石粒径、孔隙率和压实问题

片块石的粒径直接影响片块石层的孔隙率，室内试验对片块石孔隙率的测定结果表明：25cm 粒径的片块石层孔隙率约为 46%，然而为保证片块石路基的稳定性，对片块石层进行碾压和冲击碾压，这会对片块石层的孔隙率造成不利影响。在保证片块石路基结构稳定性的前提下，如何满足最佳孔隙率，这在现场实际施工过程中比较难以实现。

2. 施工效率分析

不同工程措施的工作原理、工程结构、施工内容、施工工艺均不同，加之不同的施工企业施工组织能力有较大差别，各种工程措施的施工效率高低很难界定。为了对比不同工程措施的施工效率，本节采用测算及现场调查的方法，得出每种工程措施的单日完成工程量，然后将主要工程完成量折合成长度（按 10m 宽、3m 高路基工程量折合），通过与普通路基单日完成长度对比，最终获得不同工程措施的施工效率，如表 8-3 所示。

表 8-3　不同工程措施的单日完成工程量

序号	特殊结构路基	单日完成工程量	按照 10m 宽、3m 高路基工程量折合长度/m	施工效率/%
1	XPS 板路基	XPS 板 1800m^2	214	85.60
2	热棒路基	热棒 40 根	60	24.00
3	片块石路基	片块石 1000m^3	45	18.00
4	通风管路基	通风管 300m	35	14.00
5	普通路基	土方 4000m^3	250	100.00

表 8-3 为共和至玉树（结古）高速公路、花石峡至大武公路通过测算及现场调查，所获得的不同工程措施的单日完成工作量。从表 8-3 可以看出，XPS 板路基单日可完成 1800m^2，折合长度 214m；热棒路基单日可完成 40 根热棒的安装，折合长度 60m；片块石路基单日可完成片块石 1000m^3，折合长度 45m；通风管路基单日可完成 300m 通风管路基铺设，折合长度 35m；普通路基单日可完成 4000m^3 土方挖、运、填、压工作，按照填土厚 1.5m 路基（宽 10m、高 3m）进行折合，折合长度 250m。将各种工程措施的单日完成工程量折合长度与普通路基对比，得到不同工程措施的施工效率。XPS 板路基、热棒路基、片块石路基及通风管路基施工效率分别为 85.60%、24.00%、18.00%和 14.00%。

3. 施工配置分析

各种已有措施工程结构不同，使用的材料不同，材料原价差异大。因此，本节不考虑材料费对工程措施成本的影响，仅分析不同工程措施的施工机械和劳力配备。首先，明确单个工作面下各种工程措施最优的机械配备组合、劳力配备。然后，在充分调查的基础上，掌握不同机械的月租赁价格及单日劳力价格。最后，结合上文施工效率分析，在最优的施工机械和人工劳力配备条件下，分别计算不同工程措施单个工作面每千米所需要的机械费和人工费，以此来对比不同工程措施所需要的资源配置情况，所得结果如表 8-4 所示。

表 8-4　不同工程措施单个工作面每千米施工配置　　　　（单位：万元）

序号	工程措施名称	机械费	人工费	人工费+机械费
1	XPS 板路基	8.16	3.36	11.52
2	热棒路基	4.56	6.00	10.56
3	片块石路基	35.03	12.00	47.03
4	通风管路基	38.28	18.00	56.28

4. 施工控制综合评价

将各种工程措施按照施工难点项目、专用机械设备种类和施工效率 3 项汇总得到

表 8-5。从表 8-5 可以看出，XPS 板综合评价最高，其次分别为热棒路基、片块石路基和通风管路基。

表 8-5　不同工程措施综合评价表

序号	特殊结构路基	施工难点项目	专用机械设备种类	施工效率/%
1	XPS 板路基	2	0	85.60
2	热棒路基	3	3	24.00
3	片块石路基	4	2	18.00
4	通风管路基	5	2	14.00

8.2.5　工程经济性分析

多年冻土区路基工程造价是冻土路基工程数量和单价的乘积。多年冻土区不同路基处置措施工程数量与建设方案（整体式或分离式）、建设等级（影响路基宽度）、工程措施设计方案、路基高度、坡度、原地表状况等多个因素直接相关。其中，工程量清单可以反映不同工程措施的工程实体消耗和措施性消耗的工程量。

不同的施工企业对某一合同段的工程量清单子项的投标报价，不仅与投标策略和报价技巧有关，还取决于所在合同段的工程特点、工程规模、区域状况（原材料运输距离、砂砾、片块石料场状况）和建设条件（海拔、气候条件）等因素。此外，工程措施的设置还会对路基防护工程产生不同程度的影响，进而影响路基整体的造价，如片块石层、通风管层两侧边坡不需要进行防护等。

表 8-6 为不同路基宽度和高度条件下各种工程措施的造价汇总。从表 8-6 可知，当路基高度为 3m 时，不论何种路基宽度条件下，热棒路基造价最高，其次为通风管路基、片块石路基和隔热层路基。当路基高度为 4m 时，当路基宽 8.5m 时，造价由高到低分别为热棒路基、通风管路基、片块石路基和隔热层路基；当路基宽 10m 时，造价由高到低分别为通风管路基、热棒路基、片块石路基和隔热层路基；当路基宽 12.25m 时，造价由高到低分别为通风管路基、片块石路基、热棒路基和隔热层路基。当路基高度为 5m 时，不论何种路基宽度下，造价由高到低分别为片块石路基、通风管路基、热棒路基和隔热层路基。总体而言，隔热层路基造价最低；而片块石路基与通风管路基造价差别不大，幅宽较窄时，同等条件下热棒路基的造价高于片块石和通风管路基，而随着幅宽的增加，片块石和通风管路基的造价则高于热棒路基。

表 8-6　不同路基宽度和高度条件下各种工程措施的造价汇总　　（单位：万元/km）

序号	工程措施	路基宽度 8.5m			路基宽度 10m			路基宽度 12.25m		
		填高 3m	填高 4m	填高 5m	填高 3m	填高 4m	填高 5m	填高 3m	填高 4m	填高 5m
1	隔热层	361.1	470.9	591.1	386.7	500.4	624.6	432.4	552.0	682.0
2	热棒	569.4	679.2	799.5	584.3	698.0	822.2	608.5	728.1	858.1
3	片块石	480.6	653.2	836.3	519.0	695.6	882.6	578.6	761	953.9
4	通风管	509.8	670.9	835.6	537.9	702.9	871.5	600.1	771.0	945.4

8.2.6　综合评价

结合上述分析，分别对已有冻土路基稳定措施综合评价如下。

1）隔热层路基是一种通过增大路基热阻降低下伏冻土吸热量的被动保温工程措施。其降温性能良好，可以保证在运营过程中的性能基本稳定，且其隔热性能在运营过程中基本保持稳定。其可以延缓冻土融化造成道路病害的时间，通常的路基路面病害一般为轻度或中度水平，因多伴有边坡冲刷、路侧积水等状况，故不能从根本上消除病害。施工控制方面，其存在路基顶面弯沉控制的工艺难点，无需特殊机械设备，且施工效率最高。此外，在工程经济性方面，其也具有相当大的价格优势。结合其特点可知，隔热层路基更适用于低温冻土区，同时其作为一种被动保温措施与热棒等主动冷却措施联合使用，在降低地温的同时，还可有效降低路基高度和减轻路基自重，将取得较好的效果。

2）热棒路基是一种在冷季高效导出路基热量、冷却路基的点状降温工程措施。其制冷效果非常明显，在路基运营期间，热棒附近的地温低于天然孔地温，并保持长期稳定。但其点状换热外形特征导致路基及下伏冻土区域温度场起伏较大，在冷暖交替季节，热棒附近上限不断波动，路基土体在冻融交替作用下易发生纵裂、局部沉陷等病害。施工控制方面，其并没有较大的施工工艺难点，施工效率也相对较高，但施工中需要用到空压机、潜孔钻机和随车起吊等专用施工机械设备。其工程经济性主要随路面宽度和高度变化，在路面宽度和高度较小时，热棒路基的造价较高，而随着路面宽度和高度的增加，其造价略低于通风管路基和片块石路基。结合其特点可知，热棒路基对于高低温冻土区均适用，同时其与隔热层等平面型冷却措施联合使用，能有效克服温度场平顺性差的缺点，且降温效能更为优秀。

3）片块石路基是一种利用空气在路基片块石层内的流动来改变路基传热方式（冷季强迫对流、暖季隔热）的主动降温工程措施。其相对于普通路基而言，冻土融化速率和地温升温速率明显降低，且可以从一定程度上减少路基阴阳坡效应造成的不均匀沉降，起到了非常明显的降温效果。由于实际施工过程的复杂性，只有约55%的片块石路基起到了降温作用，但其对于路基病害的预防效果较好，可达80%，其病害类型主要为横裂、沉陷等。片块石路基在施工过程中存在片块石粒径、孔隙率和压实等工艺问题，需要用到筛分台和三边压路机等专用施工机械设备，且由于施工质量的要求，其施工效率也相对较低。片块石路基复杂的施工过程导致其造价相对较高，特别是随着路面幅宽和路基高度的增加，其造价迅速增加。结合其特点可知，片块石路基作为一种基底通风的主动冷却措施，适用于不同的地温环境，但其降温效能的发挥对施工质量的要求较高；其与被动保温的隔热层联合使用，如 XPS 板、EPS 板等，或与主动冷却的通风管联合使用，将有助于获得更好的路基降温效能。

4）通风管路基是一种冷季时通过管内气流强制对流冷却路基的主动降温工程措施。其制冷效果非常明显，可有效提升冻土上限，路基修筑完成后，可很快与下伏冻土达成新的热平衡状态，路基温度场较为平顺。在实际工程使用中，90%通风管路基可通过通风效应，引入外界冷量降低路基温度。其路基病害以局部沉陷为主，且大多为轻度或中度病害，重度病害极少。通风管路基施工工艺方面无较大难点，但施工中需要使用吊车和高速液压夯等专用机械设备，同时由于通风管吊装、固定、管间回填等工序较为复杂，其施工效率在已有工程措施中最低。复杂的施工过程导致其造价相对较高，且通风管作为横穿路基断面的线状工程措施，其造价也随路面宽度和高度的增加而增加。结合其特点可知，通风管降温效能的发挥受到地形、风速和风向等的影响；如能采取一些加强冷季通风措施（如透壁式通风管和弥散式通风管等）及一些限制暖季通风措施（如加入调节风门等），则其降温效能将得到较大提升；通风管布置形式（安装高度、净间距、倾斜角度等）的优化、与其他工程措施（片块石等）联合使用也有助于提高路基的降温效能。

8.3 大尺度路基条件下已有典型措施的改进

8.3.1 片块石路基

1. 计算模型及方法

本节采用数值模拟的方法分析片块石路基多工况换热特性，并对其降温性能做了研究。片块石路基数值模型见 6.3.1 节。分析所建立的片块石路基计算几何模型如图 6-9 所示。其中，路基高度 H、片块石厚度 H_c 和宽度 W 视具体工况而定，坡度均为 1∶1.5，计算区域按地层岩性分为两层，自上而下分别为粉质黏土（3.0m 厚）和泥岩（27.0m 厚）。模型左右两侧取坡脚外 30m 范围内土体，深度取 30m。

模型中各层土的物理性质按照温度的分段函数处理，路基各表面（顶面、路基边坡、路肩、天然地表等）均取为温度正弦周期性变化的第一类边界条件。模型的温度场初始值设置中，路堤填土区域的初始温度取施工时间浅地表土层温度，下伏冻土区域初始温度依照无温升的天然地层多年迭代计算结果设置。

2. 材料参数及边界条件

片块石平均粒径为 20cm，渗透率为 $3.48\times10^{-6}\,\mathrm{m}^2$。计算模型各层固体介质的热参数如表 4-1 所示。

3. 边界条件

模型中各边界处的边界条件取值见 4.1.1 节。

4. 计算工况设计

对于片块石路基而言，其主要结构参数包括路基高度和片块石厚度等。同时，结合以往设计经验，片块石路基主要应用于高温冻土区。因此，为考察不同路基高度、片块石厚度和年平均地温条件下片块石路基的降温效能，片块石路基数值计算工况如表 8-7 所示。

表 8-7　片块石路基数值计算工况表

工况序号	路基高度/m	片块石厚度/m	年平均地温/℃
1	2	1.2	−0.5
2	2	1.2	−1.0
3	2	1.2	−1.5
4	2	0.9	−0.5
5	2	0.9	−1.0
6	2	0.9	−1.5
7	2.5	1.5	−0.5
8	2.5	1.5	−1.0
9	2.5	1.5	−1.5
10	3	2.0	−0.5
11	3	2.0	−1.0
12	3	2.0	−1.5
13	3	1.5	−0.5
14	3	1.5	−1.0
15	3	1.5	−1.5
16	3	1.2	−0.5
17	3	1.2	−1.0
18	3	1.2	−1.5

5. 路基高度及块石层厚度对降温效能影响分析

图 8-12 为年平均地温为-0.5℃、片块石厚度为 1.5m 和年平均地温为-1.5℃、片块石厚度为 1.2m 两种工况下的冻土人为上限与路基高度的变化关系。图 8-12 表明，路基高度作为片块石层的外部参数，主要通过改变路基热阻和片块石层顶部温度对片块石路基下人为冻土上限施加影响，随着路基高度的增大，人为冻土上限先下降后抬升，但是整体变化幅度不大。对于宽幅路基，在块石层厚度不变的条件下，可通过适当减小路基高度来增强片块石路基的降温效能，但其效果有限。

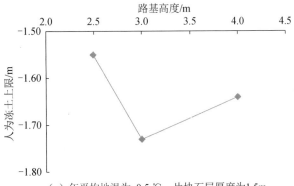

（a）年平均地温为-0.5 ℃、片块石层厚度为1.5m

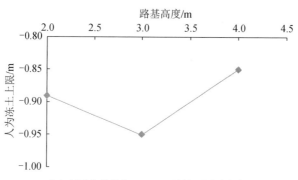

（b）年平均地温为-1.5 ℃、片块石层厚度为1.2m

图 8-12　人为冻土上限与路基高度的变化关系

片块石厚度直接决定了片块石路基内是否发生自然对流及其强弱程度。图 8-13 为不同年平均地温和路基高度工况条件下冻土人为上限的变化情况。由图 8-13 可知，在不同的年平均地温和路基高度条件下，片块石厚度越大，其降温效能越好，下部冻土人为上限越浅。对于宽幅路基，在路基高度保持不变的条件下，可通过增大片块石厚度来增强其降温效能。

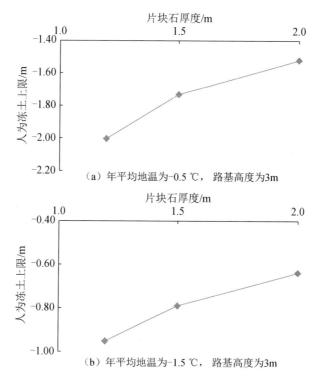

（a）年平均地温为-0.5 ℃，路基高度为3m

（b）年平均地温为-1.5 ℃，路基高度为3m

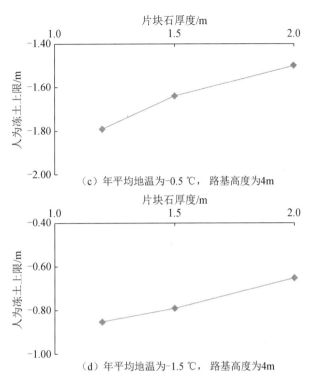

（c）年平均地温为-0.5℃，路基高度为4m

（d）年平均地温为-1.5℃，路基高度为4m

图 8-13　人为冻土上限与片块石厚度的变化关系

6. 结构改进

由前面的分析结论可以看出，增强片块石路基降温效能的一个有效途径是降低其顶部温度，因此，本节提出了采用片块石层顶部增加通风管或通风板以增强片块石路基降温效能的结构改进措施，并做了数值和现场试验。

图 8-14（a）为通风管-片块石复合路基数值模型示意图。图 8-14（b）为修筑完成 20 年后片块石路基和通风管-片块石复合路基最大融化季节路基中心线地温分布。从图 8-14（b）可以看到，通风管对片块石层降温效能有着显著的改进作用，在路基基底以下，通风管-片块石复合路基的地温普遍低于片块石路基。二者人为冻土上限分别为-1.8m 和 -0.8m，10m 深度处二者地温分别为-1.2℃和-1.9℃，通风管将片块石路基的人为冻土上限抬升了 1.0m，10m 深处地温降低了 0.7℃。上述分析表明，位于片块石层顶部的通风管在冷季直接将外界冷空气引入片块石层顶部，降低其温度，增大片块石层顶底温差，增强其自然对流，整体上增强了其降温效能；并且在暖季引入的热量有限，总的效果是增大了路基的散热量，进一步抬升了下伏冻土上限，降低了冻土地温。因此，在片块石层顶部增设通风管是一种有效的改进措施。

通风板-片块石复合路基和通风管-片块石复合路基有着相同的降温工作原理，其降温效能数值验证过程与结果与通风管-片块石复合路基类似，故此处不再展开。通风板的施工过程相较于通风管更为简单，且路基结构强度也有所提升，我们于 2014 年在青海省共和至玉树（结古）高速公路二期 K568+400 段铺设了试验路段（图 8-15），取得了较好的效果。

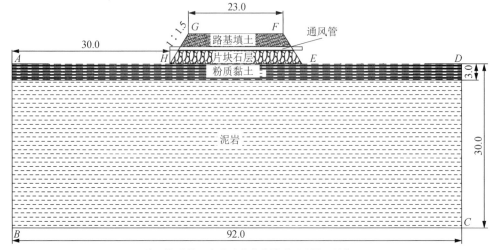

（a）通风管-片块石复合路基数值模型示意图（单位：m）

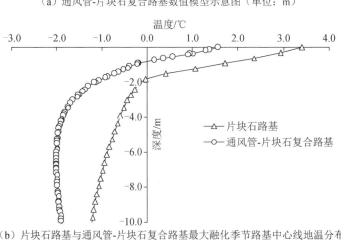

（b）片块石路基与通风管-片块石复合路基最大融化季节路基中心线地温分布

图 8-14　通风管-片块石复合路基数值模型及降温性能对比图

图 8-15　共和至玉树（结古）高速公路二期 K568+400 段通风板-片块石
复合路基试验段施工现场图

8.3.2　通风管路基

1.　计算模型及方法

本节采用数值方法模拟通风管路基多参数换热特性，并对其降温性能做了分析，数值模型见 6.2.1 节。所建立的通风管路基计算模型如图 6-4 所示。天然冻土层的土质分为两层，依次为粉质黏土和泥岩，厚度分别取为 3.0 m 和 27.0 m。为反映远场空气来流对公路表面的流动换热过程，避免入口效应对计算结果的影响，空气的入口段及出口段均取为 30m。公路沥青路面宽度、厚度、路基高度、通风管净间距和埋置深度等几何尺寸随设计工况变化。

数值计算基于三维非稳态湍流模型，并采用隐式算法进行数值求解。考虑到通风管路基沿纵向的周期性换热特性，本节计算模型取路基纵向单管影响范围为一个计算单元。设置地表各表面及风速均为第一类边界条件，并随时间周期性变化。空气的定性温度取为 0℃，各土层的物理性质取为与温度相关的阶梯函数。数值模型的初场设置与片块石路基类似，即首先计算获得路基修建之前不同深度土体 100 年后的温度数据 $[g(t)=0]$，然后通过公式拟合获得初场温度拟合计算公式并导入数值模型，从而完成初场设置。

2.　不同路基几何尺寸条件下通风管路基的换热性能分析

本节分别对幅宽为 10m、13m 和 26m 工况下通风管路基的年平均地温、最大融化深度和基底 20 年累计吸热量进行了计算，结果如表 8-8 所示。由表 8-8 可以看到，年平均地温随幅宽增加略有增大，而基底 20 年累计吸热量随着幅宽增加缓慢增长。图 8-16 为 10m 和 26m 路基在路基建成第 20 年 6 月 30 日的温度分布。由图 8-16 可知，相较于 10m 窄幅路基而言，26m 宽幅路基的沥青面层及通风管上部填土区域温度较高，而通风管下部的土层温度则略低。综上可知，通风管路基有效地起到了路基冷却、隔热的作用，且由于换热管程的增加，宽幅通风管路基的效果甚至优于窄幅通风管路基。

表 8-8　不同幅宽通风管路基的年平均地温、最大融化深度和基底 20 年累计吸热量

幅宽	年平均地温/℃	最大融化深度/m	基底 20 年累计吸热量/MJ
10m	-1.35	-0.12	5550.1
13m	-1.41	-0.149	5808.6
26m	-1.62	-0.111	6198.4

表 8-9 为路基高度分别为 3m 和 5m、路面宽度分别为 10m 和 26m 工况下通风管路基的年平均地温、最大融化深度和基底 20 年累计吸热量的计算结果。由表 8-9 可知，路基高度的增加大大提升了冻土的融化上限，尤其是对宽幅路基而言，冻土上限由-0.111m 提升为 2.547m，由天然地表下提升至通风管上部；而基底 20 年累计吸热量虽然随着路基高度的增加而增大，但增大的幅度并不明显。

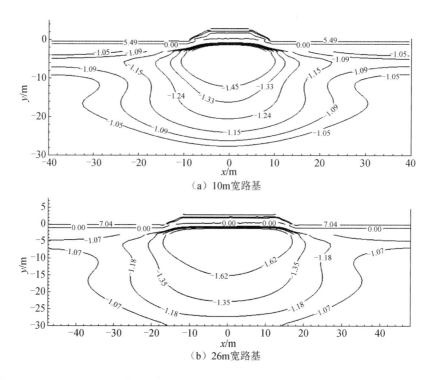

（a）10m宽路基

（b）26m宽路基

图 8-16 10m 和 26m 通风管路基在路基建成第 20 年 6 月 30 日的温度分布（单位：℃）

表 8-9 不同高度和幅宽通风管路基的年平均地温、最大融化深度和基底 20 年累计吸热量

工况	年平均地温/℃	最大融化深度/m	基底 20 年累计吸热量/MJ
3m 高、10m 宽	−1.350	−0.12	5550.1
5m 高、10m 宽	−1.543	−0.02	6842.2
3m 高、26m 宽	−1.620	−0.111	6198.4
5m 高、26m 宽	−1.873	2.547	7181.4

坡度对坡面的宽度和路基横断面的宽度都有影响，本节分别对坡度为 1∶1.5 和 1∶2.0 的通风管路基进行了数值计算，结果如表 8-10 所示。由表 8-10 可知，随着坡度的减小，13m 和 26m 宽路基的年平均地温均变化较小（≤0.02℃）；最大融化深度方面 13m 宽路基变化较小，而 26m 宽路基的最大融化深度由−0.111m 抬升至 0.812m，影响显著；基底 20 年累计吸热量随着坡度的减小有一定的抬升。综上可知，对于宽幅通风管路基而言，适当增大坡度可在一定程度上强化通风管的冷却路基效果。

表 8-10 不同坡度和幅宽通风管路基的年平均地温、最大融化深度和基底 20 年累计吸热量

工况	年平均地温/℃	最大融化深度/m	基底 20 年累计吸热量/MJ
坡度 1∶1.5、13m 宽	−1.41	−0.149	5808.6
坡度 1∶2.0、13m 宽	−1.43	−0.148	7552.5

续表

工况	年平均地温/℃	最大融化深度/m	基底 20 年累计吸热量/MJ
坡度 1:1.5、26m 宽	-1.62	-0.111	6198.4
坡度 1:2.0、26m 宽	-1.61	0.812	7196.7

3. 宽幅条件下通风管路基降温效能的参数影响分析

图 8-17 为通风管埋置深度分别为 0.6m、0.8m、1.0m 和 1.2m 的 26m 宽幅路基的年平均地温和最大融化深度的计算结果。由图 8-17 可知，随着通风管埋置深度逐渐增加，路基的年平均地温和最大融化深度均逐渐增加。可见由于通风管路基的显著冷却路基作用，冻土上限跟随通风管布设位置而变化，而通风管路基的隔热作用体现在其埋置深度对年平均地温的影响较小。

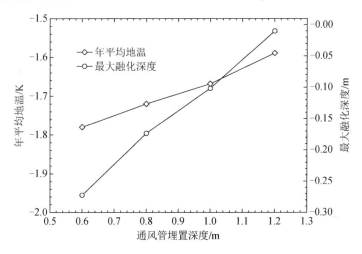

图 8-17　不同通风管埋置深度下 26m 宽幅路基的年平均地温和最大融化深度

图 8-18 为通风管净间距分别为管径 1～3 倍时（管径分别为 40cm 和 60cm）26m 宽幅路基年平均地温和最大融化深度的计算结果。由图 8-18 可知，随着通风管净间距的增大，路基的最大融化深度变化相对较小，仅由 1 倍管径净间距时的-0.42m 变为 3 倍管径净间距时的-0.35m；而年平均地温略微增加，由 1 倍管径净间距时的-1.67℃增大为 3 倍管径净间距时的-1.4℃，变化也非常小（均为 40cm 管径数值）。因此可以推知，通风管的净间距在小倍数管径变化时影响较小。

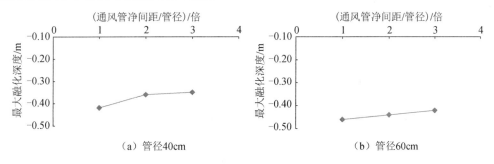

（a）管径40cm　　　　　　　　　　（b）管径60cm

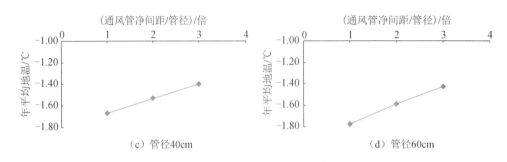

图 8-18　不同通风管净间距下 26m 宽幅路基的年平均地温和最大融化深度

4. 倾斜式通风管路基对降温效能的提升分析

倾斜式布置的通风管内空气由低温区吹向高温区，符合换热器设计中逆流布置的基本强化换热原理。表 8-11 为通风管布置倾斜角度分别为 2%、3% 和 4% 时不同幅宽路基的年平均地温、最大融化深度和基底 20 年累计吸热量计算结果。由表 8-11 可知，相对于水平布置的通风管路基而言，倾斜式布置的通风管路基可以提高最大融化深度和减小基底 20 年累计吸热量，但对年平均地温的影响较小。以 26m 宽幅路基为例，水平布置的通风管路基最大融化深度和基底 20 年累计吸热量分别为 -0.111m 和 6198.4MJ，而 2% 角度倾斜布置的通风管路基最大融化深度和基底 20 年累计吸热量分别为 0.133m 和 5483.9MJ，可见倾斜式布置的通风管路基的降温效能更为明显。此外，对比不同幅宽和不同倾斜角度的计算结果可见，倾斜角度变化对通风管路基的年平均地温、最大融化深度和基底 20 年累计吸热量有一定影响，但并不显著，在现有通风管略微倾斜的布设方法前提下，倾斜角度并非越大越好，而是存在一个最优值。如果以基底 20 年累计吸热量为考核指标，根据本节的计算结果可知通风管 3% 角度倾斜布置效果较好。

表 8-11　不同布置倾斜角度通风管路基的年平均地温、最大融化深度和 20 年累计吸热量

幅宽/m	倾斜角度/%	年平均地温/℃	最大融化深度/m	基底 20 年累计吸热量/MJ
26	2	-1.503	0.133	5483.9
	3	-1.506	0.123	6122.4
	4	-1.506	0.123	6121.7
13	2	-1.28	0.057	5148.4
	3	-1.29	0.048	5183.2
	4	-1.30	0.055	5370.5
10	2	-1.212	0.09	4783.7
	3	-1.217	0.09	4558.5
	4	-1.414	0.07	5083.2

5. 透壁式通风管-片块石复合路基的降温效能研究

图 8-19 为 24.5m 宽幅公路透壁式通风管-片块石复合路基中心线不同深度温度与

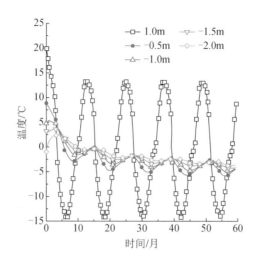

图 8-19　透壁式通风管-片块石复合路基中心线不同深度温度与时间的关系

时间的关系。可以看到，-2.0~-0.5m 深度的地温经过第 1 年就降低到 0℃以下，并且随着时间的增长，有整体稳步降低的趋势，相对于与普通路基，地温降低明显，说明宽幅公路透壁式通风管-片块石复合路基确实具有良好的调温效果。

图 8-20 为透壁式通风管-片块石复合路基中心线下温度与深度的关系。由图 8-20 可见，宽幅公路透壁式通风管-片块石复合路基降低冻土温度的效果明显，降温效果在第 1 年就有所显现，各个月份下地基深度-6m 处的温度均稳定在-0.8℃。第 2 年降温效果已非常明显，路基中心线下的地基温度除 8、9、10、11 月外基本上低于 0℃，各个月份下地基深度-6m 处的温度在-0.5℃。此后路基中心线下-6m 处的地基温度随着时间的增长明显地降低，第 3 年为-0.8℃，第 4 年为-1.2℃，第 5 年为-1.5℃，第 10 年为-2.3℃。从第 3 年起，一年中各个月份路基中心线下的地基温度均低于 0℃，并且冻土上限大幅度提高，路基中部的降温效果非常明显。

6. 通风管-空心块路基的降温效能研究

对通风管降温效能进行改进的另外一种方式是将其与空心块进行组合，组合结构如图 8-21 所示。取初始冻土年平均地温为-0.8℃，空心块层厚度为 1m，计算模型同于通风管-片块石层路基，计算参数同于前节。计算得到的通风管-空心块路基修筑完成后第 50 年 10 月 15 日的温度分布如图 8-22 所示。图 8-22 表明，无论是在窄幅还是宽幅条件下，通风管与空心块的组合都是对通风管结构的有效改进，大大提高了单一结构的降温效能，在路基运行 50 年后，路基下冻土仍保持着-2℃以下的较低温度。

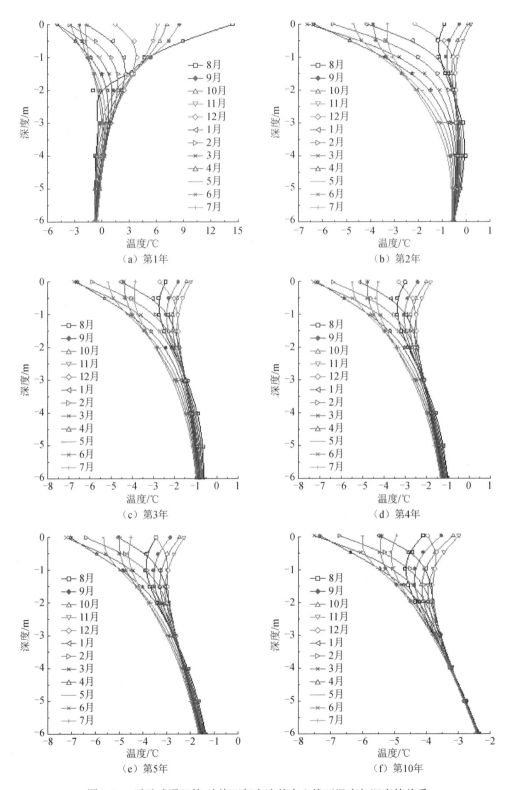

图8-20　透壁式通风管-片块石复合路基中心线下温度与深度的关系

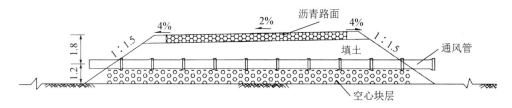

图 8-21 通风管-空心块路基结构示意图（单位：m）

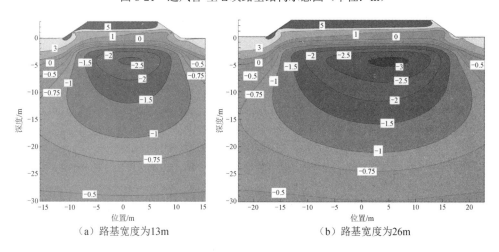

（a）路基宽度为13m （b）路基宽度为26m

图 8-22 通风管-空心块路基修筑完成后第 50 年 10 月 15 日的温度分布图（单位：℃）

进一步比较图 8-22（a）和（b）可以发现，宽幅路基和窄幅路基下的最低温度分别为-3.0℃和-2.5℃；宽幅路基不同地温量值的地温等值线所到达的深度均较窄幅路基增加 2～4m，包络面积扩大 1～2 倍；宽幅路基的"冷能"储量为窄幅路基的 3.6 倍。由此可见，通风管-空心块路基在窄幅和宽幅条件下均表现为放热状态，且后者放热强度大于前者。我们定义这种路基结构相同、冻土地质相同的条件下，宽幅路基降温效能大于窄幅路基的现象为聚冷效应。聚冷效应不只限于通风管-空心块路基结构，如前所述，普通通风管路基也存在聚冷效应。通风管路基产生聚冷效应的主要原因为路基宽度越大，通风管长度越大，外界冷空气的管程就越大，对流就越充分，因此输入路基的"冷能"就越多。

8.3.3 热棒路基

1. 计算模型及方法

热棒路基计算模型见 6.4.1 节。

2. 模型验证

热棒路基计算模型的验证见 6.4.1 节。

3. 不同安装方式热棒路基降温效能分析

本书基于所建立的热棒路基数值计算模型，对不同安装方式的热棒路基降温效能开展了分析，详见 6.4.2 节。

4. 热棒安装倾斜角度换热性能优化分析

由前面的分析可知，斜插式热棒路基降温性能优于直插式热棒路基，为确定热棒路基最优安装倾斜角度，本节通过室内试验的方法对不同倾斜角度下热棒的传热特性及相关关键参数进行了测试。热棒传热测试装置由装置支撑系统、角度控制系统、温度控制系统、数据测量系统和数据采集系统组成（图 8-23）。试验中对热棒在 0°、10°、20°、30°、40°、50°、60°、70°、80°、90° 共计 10 种倾斜角度（与水平方向夹角）下的换热性能进行了测试。

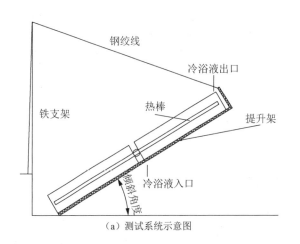
（a）测试系统示意图

（b）试验照片

图 8-23　热棒传热测试装置

图 8-24 为不同倾斜角度条件下热棒外表面热流密度随冷凝段与蒸发段温差变化曲线。从图 8-24 中可以看出，热棒外表面热流密度随热棒冷凝段和蒸发段温差的增大而线性增大（$R^2>0.99$）。

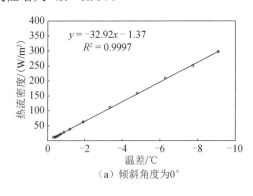
（a）倾斜角度为0°

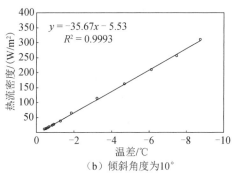
（b）倾斜角度为10°

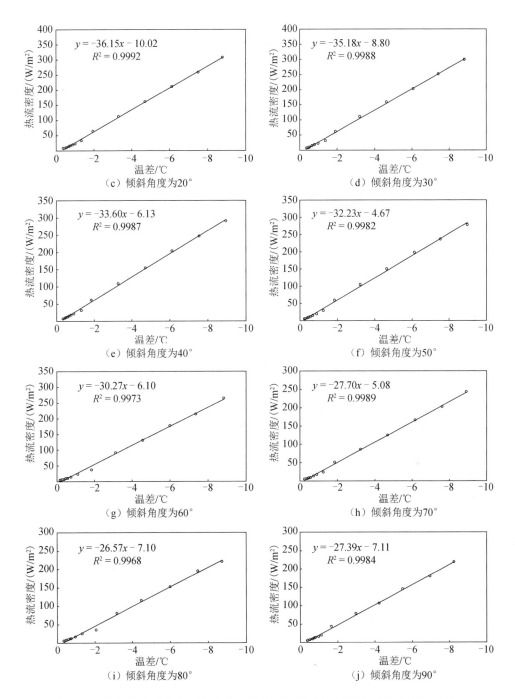

图 8-24　不同倾斜角度条件下热棒外表面热流密度随冷凝段与蒸发段温差变化曲线

　　图 8-25 为热棒在不同倾斜角度条件下的传热系数。由图 8-25 可知，热棒的换热性能与其倾斜角度密切相关，热棒在竖直条件下传热性能并不是最强，其在倾斜过程中传热性能先略微减小，随后在小于 80°以后逐渐增大，在 20°左右时，传热能力比竖直条件下增大达 30%以上，此时热棒换热效率达到最大。

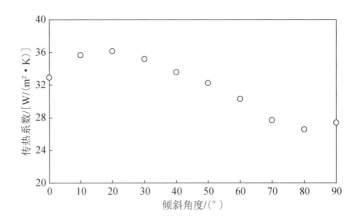

图 8-25　热棒在不同倾斜角度条件下的传热系数

8.4　新型大尺度冻土路基稳定技术

8.4.1　弥散式通风管路基

1. 设计原理

本节根据通风管路基的应用现状，充分利用通风管在冷季的对流散热特点，屏蔽暖季的对流聚热，设计了弥散式通风管路基结构（图 8-26），利用智能控制模块控制风机：冷季风机启动，通风管内吹风形成对流，加速空气冷量下传；暖季风机关闭，通风管内空气处于静止状态，外界热量进入路基只能依靠热传导，从而保护多年冻土。

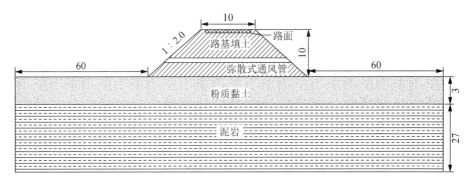

图 8-26　弥散式通风管路基结构示意图（单位：m）

2. 弥散式通风管通风性能试验

理论计算分析表明，无论是 4 根、8 根还是 16 根纵向通风管并联，只要选择合适功率的风机，就能够满足通风需求，不会出现最不利回路风速过小的情况。为验证理论计算结果，本节开展了弥散式通风管通风性能试验研究。

本次试验设置了 4 根及 6 根横向通风管并联试验方案。试验通风管设计方案及试验照片如图 8-27 和图 8-28 所示。

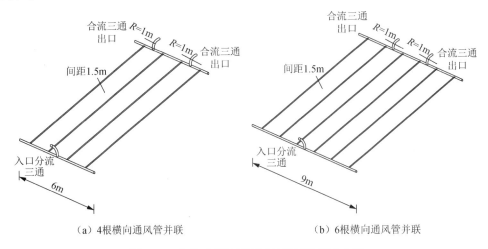

　　　　　　（a）4 根横向通风管并联　　　　　　　　　　（b）6 根横向通风管并联

图 8-27　弥散式通风管通风性能试验设计方案

　　　　　　（a）通风管连接　　　　　　　　　　　　　（b）风速测定

图 8-28　弥散式通风管通风性能试验照片

　　采用高精度风速探头，对通风管道进行风速测量，其中每条纵向通风管不同部位测量 10 次，取得 600 个有效风速数据，系统研究 4 根和 6 根横向通风管并联风路在不同送风功率下的通风情况，同时通过管道开设 1cm 直径圆孔，模拟管道破碎对通风量的影响，观测数据如表 8-12 所示。

表 8-12　4 根和 6 根横向通风管并联通风试验数据

通风管道	风机功率/W	横管风速均值/(m/s)	横向管道风差/%	入口风速/(m/s)
4 管道	100	6.1	2.1	0.32
	60	5.4	2.1	0.20
	30	4.2	2.3	0.15
6 管道	100	4.3	3.2	0.48
	60	2.4	3.2	0.43
	30	1.3	3.5	0.42

　　由表 8-12 可知，4 根横向通风管并联系统拥有较强的通风能力，当风机功率为 30～100W 变化时，风速可达 4.2～6.1m/s，且管系间的风差较小，约为 2.2%，说明 4 根横向通风管并联时，各风路风阻基本相同，不会因风阻差异过大而出现串风情况。6 根横向通风管并联系统横向通风管送风量有所下降，同样 30～100W 风机功率下风速仅为 1.3～

4.3m/s，此外随着管道数目的增多，各管道间的风差有所提升，风差均值为 3.3%，可以认为不影响通风效果。

管道埋设于路基内，碾压过程中，路基中的石子等小颗粒会造成通风管的局部破碎，破碎后的管道对通风系统会造成一定影响。不同破损程度下管道内风速试验数据如表 8-13 所示。可以看到，当破损孔小于 6 个时，对通风管系影响低于 4%。

表 8-13　不同破损程度下管道内风速试验数据

破损孔个数/个	风机功率/W	本通风管风速下降幅度/%	临近管道风速影响/%
1		1.9	0.5
2		2.8	0.8
3	100	3.9	1.4
4		5.4	2.6
5		7.8	3.8
6		11.2	5.9

3. 弥散式通风管降温效能模型试验研究

图 8-29 为弥散式通风管试验模型示意图，试验模型路基宽度为 230cm，基底宽度为 350cm，路基高度为 60cm，基底以下深度为 120cm，弥散式通风管位于基底以上 30cm

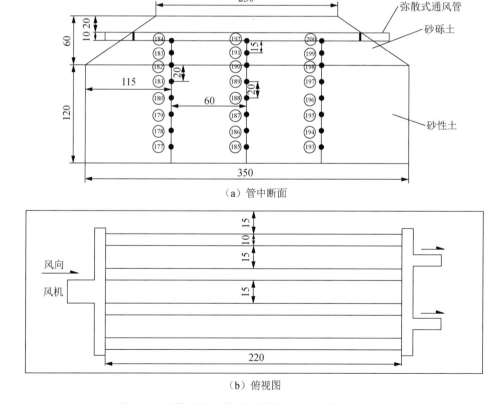

（a）管中断面

（b）俯视图

图 8-29　弥散式通风管试验模型示意图（单位：cm）

处，管径 10cm，横向通风管由 4 根管组成，管长为 265cm，净间距为 15cm。利用自动控制程序控制风机启动与关闭，当气温低于 0℃时，风机启动；当气温高于 0℃时，风机停止工作。

为研究弥散式通风管路基对下伏土体的降温效果，绘制弥散式通风管路基各位置温度时程曲线，如图 8-30 所示。由图 8-30 可知，路基下伏土体整体呈降温趋势，试验经过两个周期（30 天）的运行，路中基底处（探头标号 190）温度最低降至-0.28℃，最低温度降低了 0.6℃，路中基底以下 40cm 处（探头标号 188）最低温度降低了 0.98℃。

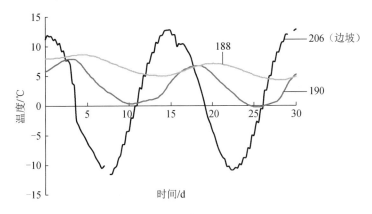

图 8-30　弥散式通风管路基各位置温度时程曲线

图 8-31 为管间断面第 2 周期冷季、暖季温度等值线分布。由图 8-31 可知，冷暖季路基下部土体温度差异不大，等值线形态类似，说明弥散式通风管路基结构对下部土体具有较好的降温效果。

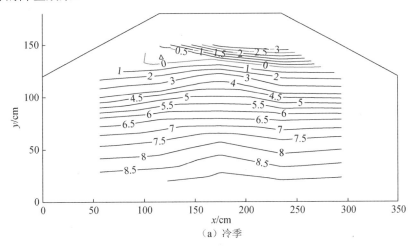

（a）冷季

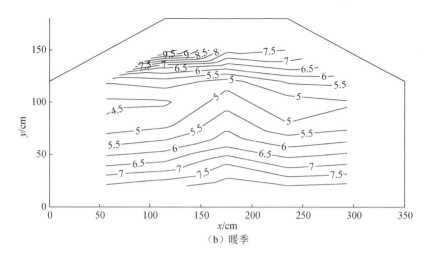

（b）暖季

图 8-31　管间断面第 2 周期冷季、暖季温度等值线分布（单位：℃）

图 8-32 为经历两个周期路中断面管中位置、管间位置冻融过程图。由图 8-32 可知，弥散式通风管位置以下土体呈降温趋势，对比分析管中位置、管间位置冻融过程图，可知两者温度等值线形态类似、位置基本相同，说明弥散式通风管路基纵向降温均匀性较好。

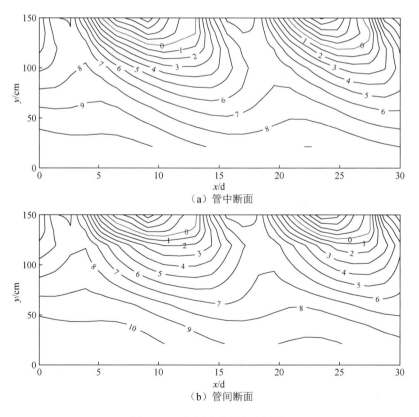

图 8-32　路中断面冻融过程图

4. 弥散式通风管路基降温效能数值模拟研究

本节采用数值方法模拟弥散式通风管路基的换热特性，并对其降温性能做了分析。图 8-33 为弥散式通风管路基建成 20 年内冻土上限的变化情况。由图 8-33 可知，在路基建成的初始阶段，冻土上限持续提升，建成 5 年后，冻土上限基本保持不变，冻土上限由天然上限的-1.0m 左右（-1.5℃地温）抬升为 0.11m。图 8-34 为弥散式通风管路基建成第 5 年 10 月 30 日和第 20 年 10 月 30 日温度的分布。由图 8-34 可见，其温度场明显有着以通风管为界上下分层分布的特点。这说明弥散式通风管路基起到了有效的降温、隔热作用，保证了下伏冻土不再变化。

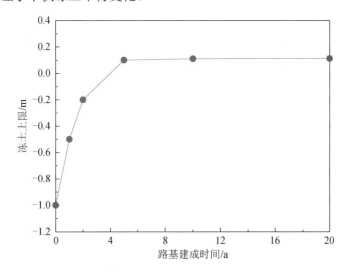

图 8-33　弥散式通风管路基建成 20 年内冻土上限的变化情况

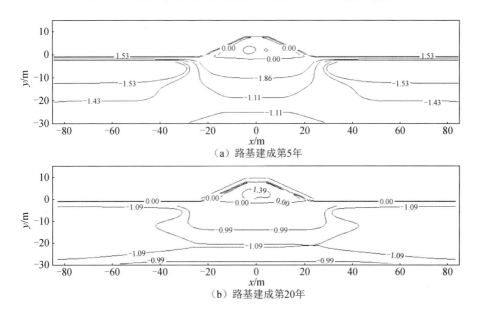

（a）路基建成第5年

（b）路基建成第20年

图 8-34　弥散式通风管路基建成第 5 年 10 月 30 日和第 20 年 10 月 30 日温度的分布（单位：℃）

8.4.2 单向导热板路基

1. 设计方案

热棒和保温板是高寒多年冻土区常见的病害处置措施，目前已被广泛应用于青藏公路、G214 等工程沿线，但作为单一型病害处理方案，两种措施在病害预防方面均存在一定局限性，多年的病害调查数据显示，在降温、隔热及预防冻土上限退化方面，上述两种措施的有效率分别为 95%和 90%，预防路基病害方面的有效率仅为 70%和 60%，这说明仅凭单一处措施很难完全预防病害发生，必需考虑复合措施。

本节提出了一种保温板与小型热棒复合的处置措施——单向导热板路基：一方面利用保温板优良的隔热性能，夏季保障黑色路面吸收热量不被传导至多年冻土层，保护冻土上限不退化；另一方面，利用热棒的单向导热性能，冬季将外界冷量导入路基，降低路基温度，维持上限不退化。单向导热板有两种设计方案，示意图如图 8-35 所示。

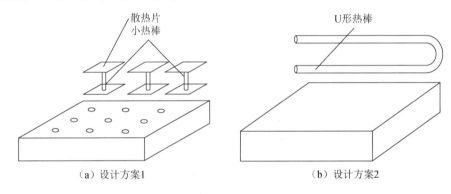

（a）设计方案1　　　　　　　　　　　　（b）设计方案2

图 8-35　单向导热板设计示意图

由换热分析可知，设计方案 1 中设置贯通热棒，长度短、数量多，且上下两端设有散热片，导热系数小，高温季节当热棒内部液氮不工作时，热量极易沿散热片及热棒向下传播，破坏保温板的隔热功能；设计方案 2 为 U 形热棒，长度较大，数量少且不设散热片，自身热阻高，能保证保温板夏季正常隔热。因此本节最终采用设计方案 2 进行降温性能模型试验。

2. 降温性能模型试验

为验证所提出单向导热板设计方案对冻土路基的冷却效果，开展了室内模型试验研究。图 8-36 为单向导热板试验模型示意图，单向导热板厚度为 6cm，U 形热棒管壳尺寸为 ϕ12mm×1.0mm×900mm（外径×壁厚×长度），热棒冷凝段长度为 55cm，蒸发段长度为 55cm，净间距为 16cm，单向导热板上部填土厚度为 10cm。温度传感器布设在中部断面，板下布设两列温度传感器，布设间距为 20cm，板上布设一个温度传感器，土体表面布设一个温度传感器。

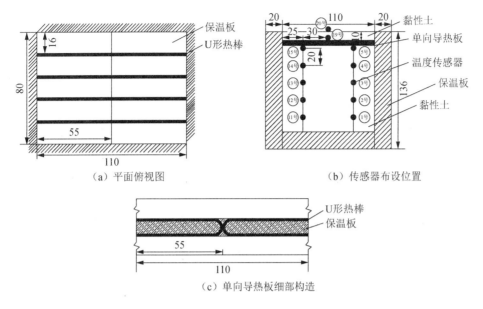

（a）平面俯视图　　　　　　　　　　（b）传感器布设位置

（c）单向导热板细部构造

图 8-36 单向导热板试验模型示意图（单位：cm）

图 8-37 为单向导热板上下 3 个位置的温度时程曲线。由图 8-37 可知，单向导热板下的两位置（5 号、4 号）温度随时间总体呈下降趋势，经历 4 个周期，单向导热板下 20cm 处（4 号）周期最低温度降低了 1.97℃，单向导热板下 0cm 处（5 号）周期最低温度降低 0.72℃，表现出较好的降温效果。

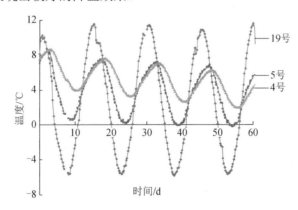

图 8-37 单向导热板上下 3 个位置的温度时程曲线

图 8-38 为第 3 周期板上温度与板下热流密度对比分析曲线。由图 8-38 可知，板上温度与板下热流密度具有很好的一致性，当单向导热板上温度较高时，板下热流密度为正值（吸热），并且数值较小，最大值为 2.05 W/m²；随着温度的降低，板下热流密度由正转负（吸热转为放热），当板上温度进入负温时，板下放热量进一步加大，热流密度最小值为-21 W/m²。由此可见，保温板和 U 形热棒在各自时期发挥了很好的作用，很好地降低了单向导热板下土体的温度，若应用在实体工程中将会很好地降低路基下伏冻土温度。

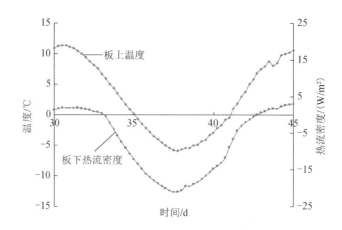

图 8-38　第 3 周期板上温度与板下热流密度对比分析曲线

8.4.3　路基路面一体化散热结构

1. 高取向热诱导结构设计方案

通过设置梯度导热结构来调控路面内的热量传输，不仅能够降低路面温度，而且没

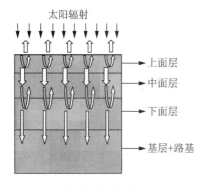

图 8-39　高取向热诱导结构设计原理

有改变路面结构的受力状态。本节通过在路面结构层内设置高取向热诱导结构，从而在减少路面吸热的同时抑制热量在中下面层的传导，抑制面层内热量的集聚，降低路面温度并减少传至冻土路基中的热量，从而达到保护冻土的目的。

图 8-39 为高取向的热诱导结构设计原理。设计思路如下：①改变上面层的导热系数，尽可能地阻止热量进入路面内部；②在中下面层设置上大下小的低导热梯度结构，抑制热量在中下面层的传导，减少结构层内的积热，在降低路面温度的同时减少进入路基内的热量。

2. 路面各层粉体添加量试验研究

为了确定上面层粉体添加量，测试了表 8-14 所示不同上面层导热结构的夏季吸热量和路基顶的冬季放热量，结果如图 8-40 所示。CS-CR 表示对照组，即普通上面层结构。

表 8-14　上面层导热结构设计

项目	结构编号					
	A1	A2	A3	A4	A5	A6
上面层	+15%石墨	+10%石墨	+5%石墨	+5%漂珠	+10%漂珠	+15%漂珠

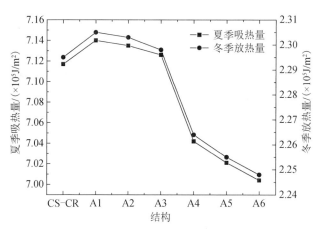

图 8-40　不同上面层结构的路基顶夏季吸热量和冬季放热量

由图 8-40 可知，上面层的粉体添加类型和添加量对导热结构的夏季吸热量和路基顶的冬季放热量的影响趋势基本一致。对比不同配比结果可知，A6 结构，即在上面层添加 15%漂珠的设计方案综合性能最好。

基于上面层粉体的选取结果，同样分析了不同下面层和柔性基层导热结构（表 8-15）的夏季吸热量和路基顶的冬季放热量，结果如图 8-41 所示。

由图 8-41 可以看到，A12 结构，即在下面层添加 10%漂珠和在柔性基层添加 15%漂珠的设计方案综合性能最好。根据减少夏季吸热量为首要目的的设计原则，本节选取的高取向热诱导结构为上面层（+15%漂珠）+下面层（+10%漂珠）+柔性基层（+15%漂珠）。

表 8-15　下面层和柔性基层导热结构设计

项目	结构编号					
	A7	A8	A9	A10	A11	A12
下面层	—	—	—	+5%漂珠	+5%漂珠	+10%漂珠
柔性基层	+5%漂珠	+10%漂珠	+15%漂珠	+10%漂珠	+15%漂珠	+15%漂珠

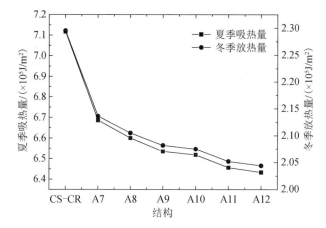

图 8-41　不同下面层和柔性基层路基顶的夏季吸热量与冬季放热量

3. 高取向热诱导沥青路面-片块石路基复合结构降温性能模型试验研究

本节设计了高取向热诱导沥青路面-片块石复合路基结构，并通过室内模型试验对其降温效果进行了分析。根据上节试验研究结果，本试验沥青路面设计为上面层采用厚度为4cm、漂珠掺量为15%（占矿粉体积比例）的AC-16沥青混凝土，中面层采用厚度为5cm、漂珠掺量为10%的AC-16沥青混凝土，下面层采用厚度为6cm、漂珠掺量为15%的普通AC-16沥青混凝土。为研究高取向热诱导沥青路面-片块石路基复合结构的降温效果，采用模型试验的方法对比了封闭式高取向热诱导沥青路面-片块石路基复合结构（以下称封闭复合结构）、开放式高取向热诱导沥青路面-片块石路基复合结构（以下称开放复合结构）和普通对比结构3个路基路面模型的降温效能（图8-42）。

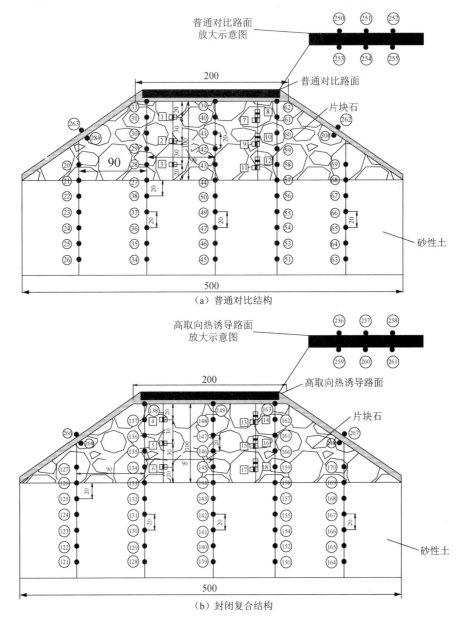

（a）普通对比结构

（b）封闭复合结构

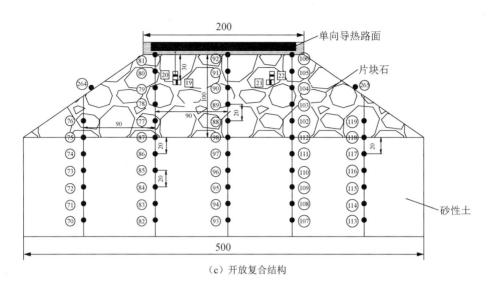

（c）开放复合结构

图 8-42　3 种路基结构的试验布置示意图

表 8-16 为不同结构沥青路面顶部和底部温度统计表。可以看到，在暖季，上面层漂珠掺量高，沥青混合料导热系数小，很好地抵挡了外界热量的进入，加上中、下面层漂珠掺量不同，形成了上小下大的梯度导热结构，这种梯度结构不利于热量的继续下传，进一步阻止了路面内的热量向下传递；在冷季，中、下面层是上大下小的梯度导热结构，利于路基内的热量向上传递，加上通常上面层厚度相对较薄，上部的高阻面层对路基内部热量向外散发影响不大。因此，从整个冷暖周期分析可知，高取向热诱导路面结构很好地阻止了外界热量的进入。

表 8-16　沥青路面顶部和底部温度统计表　　　　　（单位：℃）

周期	普通沥青路面底部		高取向热诱导路面底部		普通沥青路面顶部	高取向热诱导路面顶部
	冷季	暖季	冷季	暖季		
1	-2.22	5.57	-1.64	5.19	1.25	1.24
2	-2.35	5.99	-1.73	5.55	1.22	1.21
3	-2.17	6.04	-1.69	5.66	1.41	1.35
4	-2.2	6.09	-1.65	5.64	1.39	1.37

图 8-43 为 3 种不同形式路基结构路中片块石层底部以下 40cm 处的温度监测曲线。由图 8-43 可知，经过 4 个周期（60 天）的运行，封闭复合结构下土体温度和普通对比结构下土体温度一直呈下降趋势，封闭复合结构下部土体温度始终低于普通对比结构，且前者的降温速率始终快于后者，运行 4 个周期，封闭复合结构下部土体温度最低达到 3.46℃，普通对比结构下部土体温度最低则为 4.60℃，二者相差 1.14℃，可见封闭复合结构的降温效果优于普通对比结构。相比另外两种结构形式，开放复合结构由于受外界气温影响大，降温效果不明显。

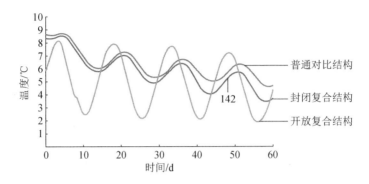

图 8-43 3 种不同形式路基结构路中块石层底部以下 40cm 处的温度监测曲线

第9章 尺度效应理论与技术的工程示范

9.1 示范工程概况

9.1.1 示范工程选择原则

青藏工程走廊以连续多年冻土为主,病害主要发生在高含冰量多年冻土区,病害类型为路基的融沉、变形、横向及纵向裂缝,试验示范路段宜选择在连续的高冰量多年冻土区,使其具有代表性和典型性。青藏工程走廊位于青藏高原的高平原之上,地势平坦,地形开阔,试验示范路段也应选择相似地形路段,并且选择整体式路基及分离式路基分别进行示范。

9.1.2 依托工程简介

根据示范工程选择原则,综合考虑现有在建公路的工程情况、多年冻土及地形地貌条件,分别选择共和至玉树(结古)高速公路、花石峡至大武公路为试验示范工程路段。

1. 共和至玉树(结古)高速公路工程概况

共和至玉树(结古)高速公路是 G214 线在青海境内的重要路段,是青海省规划的"三纵、四横、十联线"(简称"3410")高速公路网中的南北纵 2 线(共和至多普玛)的重要组成部分,同时也是玉树地震灾后恢复重建总体规划中提出构建"一纵一横两联"生命线公路通道中"一纵"(G214 线共和至多普玛段)的重要组成部分。项目起点位于海南藏族自治州共和县,与正在实施的京藏高速共和至茶卡公路段相接,沿线经果洛藏族自治州,终点至玉树藏族自治州原结古镇,与 G214 线的结古至巴塘段公路衔接,是省会西宁与玉树藏族自治州的唯一便捷通道。

共和至玉树(结古)高速公路鄂拉山至清水河段分布多年冻土,属青藏高原多年冻土区,处于青藏高原多年冻土带边缘,是中、低纬度地带高海拔高温不稳定退化性多年冻土区,冻土年平均地温基本均在-1.8~-0.1℃。共和至玉树(结古)高速公路多年冻土分布如表 9-1 所示。

表 9-1 共和至玉树(结古)高速公路多年冻土分布

分布段落	少冰、多冰冻土区 /km	富冰、饱冰冻土区 /km	含土冰层冻土区 /km	小计/km
鄂拉山至玛多段	65.222	57.615	0.990	123.827
玛多至清水河段	67.163	36.910	5.418	109.491
合计	132.385	94.525	6.408	233.318

2. 花石峡至大武公路工程概况

花石峡至大武公路属规划中西部区域经济大通道（库尔勒至成都）的一部分。西部区域经济大通道是连接新疆、青海、四川三个省、自治区的主要大通道，是贯穿吐鲁番盆地、柴达木盆地、四川盆地的重要经济干线公路。

花石峡至大武公路所在区域多年冻土属青藏高原多年冻土区，地处青藏高原多年冻土边缘地带，是中、低纬度地带高海拔高温不稳定退化性多年冻土，多年冻土分布如表 9-2 所示，冻土年平均地温基本在-0.5～-0.04℃。

表 9-2　花石峡至大武公路多年冻土分布

少冰、多冰冻土区/km	富冰、饱冰冻土区/km	含土冰层冻土区/km	合计/km
11.205	2.13	1.37	14.705

9.2　主要示范内容

9.2.1　横断面形式示范

1. 分离式路基示范

共和至玉树（结古）高速公路路基横断面充分考虑高寒高海拔地区高速公路特点，按照分离式路基宽度 12.25m 进行布设，行车道、路缘带及硬路肩设 2%横坡，土路肩 4%横坡。断面形式如图 9-1 所示。

将共和至玉树（结古）高速公路 K566+400～K574+460 路基宽度由原来的 10m 加宽为 12.25m，进行高速公路分离式特殊结构路基示范，具体示范段落及结构如表 9-3 所示。

2. 整体式路基示范

花石峡至大武公路试验示范段原路基宽度为 19m，变更后试验示范段路基宽度为 24.5m。其中，中央分隔带由原 0.5m 变更为 2m，硬路肩由原 0.5m 变更为 2.5m，行车道、土路肩宽度保持不变。路基横断面各部分宽度如表 9-4 所示，路基标准横断面如图 9-2 所示。

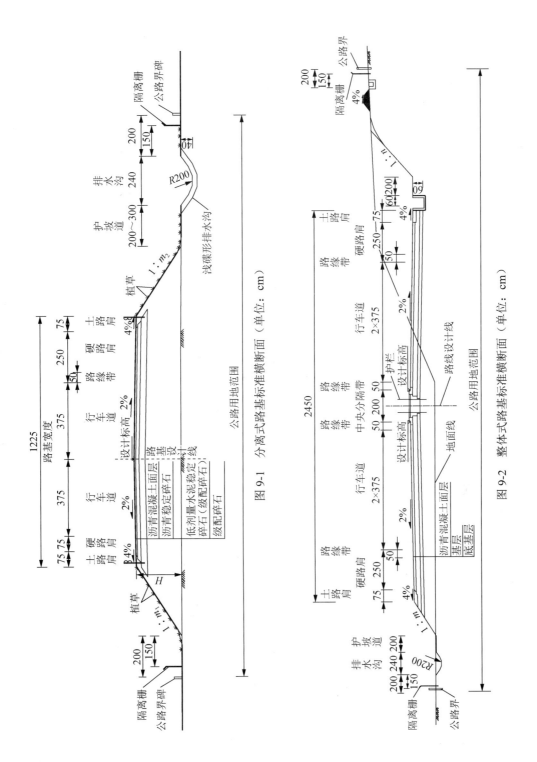

图 9-1　分离式路基标准横断面（单位：cm）

图 9-2　整体式路基标准横断面（单位：cm）

表 9-3　共和至玉树（结古）高速公路分离式路基示范内容

序号	结构名称	示范桩号	长度/m	备注
1	片块石-通风板路基	K567+250～K568+250	1000	应用示范
		K569+320～K569+560	240	
2	强制弥散式通风管路基	K570+220～K570+380	160	试验验证
3	通风管路基	K570+380～K571+550	1170	应用示范
4	热棒-XPS 板路基	K572+150～K572+380	230	试验验证
		K572+550～K572+730	180	
		K573+080～K573+350	270	
5	片块石路基	K573+630～K574+460	830	应用示范
6	单向导热路面-片块石路基	K566+400～K566+940	540	应用示范

表 9-4　路基宽度及横断面要素

设计速度 /（km/h）	路基 形式	路基宽度 /m	行车道/m	中间带宽度/m		路肩宽度/m	
				中央分隔带	左侧路缘带	路缘带	土路肩
80	整体式	24.5	2×2×3.75	0.5	2×0.5	2×0.5	2×0.75

9.2.2　特殊结构路基示范

1. 片块石路基

从片块石路基通风对流要求考虑，片块石料的粒径应基本一致，粒径应在 15～30cm 范围内，最小边长宜大于 15cm，且长细比小于 3，石料强度大于 30MPa，孔隙率不宜小于 25%。作为多孔介质的片块石路基，其中的对流换热是由气体和片块石表面的温度差所导致的热量交换现象。对流换热中，气体与片石壁面必需直接接触，且导热和对流同时起作用。对流换热有两种形式：第一种是强制对流换热，是由外部动力引起的；第二种是自然对流换热，是由气体温度差异引起的密度差引起的。为了使路堤在冬季能产生自然对流效应，通过室内试验和数值模拟结果得出片块石层厚度宜取 100～150cm，本次项目设计为在富冰冻土地区，采用片块石层厚度为 90～120cm；在饱冰冻土地区，采用片块石厚度为 120～150cm。示范工程片块石路基设计图、施工图分别如图 9-3 和图 9-4 所示。

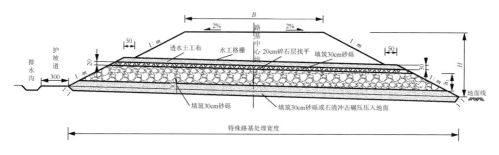

图 9-3　示范工程片块石路基设计图

图 9-4　示范工程片块石路基施工图

2. XPS 板路基

为保证其良好的隔热效果，XPS 板材料采用以下指标: 导热系数不大于 $0.03W/(m \cdot K)$，密度为 $40 \sim 45 kg/m^3$，抗压强度大于 0.65MPa。

综合考虑埋置深度、压实及安全系数等因素的影响，在本设计中 XPS 板的厚度取 8cm（4cm+4cm）。

考虑设计与施工的影响，XPS 板隔热层的埋置深度为路基设计标高以下 $30 \sim 35$cm。示范工程 XPS 板路基施工图如图 9-5 所示。

图 9-5　示范工程 XPS 板路基施工图

3. 热棒路基

热棒路基降温效果明显。在新建路段，一般用于极高温多年冻土区或冻土退化区，尽可能埋置双向热棒，如受工程造价的限制，可只在阳坡面埋置热棒；在改建路段，热棒路基可用于治理由融化盘偏移引起的路基不均匀沉陷、纵向裂缝等病害。热棒路基设计主要包括热棒自身参数、热棒合理埋置深度、热棒净间距等。热棒的埋置深度主要以被处置的构造物的基础埋置深度和地基弱化深度为依据。热棒的净间距一般为有效半径的 $1.0 \sim 2.5$ 倍。在本次设计中热棒净间距取 $3 \sim 4$m。示范工程热棒路基如图 9-6 所示,示范工程热棒路基设计图如图 9-7 所示。

图 9-6　示范工程热棒路基

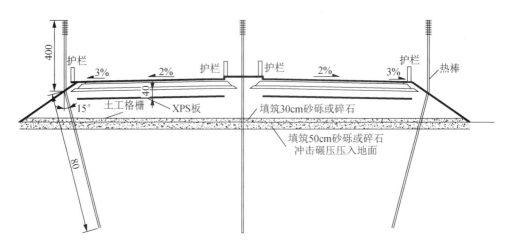

图 9-7　示范工程热棒路基设计图

4. 通风管路基

通风管路基对流降温效果显著，工程造价低，施工工艺简便，而且青藏高原上有着丰富的风能资源，非常适合修筑通风管路基。通风管路基一般适用于路基高度大于 2m 的高温高含冰量多年冻土区路段。

在示范工程中，通风管路基（图 9-8）的管采用内径 0.4m、外径 0.5m 的钢筋混凝土预制管，管长 5m。通风管的埋置深度应大于 3 倍管径，距路基顶面以下 1m，且通风管铺设应比原地面高 0.7~1m。这样一方面可以获得较高的风速，另一方面可以避免地表水流入通风管，影响通风管的效果。通风管纵向净间距按照 2m 布置，通风管伸出路堤边坡长度应大于 30cm。

图 9-8　示范工程通风管路基

5. 片块石-通风板路基

片块石-通风板路基是指在片块石层顶部铺设 6m（长）×1m（宽）×0.3m（高）的通风板（采用 C30 钢筋混凝土预制或现浇而成），其上布置 3 个直径为 0.2m 的通风孔，以达到降低片块石路基顶面温度、加强其内部对流换热的效果。片块石路基宽度从 10m 增加至 12.5m 时，其对流换热降温效果将有所削弱。片块石层上部增设通风板后，由于通风作用，片块石层上部温度降低，增加了片块石层顶部和底部的温差，加强了其对流换热作用。其结构示意图如图 9-9 所示。在基底处理完成后，先填筑 1.2～1.5m 片块石通风路基，其上依次设置 0.2m 厚碎石整平层、土工布、0.2m 厚砂砾垫层、土工格栅等附属结构。图 9-10 为示范工程片块石-通风板路基。

片块石-通风板路基适用于路基高度大于 3.5m，且路基纵向填方高度差别不大的富冰、饱冰冻土段。

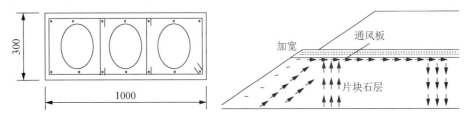

图 9-9　片块石-通风板路基示意图

（a）横向　　　　　　　　　　　（b）纵向

图 9-10　示范工程片块石-通风板路基

6. 强制弥散式通风管路基

强制弥散式通风管路基是通过在路基内铺设并联的高强 PVC（polyvinyl chloride，聚氯乙烯）管，形成冷空气通道，采用小型抽吸式工业风机为冷空气在管道内的流动提供动力，同时通过配套相应的风力发电机、蓄电池、逆变开关、温控开关等配套设备，保证系统在低温工况下自动运行，将外界冷空气强制输入路基，进而发挥主动降温的效果。

每组强制弥散式通风装置由 1 个风机、2 根主风管、3 根延长管和 4 根弥散管组成，其中：主风管直径为 25cm，沿路基纵向埋设；弥散管直径为 10cm，沿路基横向埋设，弥散管纵向净间距为 1m，与主风管采用渐缩管连接；延长管直径为 25cm，为 2 个进风口和 1 个出风口，与主风管采用三通接头连接，管材均采用高强 PVC 管。图 9-11 为示范工程强制弥散式通风管路基。

（a）弥散管　　　　　　　　　　　　　　　　（b）主风管

图 9-11　示范工程强制弥散式通风管路基

7. 单向导热路面-片块石路基

单向导热路面-片块石路基的工作原理如下：在冷季，块石层发挥自然对流降温效应，带走下部冻土中的热量；在暖季，单向导热路面能够减少进入路基的外界热量，从而减少下部冻土的吸热量。因此，该复合路基能够在路面加宽的条件下减少下部冻土的吸热量，甚至变吸热为放热。该复合路基具有形式简单、取材便利、环境友好、养护成本低等优点。

单向导热路面由 4cm AC-13 沥青混凝土上面层、5cm AC-20 沥青混凝土中面层、18cm 沥青碎石（ATB-25）基层、18cm 2%低剂量水泥稳定碎石和 20cm 厚级配砂砾组成，上面层 AC-13、中面层 AC-20 和上基层 ATB-25 使用漂珠代替矿粉，实现路面各层之间的定向导热，采用漂珠替代矿粉的比例为 5%、15%和 30%，漂珠通过拌和楼窗口人工定量投放。该复合路基适用于路基高度大于 3m 的富冰、饱冰冻土段。

图 9-12 为示范工程单向导热路面-片块石路基。

（a）下面层碾压完成后　　　　　　　　　　（b）上面层碾压完成后

图 9-12　示范工程单向导热路面-片块石路基

第10章 展　　望

　　我国"一带一路"倡议中"陆上丝绸之路经济带"由东向西跨越青藏高原、喀喇昆仑山脉、帕米尔高原、西伯利亚等高寒高海拔地区及北半球高纬度寒冷地区，涉及主要干线公路里程将达 1.2 万 km。中巴经济走廊规划干线公路约 3700km，走廊北部的喀喇昆仑山区域存在大范围多年冻土。另外，随着中俄、中哈、中塔油气管道国家能源战略工程的持续推进，相应的配套道路工程也将穿越大片高海拔和高纬度多年冻土地区，新欧亚大陆桥、中俄、中哈等油气管道伴行道路拟建和在建约 2 万 km。青、藏两省、自治区规划和在建的跨越高寒高海拔地区的高速公路近 3000km。如此大规模穿越高寒高海拔地区的道路工程建设需求为本书的冻土工程理论和技术提供了广阔的推广应用前景，然而针对该类地区特殊恶劣环境下的高速公路施工建造技术和长期运营过程中的快速养护技术，本书均未涉及。另外，为进一步加强理论和技术研究成果的实际应用，并通过应用来检验和完善研究成果，对于今后的研究，我们有如下几点展望。

　　1）高寒高海拔地区高速公路的尺度效应研究是一个新兴的研究课题，目前已经修建的相关工程较少，运营时间也相对较短，应当加强现场观测，充分利用更多的现场数据，与现有的青藏公路等的数据进行比较，深入挖掘冻土路基空间效应、时间效应和结构效应等更深层次的内涵。

　　2）本书提出的系列大尺度冻土路基稳定技术因试验示范工程建设周期和观测数据周期较短，其长期效果受时间效应的影响未能充分发挥，因此下一步应当加强现场试验示范工程的持续观测，进一步开展大尺度冻土路基稳定技术的综合评价与分析。

　　3）需要进一步加强对冻土路基稳定技术过程控制及施工质量检测评价方法的研究，为其在青藏高速公路等高寒高海拔地区道路工程中的最终应用提供全面技术支持。

主要参考文献

白青波，李旭，田亚护，2015. 路基温度场长期模拟中的地表热边界条件研究[J]. 岩土工程学报，37（6）：1142-1149.

陈建兵，2011. 多年冻土区公路路基尺度效应评价研究[D]. 兰州：中国科学院寒区旱区环境与工程研究所.

陈建兵，汪双杰，章金钊，2008a. 青藏公路高路基病害的形成及其机理研究[J]. 长安大学学报（自然科学版），28（6）：30-35.

陈建兵，汪双杰，章金钊，等，2008b. 青藏公路空间效应与多年冻土区公路修筑技术[J]. 公路（5）：1-9.

丁靖康，郝贵生，2000. 年平均气温临界值：设计青藏高原多年冻土区路堤临界高度的一个重要因素[J]. 冰川冻土，22（4）：333-339.

董元宏，朱东鹏，张会建，等，2015. 应用于冻土路基的XPS保温板力学性能[J]. 中国公路学报，28（12）：64-68.

董元宏，赖远明，陈武，2012. 多年冻土区宽幅公路路基降温效果研究：一种L型热管-块碎石护坡复合路基[J]. 岩土工程学报，34（6）：1043-1049.

窦明健，胡长顺，何子文，等，2002. 青藏公路多年冻土段路基病害分布规律[J]. 冰川冻土，24（6）：780-784.

黄熙龄，秦宝玖，等，1981. 地基基础的设计与计算[M]. 北京：中国建筑工业出版社.

霍明，陈建兵，章金钊，2009. 东北岛状多年冻土区公路路基清基试验研究[J]. 岩土力学，30（s2）：263-268.

金龙，汪双杰，穆柯，等，2016. 青藏公路热棒路基降温效能[J]. 交通运输工程学报，16（4）：45-58.

金龙，2013. 多年冻土区热管路基降温效能分析与设计方法研究[D]. 兰州：中国科学院寒区旱区环境与工程研究所.

李宁，苏波，全晓娟，等，2005. 冻土通风管路基的温度场分析与设计原则探讨[J]. 土木工程学报，38（2）：81-86.

李述训，吴子汪，1997. 青藏高原多年冻土区沥青路面下融化盘形成变化特征[J]. 冰川冻土，19（2）：133-140.

李双洋，2008. 多年冻土区铁路路基热-力稳定性数值仿真研究[D]. 兰州：中国科学院寒区旱区环境与工程研究所.

李永强，吴志坚，王引生，等，2008. 青藏铁路冻土路基热棒应用效果试验研究[J]. 中国铁道科学，29（6）：6-12.

刘德仁，赖远明，董元宏，2012. 冻土区块石夹层路基防冻胀翻浆效果试验研究[J]. 岩土力学，33（3）：753-756.

刘戈，汪双杰，金龙，等，2016. 多年冻土区热棒路基应用效果[J]. 交通运输工程学报，16（4）：59-67.

刘新龙，李宁，2008. 多年冻土区抛石护坡路堤的阴阳坡差异分析[J]. 西安工业大学学报，28（5）：487-492.

刘永智，吴青柏，张建明，等，2002. 青藏高原多年冻土地区公路路基变形[J]. 冰川冻土，24（1）：10-15.

马巍，吴青柏，程国栋，2006. 青藏铁路块石气冷结构路堤下冻土温度场变化分析[J]. 冰川冻土，28（4）：586-596.

马巍，程国栋，吴青柏，2002. 多年冻土地区主动冷却地基方法研究[J]. 冰川冻土，14（5）：579-587.

马小杰，张建明，常小晓，2007. 高温-高含冰量冻土蠕变试验研究[J]. 岩土工程学报，29（6）：848-852.

毛小丽，樊凯，袁堃，等，2012. XPS板隔热层在多年冻土区公路路基中的应用[J]. 路基工程（4）：15-19.

毛雪松，李宁，侯仲杰，等，2007. 特殊气候条件对多年冻土地区路基的影响[J]. 长安大学学报（自然科学版），27（3）：1-4.

米隆，赖远明，张克华，2002. 冻土通风路基温度场的三维非线性分析[J]. 冰川冻土，24（6）：765-769.

牛富俊，马巍，吴青柏，2011. 青藏铁路主要冻土路基工程热稳定性及主要冻融灾害[J]. 地球科学与环境学报，33（2）：196-206.

潘卫东，赵肃菖，徐伟泽，等，2003. 热棒技术加强高原冻土区路基热稳定性的应用研究[J]. 冰川冻土，25（4）：433-438.

彭惠，马巍，穆彦虎，等，2015. 青藏公路普通填土路基长期变形特征与路基病害调查分析[J]. 岩土力学，36（7）：2049-2056.

秦大河，2002. 中国西部环境特征及其演变[M]. 北京：科学出版社.

孙志忠，马巍，李东庆，2008. 青藏铁路北麓河试验段块石路基与普通路基的地温特征[J]. 岩土工程学报，30（2）：303-309.

汪双杰，崔福庆，陈建兵，等，2016. 基于地气耦合模型的多年冻土区宽幅路基温度场数值模拟[J]. 中国公路学报，29（6）：169-178.

汪双杰，王佐，袁堃，等，2015a. 青藏公路多年冻土地区公路工程地质研究回顾与展望[J]. 中国公路学报，28（12）：1-8.

汪双杰，陈建兵，金龙，等，2015b. 冻土路基热收支状态的尺度效应[J]. 中国公路学报，28（12）：9-16.

汪双杰，刘戈，叶莉，等，2015c. 多年冻土区宽幅路基热效应防治对策研究[J]. 中国公路学报，28（12）：26-32.

汪双杰，陈建兵，金龙，等，2014. 基于能量平衡的多年冻土区公路设计理论研究[J]. 冰川冻土，36（4）：782-789.

汪双杰，章金钊，陈建兵，2009a. 青藏高速公路建设关键技术问题[C]//第八届国际冻土工程会议：6.

汪双杰，陈建兵，李仙虎，2009b. 多年冻土地区公路修筑技术研究与工程实践[J]. 冰川冻土，31（2）：384-392.

汪双杰，陈建兵，章金钊，等，2009c. 青藏高原多年冻土区公路修筑技术之进展[J]. 中国科学（E辑：技术科学），39（1）：

8-15.

汪双杰, 陈建兵, 2008a. 青藏高原多年冻土路基温度场公路空间效应的非线性分析[J]. 岩土工程学报, 30 (10): 1544-1549.

汪双杰, 李祝龙, 章金钊, 等, 2008b. 多年冻土地区公路修筑技术[M]. 北京: 人民交通出版社.

汪双杰, 李祝龙, 2008c. 中国多年冻土地区公路修筑技术研究[J]. 公路交通科技, 25 (1): 1-9.

汪双杰, 黄晓明, 侯曙光, 2006a. 多年冻土区路基路面变形及应力的数值分析[J]. 冰川冻土, 28 (2): 217-222.

汪双杰, 陈建兵, 黄晓明, 2006b. 冻土路基护道地温特征研究[J]. 岩石力学与工程学报, 25 (1): 146-151.

汪双杰, 陈建兵, 章金钊, 2006c. 保温护道对冻土路基地温特征的影响[J]. 中国公路学报, 19 (1): 12-16.

汪双杰, 陈建兵, 黄晓明, 2005a. 热棒路基降温效应的数值模拟[J]. 交通运输工程学报, 5 (3): 41-46.

汪双杰, 黄晓明, 陈建兵, 等, 2005b. 无动力热管冷却冻土路基研究[J]. 公路交通科技, 22 (3): 1-4.

汪双杰, 章金钊, 路勋, 等, 2004a. 青藏公路沿线多年冻土分布及影响因素分析[C]//2004年道路工程学术交流会论文集: 7.

汪双杰, 霍明, 周文锦, 2004b. 青藏公路多年冻土路基病害[J]. 公路 (5): 22-26.

汪双杰, 孙斌祥, 徐学祖, 等, 2004c. 路堤块石自然对流机理的室内模拟试验研究[J]. 中国公路学报, 17 (2): 19-24.

汪双杰, 李祝龙, 武憼民, 2003. 多年冻土地区公路筑路技术研究现状与新课题[J]. 冰川冻土, 25 (4): 471-476.

王铁行, 窦明健, 2004. 多年冻土地区路堤热差异分析[J]. 煤田地质与勘探, 32 (1): 45-47.

王小军, 韩文峰, 蒋富强, 等, 2006. 青藏铁路片石通风试验路基沉降与普通路基裂缝解剖分析[J]. 岩石力学与工程学报, 25 (9): 1904-1911.

王银学, 赵林, 李韧, 等, 2011. 影响多年冻土上限变化的因素讨论[J]. 冰川冻土, 33 (5): 1064-1067.

温智, 盛煜, 马巍, 等, 2006a. 青藏铁路保温板热棒复合结构路基保护冻土效果数值分析[J]. 兰州大学学报 (自然科学版), 42 (3): 14-19.

温智, 2006b. 保温法在青藏高原多年冻土区道路工程中的应用评价研究[D]. 兰州: 中国科学院寒区旱区环境与工程研究所.

吴青柏, 牛富俊, 2013. 青藏高原多年冻土变化与工程稳定性[J]. 科学通报, 58 (2): 115-130.

吴青柏, 童长江, 1995. 冻土变化与青藏公路的稳定性问题[J]. 冰川冻土, 17 (4): 350-355.

吴志坚, 马巍, 盛煜, 等, 2005. 通风管、抛碎石和保温材料保护冻土路堤的工程效果分析[J]. 岩土力学, 26 (8): 1288-1293.

奚家米, 张世雷, 陈建兵, 等, 2014. 青藏公路五道梁段片块石路基的降温效果分析[J]. 中国公路学报, 27 (7): 17-23.

杨诗秀, 雷志栋, 朱强, 等, 1988. 土壤冻结条件下水热耦合运移的数值模拟[J]. 清华大学学报, 28 (1): 112-120.

叶笃正, 高由禧, 1979. 青藏高原气象学[M]. 北京: 科学出版社.

俞祁浩, 程国栋, 何乃武, 等, 2006. 不同路面和幅宽条件下冻土路基传热过程研究[J]. 自然科学进展, 16 (11): 1482-1486.

俞祁浩, 刘永智, 童长江, 2002. 青藏公路路基变形分析[J]. 冰川冻土, 24 (5): 623-627.

约瑟夫·E. 波勒斯, 2004. 基础工程分析与设计[M]. 童小东, 译. 5版. 北京: 中国建筑工业出版社.

张青龙, 2012. 多年冻土区普通路基融沉变形特性与预测模型研究[D]. 兰州: 中国科学院寒区旱区环境与工程研究所.

章金钊, 霍明, 陈建兵, 2008. 多年冻土地区公路路基稳定性技术问题与对策[M]. 北京: 科学出版社.

郑波, 张建明, 马小杰, 等, 2009. 高温-高含冰量冻土压缩变形特性研究[J]. 岩石力学与工程学报, 28 (增1): 3063-3069.

周幼吾, 郭东信, 邱国庆, 等, 2000. 中国冻土[M]. 北京: 科学出版社.

朱林楠, 1988. 高原冻土区不同下垫面的附面层研究[J]. 冰川冻土, 10 (1): 8-14.

CHENG G D, SUN Z Z, NIU F J, 2008. Application of the roadbed cooling approach in Qinghai-Tibet railway engineering [J]. Cold regions science and technology, 53(3): 241-258.

DONG Y, PEI W, LIU G, et al., 2014. In-situ experimental and numerical investigation on the cooling effect of a multi-lane embankment with combined crushed-rock interlayer and ventilated ducts in permafrost regions[J]. Cold regions science and technology, 104(3): 97-105.

DONG Y H, LAI Y M, LI J B, 2010. Laboratory investigation on the cooling effect of crushed-rock interlayer embankment with ventilated ducts in permafrost regions[J]. Cold regions science and technology, 61(2-3): 136-142.

DU Y F, WANG S Y, WANG S J, et al., 2016. Integrative heat-dissipating structure for cooling permafrost embankment[J]. Cold regions science & technology, 129: 85-95.

GU W, YU Q H, QIAN J, et al., 2010. Qinghai-Tibet expressway experimental research[J]. Sciences in cold and arid regions, 2(5): 0396-0404.

HARLAN R L, 1973. Analysis of coupled heat-fluid transport in partially frozen soil[J]. Water resources research, 9(5): 1314-1323.

JIN L, WANG S J, CHEN J B, 2012. Study on the height effect of highway embankments in permafrost regions [J]. Cold regions science and technology, 83-84:122-130.

KANE D L, HINZMAN L D, ZARLING J P, 1991. Thermal response of the active layer to climatic warming in a permafrost environment [J]. Cold regions science and technology, 19(2):111-122.

LAI Y M, GUO H X, DONG Y H, 2009. Laboratory investigation on the cooling effect of the embankment with L-shaped thermosyphon and crushed-rock revetment in permafrost regions[J]. Cold regions science and technology, 58(3):143-150.

LAI Y M, ZHANG M Y, LIU Z Q, et al., 2006. Numerical analysis for cooling effect of open boundary ripped-rock embankment on Qinghai-Tibetan railway[J]. Science in China, Ser D, 49(7): 764-772.

LAI Y M, WANG Q S, NIU F J, et al., 2004. Three-dimensional nonlinear analysis for temperature characteristic of ventilated embankment in permafrost regions[J]. Cold regions science and technology, 38(2):165-184.

LAI Y M, ZHANG L X, ZHANG S J, et al., 2003. Cooling effect of ripped-stone embankments on Qinghai-Tibet railway under climatic warming[J]. Chinese science bulletin, 48(6): 598-604.

MA W, MU Y, WU Q, et al., 2011. Characteristics and mechanisms of embankment deformation along the Qinghai-Tibet railway in permafrost regions[J]. Cold regions science and technology, 67(3): 178-186.

NIU F J, LIU X F, MA W, et al., 2008. Monitoring study on the boundary thermal conditions of duct-ventilated embankment in permafrost regions[J]. Cold regions science and technology, 53: 305-316.

NIU F J, MA W, LAI Y M, 2003. Analysis on ground temperature changes of the soils under duct-ventilation embankment of Qinghai-Tibet railway[J]. Journal of railway engineering society, 4: 29-32.

SONG Y, JIN L, ZHANG J Z, 2013. In-situ study on cooling characteristics of two-phase closed thermosyphon embankment of Qinghai-Tibet highway in permafrost regions [J]. Cold regions science and technology, 93: 12-19.

SU B, LI N, QUAN X J, 2004. The numerical study on the ventilated embankment in permafrost regions in Qinghai-Tibet railway[J]. Cold regions science and technology, 38(2-3): 229-238.

SUN B X, XU X Z, LAI Y M, et al., 2005. Mechanism of evolution on winter-time natural convection cooling effect of fractured-rock embankment in permafrost regions[J]. Science bulletin, 50(23): 2744-2754.

SUN B X, XU X Z, LAI Y M, et al., 2004. Experimental researches of thermal diffusivity and conductivity in embankment ballast under periodically fluctuating temperature[J]. Cold regions science & technology, 38(2-3): 219-227.

WANG S J, CHEN J B, ZHANG J Z, et al., 2009. Development of highway constructing technology in the permafrost region on the Qinghai-Tibet plateau[J]. Science China: technological sciences, 52(2): 497-506.

WEN Z, SHENG Y, MA W, et al., 2008. In situ experimental study on thermal protection effects of the insulation method on warm permafrost[J]. Cold regions science and technology, 53(3): 369-381.

WU Q B, ZHANG Z Q, LIU Y Z, 2010. Long-term thermal effect of asphalt pavement on permafrost under an embankment[J]. Cold regions science and technology, 60(3): 221-229.

WU Q B, LIU Y Z, ZHANG J M, et al., 2002. A review of recent frozen soil engineering in permafrost regions along Qinghai-Tibet highway, China [J]. Permafrost and periglacial processes, 13(3): 199-205.

XU J F, GOERING D J, 2008. Experimental validation of passive permafrost cooling system[J]. Cold regions science and technology, 53(3): 283-297.

ZHANG M Y, LAI Y M, DONG Y H, 2009. Numerical study on temperature characteristics of expressway embankment with crushed-rock revetment and ventilated ducts in warm permafrost regions[J]. Cold regions science and technology, 59(1): 19-24.

ZHANG M Y, LI S Y, GAO Z H, et al., 2007. Nonlinear analysis of the temperature field of the embankment with crushed-rock revetment and insulation along the Qinghai-Tibetan railway[J]. Journal glaciology and geocryology, 29(2): 306-314.

ZHU Q Y, WANG W, WANG S Y, et al., 2012. Unilateral heat-transfer asphalt pavement for permafrost protection [J]. Cold regions science & technology, 71: 129-138.

彩图 1　进行数值计算时夏季施工路基初始状态

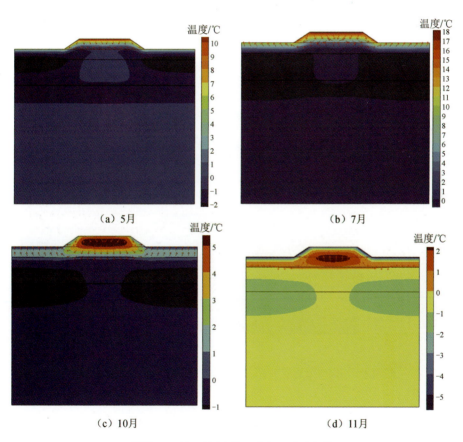

（a）5月　　　　　　　　　　　　　　（b）7月

（c）10月　　　　　　　　　　　　　（d）11月

彩图 2　不同时刻路基温度场及渗流规律

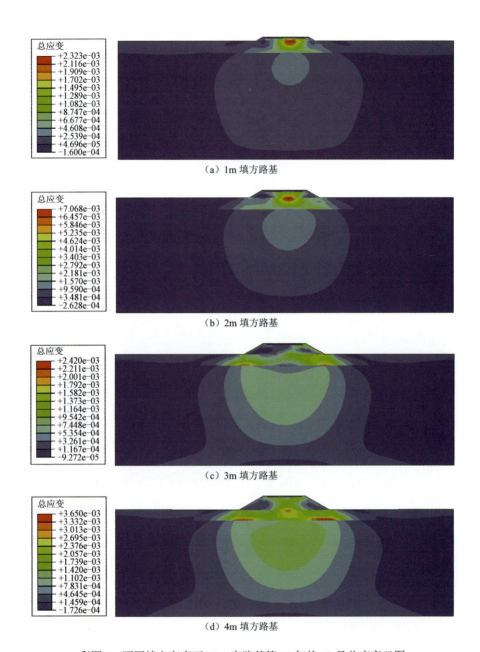

（a）1m 填方路基

（b）2m 填方路基

（c）3m 填方路基

（d）4m 填方路基

彩图 3　不同填方高度下 10m 宽路基第 10 年的 10 月总应变云图

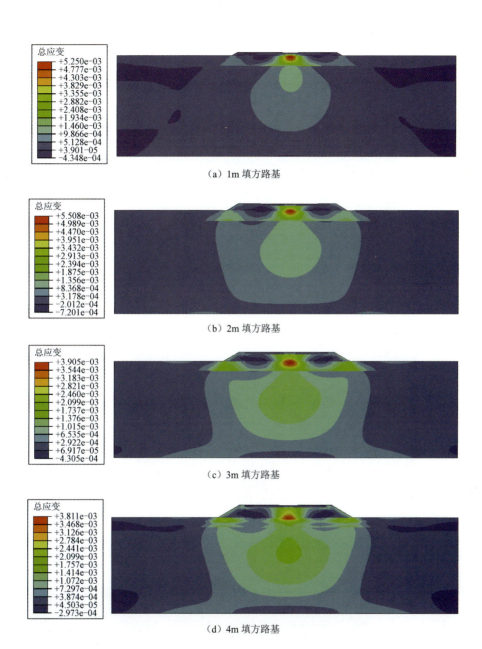

（a）1m 填方路基

（b）2m 填方路基

（c）3m 填方路基

（d）4m 填方路基

彩图 4　不同填方高度下 26m 宽路基第 10 年的 10 月总应变云图

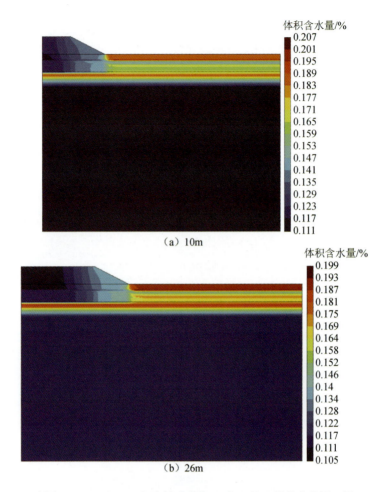

（a）10m

（b）26m

彩图 5　10m 及 26m 宽路基建成第 21 年 7 月 1 日的水分场云图

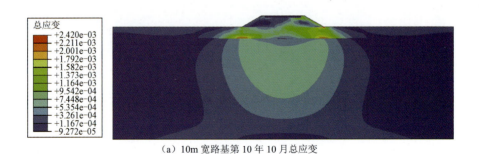

（a）10m 宽路基第 10 年 10 月总应变

彩图 6　10m 宽路基第 10 年四季变形分布规律

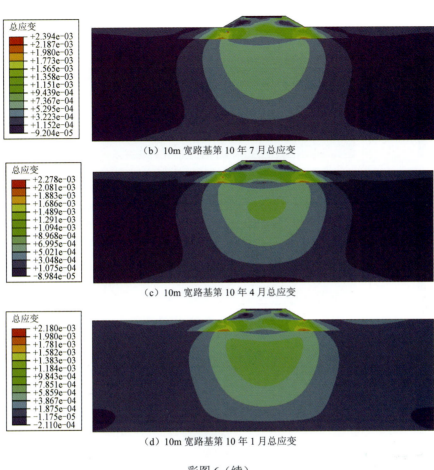

（b）10m 宽路基第 10 年 7 月总应变

（c）10m 宽路基第 10 年 4 月总应变

（d）10m 宽路基第 10 年 1 月总应变

彩图 6（续）

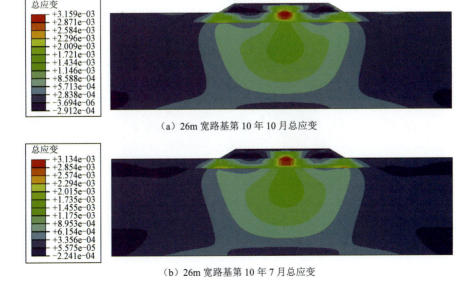

（a）26m 宽路基第 10 年 10 月总应变

（b）26m 宽路基第 10 年 7 月总应变

彩图 7　26m 宽路基第 10 年四季变形分布规律

（c）26m 宽路基第 10 年 4 月总应变

（d）26m 宽路基第 10 年 1 月总应变

彩图 7（续）

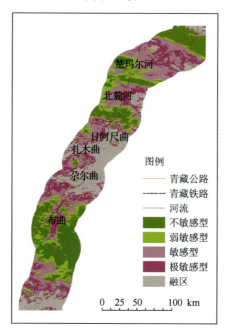

彩图 8　青藏工程走廊多年冻土热融蚀敏感性现状区划

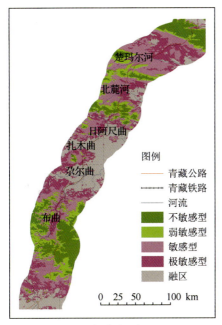
（a）未来20年

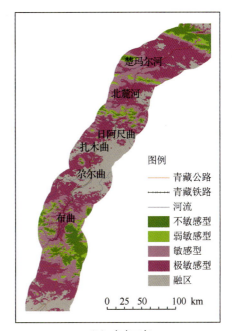
（b）未来50年

彩图 9　青藏工程走廊多年冻土热融蚀敏感性分布预测图

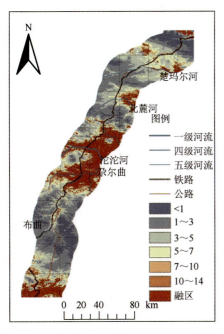
彩图 10　宽幅路基 20 年后多年冻土融化深度区划

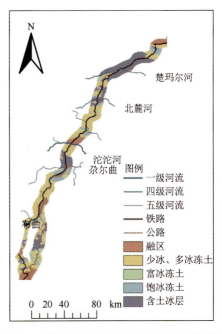
彩图 11　青藏工程走廊多年冻土含冰量类型区划

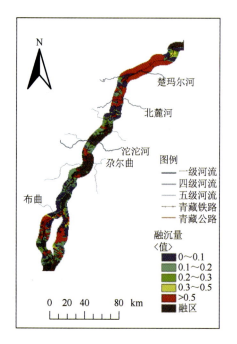

<table>
<tr><td>图例</td><td>图例</td></tr>
</table>

左图图例：
一级河流
四级河流
五级河流
青藏铁路
青藏公路

融沉量
〈值〉
0～0.1
0.1～0.2
0.2～0.3
0.3～0.5
>0.5
融区

右图图例：
一级河流
四级河流
五级河流
青藏铁路
青藏公路

融沉量
〈值〉
0～0.1
0.1～0.2
0.2～0.3
0.3～0.5
>0.5
融区

0 20 40 80 km

0 20 40 80 km

楚玛尔河
北麓河
沱沱河
尕尔曲
布曲

彩图 12　青藏工程走廊内冻土公路工程风险区划　　**彩图 13　青藏工程走廊未来 20 年后冻土公路工程风险预测区划**